KB106659

독자의 1초를
아껴주는 정성을
만나보세요!

세상이 아무리 바쁘게 돌아가더라도 책까지 아무렇게나 빨리 만들 수는 없습니다.
인스턴트 식품 같은 책보다 오래 익힌 술이나 장맛이 밴 책을 만들고 싶습니다.
땀 흘리며 일하는 당신을 위해 한 권 한 권 마음을 다해 만들겠습니다.
마지막 페이지에서 만날 새로운 당신을 위해 더 나은 길을 준비하겠습니다.

이펙티브 엔지니어

THE EFFECTIVE ENGINEER

초판 발행 • 2022년 6월 27일

초판 2쇄 발행 • 2023년 1월 10일

지은이 • 에드먼드 라우

옮긴이 • 이미령

발행인 • 이종원

발행처 • (주)도서출판 길벗

출판사 등록일 • 1990년 12월 24일

주소 • 서울시 마포구 월드컵로 10길 56(서교동)

대표 전화 • 02)332-0931 | **팩스** • 02)323-0586

홈페이지 • www.gilbut.co.kr | **이메일** • gilbut@gilbut.co.kr

기획 및 책임편집 • 이원휘(wh@gilbut.co.kr) | **디자인** • 박상희 | **제작** • 이준호, 손일순, 이진혁

마케팅 • 임태호, 전선하, 차명환, 박민영, 지운집, 박성용 | **영업관리** • 김명자 | **독자지원** • 윤정아, 최희창

교정교열 • 이미연 | **전산편집** • 박진희 | **출력 · 인쇄 · 제본** • 북솔루션

ISBN 979-11-407-0028-8 93000

(길벗 도서번호 080279)

정가 22,000원

독자의 1초를 아껴주는 정성 길벗출판사

(주)도서출판 길벗 | IT교육서, IT단행본, 경제경영서, 어학&실용서, 인문교양서, 자녀교육서 www.gilbut.co.kr

길벗스쿨 | 국어학습, 수학학습, 어린이교양, 주니어 어학학습, 학습단행본 www.gilbutschool.co.kr

페이스북 • https://www.facebook.com/gbitbook

이펙티브 엔지니어

에드먼드 라우 지음

이미령 옮김

길벗

고된 노력과 희생으로 저에게 기회의 문을 열어준

부모님께 이 책을 바칩니다.

스탠퍼드대학에서 컴퓨터 공학을 전공하고 처음 구한 일자리는 구글의 제품 관리자였다. 첫 번째 일자리치고는 아주 훌륭했다. 대학 교재를 집필한 개발자들과 같은 사무실에서 근무하면서 구글 지도 제작을 도왔다. 구글 지도 제작에 참여한 일은 제품 디자이너이자 개발자로서 가장 자랑스러운 경력이었다. 이때 대규모 소프트웨어 프로젝트를 효과적으로* 진행하는 방법을 배웠다. 다양한 규모로 여러 프로젝트를 진행하며 경험을 쌓았기 때문에 구글을 떠나서 첫 회사 프렌드피드FriendFeed를 창업할 무렵에는 스스로 프로젝트를 시작할 수 있다는 확신이 있었다.

하지만 대기업에서 제품 관리자로 일하는 것과 스타트업을 창업하는 건 달랐다. 우선, 평가 기준이 달라진다. 제품 관리자를 평가할 때 원칙적으로는 작업한 제품의 성공 여부만으로 평가할 것 같지만, 실제 대기업에서는 성과와 관련 있는 모든 사람과 부서를 관리하는 능력도 평가 기준으로 삼는다. 제품 출시 전에 홍보팀과 충분히 의논했는가? 제품을 CEO가 특히 좋아하는 프로젝트에 통합시켰는가? 중요한 경영진 평가가 시작되기 전에 경쟁 위치에 있는 경영진에게 제품 방향을 설득했는가? 구글만큼 깨어 있는 소프트웨어 회사가 아니라면, 제품 관리자를 평가할 때는 작업 중인 제품의 다른 어떤 측면보다 이러한 정치적인 문제가 중요하다.

대기업 출신의 개발자나 제품 관리자가 에드먼드 라우Edmond Lau가 『이펙티브 엔지니어』에서 이야기한 레버리지의 개념으로 고생하는 이유도 그 때문이다. 이들이 교육받은 관료주의에서는 레버리지가 낮은 활동이 중시되고 보상받는다. 사실상 이런 활동에 신경 쓰도록 교육받은 것이나 다름없다. 지금껏 나와 함께 일한 매우 뛰어난 개발자들은 이러한 관료주의의 특징 너머에 있는, 제품의 성공에 진정으로 큰 영향을 미치는 한두 가지 요소를 구별해내는 능력을 갖췄다. 내게 레버리지에 대해 가장 많은 것을 가르쳐준 개발자는 두말할 것도 없이 폴 부케이트Paul Buchheit다.

---

* 역주 '이펙티브(effective)'는 문맥에 맞게 '효과적' 또는 '효율적'으로 옮겼다.

폴은 프렌드피드 공동 창업자 중 한 명이다. 그는 이전에 지메일Gmail을 제작했으며 구글에서 함께 일한 시간이 길진 않지만, 2007년 중반에 짐 노리스Jim Norris, 산지브 싱Sanjeev Singh과 힘을 합쳐 회사를 창업할 정도로 서로 존중하는 사이였다. 폴은 내가 아는 그 누구보다도 전통적인 사고에 기꺼이 의문을 제기하는 인물이었다. 그를 만난 후 엔지니어링과 제품 관리에 관한 내 관점은 완전히 바뀌었다.

어려운 기술 문제가 발생할 때 폴에게 "이 문제를 어떻게 해결할까?"라고 물어보면 폴은 "왜 이걸 우리가 해결해야 하지?"라고 불쾌하게 대답하곤 했다. 그는 불가능해 보이는 문제를 굳이 풀려고 노력하기보다 가정 자체에 의문을 제기해서 간단히 우회할 방법을 찾아낼 때가 많았다. 때때로 게을러 보일 정도였다. 그는 해결하기 어려운 프로젝트가 주어질 때마다 프로젝트의 목적에 의문을 제기했는데, 대부분 그가 옳았다. 우리가 세운 신생 기업의 성패를 좌우하지 않는 프로젝트에 소중한 엔지니어링 자원을 투입할 이유가 없었기 때문이다.

폴과 함께 일하면서 엔지니어링에는 프로그래밍 능력보다 레버리지가 훨씬 더 중요하다는 것을 배웠고, 나는 이 교훈을 모든 일에 적용하려고 노력했다. 프렌드피드가 페이스북Facebook에 인수되어 페이스북의 CTO가 된 후에도 프로젝트를 만드는 데 든 시간만큼 취소하는 데도 시간을 많이 썼다. 효과적인 엔지니어링은 노력한 시간과 관련이 없다는 확신이 있었다. 덕분에 2012년 케빈 깁스Kebin Gibbs와 함께 회사 퀴프Quip을 창업할 때도 실리콘밸리에서는 전례를 찾을 수 없는, '9시부터 5시까지'라는 근무 문화를 자랑스럽게 받아들였다.

나는 실리콘밸리의 문화를 사랑한다. 젊은 개발자도 베테랑 못지않게 업계에 큰 영향을 미칠 수 있다는 점이 좋고, 우리 업계가 10년마다 새롭게 정의되는 점도 자랑스럽다. 하지만 끝없이 일하는 문화는 불필요하다고 생각한다. 업계 내 비효율적이고 무능력한 관리자에게 악용될 뿐 아니라, 사람들이 소프트웨어 엔지니어링 분야에서 장기적인 경력을 쌓지 못하는 주요 원인이라고 본다. 가족이 있는 사람들은 계속 그렇게 근무할 수 없고, 이러한 문화가 만연한 회사에는 다양성이 부족한 미성숙한 분위기가 형성된다.

나는 에드먼드가 이 책을 쓰기로 해서 기쁘다. '열심히 일하는' 문화보다 '똑똑하게 일하는' 문화가 정착되면 실리콘밸리가 관리자와 개발자 모두에게 훨씬 더 좋은 곳이 될 것이라고 생각하기 때문이다. 직관적이고 실천하기도 쉬운데, 이러한 문화를 실천하는 사람이 너무 적다. 더 많은 이들이 에드먼드의 철학과 기법을 받아들여 회사와 경력을 더욱 성공적으로 발전시키길 기원한다.

브렛 테일러(Bret Taylor), 큅 CEO

스타트업에서 일한 초창기 몇 년은 근무 시간이 아주 길었던 것으로 기억한다. 강도 높은 업무로 짧은 기간에 개인적인 성장을 이뤘지만, 롤러코스터처럼 심한 감정 기복에 끊임없이 시달려야 했다. 우리 팀의 업무 시간은 주당 60시간 이하로 내려온 적이 거의 없었고, 몇 달간 주당 70~80시간씩 근무하며 고생한 때도 있었다. 평일에는 사무실에서 하루를 시작하고, 팀원들과 의논하며 점심시간을 보냈다. 저녁을 먹은 후에도 집에서 계속 일하거나, 자정까지 사무실에 남아 있곤 했다. 휴일에 가족을 찾아가 만날 때도 짬을 내서 노트북으로 코딩하고 이메일에 답장을 보냈다.

스타트업이란 강력한 경쟁자와 맞붙어야 하는 도전자 같은 존재다. 더 열심히 일해야 더 많은 가치를 만들어내고 스타트업의 성공 확률도 높일 수 있다. 나 역시 그렇게 생각했다.

하지만 몇 가지 경험으로 이 가정을 재고할 수밖에 없었다. 맞춤형 분석 모듈을 2주에 걸쳐 만들었는데 고객은 한 번도 사용하지 않았을 때, 콘텐츠 품질 개선용 도구를 출시하기 몇 달 전부터 수정에 수정을 거쳐 완벽하게 완성했지만 사용자에게 선택받지 못했을 때, 주간 트래픽 폭증이 일어날 때마다 매번 추가 서버를 작동하고 해제하는 몇 시간짜리 작업을 해야 했을 때, 하와이 마우나로아 화산 등반 중에 고객의 분석 보고서 생성 시스템이 고장 났으니 봐줄 수 있겠느냐는 문자 메시지를 받았을 때 같은 경험이다.

의미 있는 효과를 내고 싶은 마음에 오랜 시간 일했지만, 의문을 품지 않을 수 없었다. 주당 70~80시간 근무하는 것이 정말로 스타트업의 성공을 보장하는 가장 효과적인 방법일까? 의도는 좋지만 더 똑똑하게 일하는 방법은 없을까? 수고는 줄이고 똑같은 효과를, 또는 더 큰 효과를 낼 수는 없을까?

이후 몇 년에 걸쳐, 더 오랜 시간 일하는 것이 생산량을 늘리는 가장 효과적인 방법이 아니라는 것을 깨달았다. 사실 근무 시간이 너무 길면 생산성이 떨어지고 번아웃을 경험하게 된다. 과로로 지친 개발자가 저지른 실수를 바로잡느라 생산량이 마이너스가 되기도 한다.

이펙티브 엔지니어, 즉 효과적으로 일하는 개발자가 되려면 더 적은 시간을 투자해서 더 큰 효과를 내는 방법을 파악해야 한다. 모든 수고가 똑같은 결과를 내지는 않는다. 아무리 의도가 좋아도 모든 노력이 효과로 이어지는 것도 아니다.

이펙티브 엔지니어가 되는 방법은 무엇일까?

개발자의 효율성은 어떻게 측정할까? 일한 시간? 노력한 정도? 아니면 완료한 작업의 수? 그러나 전체 스케줄이 엉망이 되든 말든 아무도 사용하지 않는 기능을 만드는 데 에너지를 쏟아가며 열심히 일한 개발자는 효율적이라고 보기 어렵다. 나도 그런 개발자였던 시절이 있었고, 내가 아는 많은 이도 같은 경험을 했다.

나는 십 년 넘게 마이크로소프트Microsoft, 구글Google, 우얄라Ooyala, 쿼라Quora, 큅 등 여러 IT 기업에서 소프트웨어 개발자로 일했다. 일하면서 내 머릿속에는 '이펙티브 엔지니어가 되는 방법은 무엇일까?'라는 질문이 항상 맴돌았다. 내 영향력을 더 높이고 싶었지만, 계속해서 주당 70~80시간씩 근무할 수는 없었다. 그래서 더 적게 일하고 더 많이 성취하는 개발자가 되는 방법을 찾으려 노력했다.

다른 이들도, 특히 인재 채용의 맥락에서 똑같은 질문을 던졌다. 나는 운 좋게도 엔지니어링 팀을 성장시키는 다양한 측면에 관여하는 행운을 누렸다. 수천 명의 이력서를 심사하고, 500명 이상의 지원자 면접을 주관하고, 채용 위원회에 참여해 지원자의 장점을 논의했다. 결국 이러한 논의는 다음 질문으로 귀결됐다. "과연 이 지원자가 팀에 크게 이바지하고 임무를 효과적으로 완수하는 직원으로 성장하겠는가?"

나는 온보딩이나 멘토링 프로그램을 만들어 신입 개발자 수십 명을 교육하기도 했는데, 멘토링을 받는 이들 또한 내게 어떻게 하면 더 효과적으로 일할 수 있는지를 물어왔다. 나는 다른 개발자보다 더 효과적인 개발자가 되는 방법을 찾고, 그 방법을 다른 개발자에게 가르치는 것을 내 목표로 삼았다. 답을 찾기 위해 엔지니어링 리더 수십 명과 대화를 나누고, 몇 년 동안 생산성, 팀 빌딩, 성격 심리학, 비즈니스, 자기계발에 관한 책을 탐독했다. 대부분 개발자를 대상으로 한 책이 아니었기 때문에 책에서 배운 교훈을 개발자가 처한 상황에 맞게 실험하고 적용할 수 있는 방법을 찾아야 했다.

이 교훈을 배우기에 더 효과적인 기법은 언제나 있을 것이다. 하지만 나는 앞에서와 같은 여정을 통해 어떤 활동에 적용해도 효과의 정도를 추론할 수 있는 강력한 프레임워크를 개발했다. 이 프레임워크를 『이펙티브 엔지니어』에 담아 여러분과 공유하게 되어 기쁘다. 이펙티브 엔지니어가 된다는 것이 어떤 의미인지 살펴보고, 내가 배운 교훈의 핵심을 알려주겠다. 그리고 무엇보다 이 프레임워크를 보완하는 실행 가능한, 검증된 전략을 소개하겠다. 더 효과적인 개발자가 되기 위해 바로 활용할 수 있는 전략이다.

이펙티브 엔지니어란 어떤 개발자일까? 우리는 직관적으로 다음과 같은 개발자가 효과적이라고 인식한다. 임무를 완수하는 사람, 사용자가 사랑하는 제품을 출시하고 고객이 유료로 구입할 기능을 선보이고 팀의 생산성을 향상시킬 도구를 제작하며 회사 전체에 도움이 될 시스템을 배포하는 사람, 성과를 내는 사람, 이런 사람이 바로 이펙티브 엔지니어다.

하지만 이러한 업무를 완수하는 데 시간이 너무 오래 걸린다면? 역시 효과적이라고 보기 어려울 것이다. 설사 그 사람이 열심히 일했다고 하더라도 시간과 자원을 더 적게 들여서 똑같은 성과를 내는 사람을 더 효과적이라고 여길 것이다. 즉, 이펙티브 엔지니어는 효율적으로 임무를 완수한다.

하지만 효율성만으로는 효과성이 보장되지 않는다. 기껏해야 백 명이 사용할 사내 도구에 수백만 개의 요청을 처리하도록 확장할 수 있는 인프라를 효율적으로 구축하는 개발자는 비효율적이다. 채택률이 10%에 이르는 기능을 제쳐두고 0.1%의 사용자만 채택하는 기능을 구축하는 사람도 효율적이지 않다. 그 0.1%가 유독 더 큰 사업적 가치를 창출하지 않는 한 말이다. 이펙티브 엔지니어는 가치와 효과를 내는 데 집중하며 **어떤** 성과를 낼지 선택할 줄도 안다.

따라서 이펙티브 엔지니어는 일한 시간 단위당 생산하는 가치의 비율로 정의된다. 이것이 바로 레버리지다. 1장에서 레버리지 개념에 대해 소개하고, 책 전반에 걸쳐 꾸준히 계속 살펴보겠다.

『이펙티브 엔지니어』는 소프트웨어 개발자를 위한 책이지만, 코드는 한 줄도 없다. 다양한 기술, 프로그래밍 언어, 소프트웨어 프레임워크, 시스템 아키텍처에 관한 책과 기사는 시중에 넘쳐난다. 하지만 기술에 대한 지식은 이펙티브 엔지니어가 되기 위해 배워야 할 기술 중 일부에 불과하다.

효율성에서 매우 중요하지만 개발자들이 종종 간과하는 것이 메타 기술meta-skill[*]이다. 메타 기술은 시간과 에너지를 어디에 집중해야 들어간 노력 대비 더 큰 효과로 이어질지 알아내는 데 도움이 된다. 『이펙티브 엔지니어』는 이러한 메타 기술을 가르쳐줄 것이다. 약속하건대 이 책을 읽으면 **레버리지**라는 유용한 프레임워크를 알게 된다. 영향력을 높이는 데 필요한, 실행 가능한 도구를 갖추게 될 것이다. 그리고 소중한 시간과 에너지를 낭비하게 하는 엔지니어링 분야의 일반적인 함정에 대한 통찰력도 기를 수 있다.

나는 이러한 기술들을 직접 경험하며 배웠다. 다른 개발자와 대화하다가, 생산성 및 심리학에 관한 과학적 연구에서 배운 교훈을 실천하다가 익혔다. 하지만 이 책에는 내 경험을 넘어서는 훨씬 많은 이야기가 담겨 있다. 지속적으로 효과를 내는 비법을 배우기 위해 실리콘밸리 IT 기업의 선임 개발자, 관리자, 임원, 이사를 인터뷰했고 이들이 활용한 가장 가치 있는 방법, 가장 큰 대가를 치른 실수도 이 책에서 볼 수 있다. 다들 다른 이야기를 하는데도 공통 주제가 눈에 많이 띄었다.

1장에서는 레버리지가 개발자의 효과성을 측정하는 척도가 되는 이유를 알아본다. 이어지는 각 장에서는 연구, 이야기, 사례를 통해 이펙티브 엔지니어가 활용하는 레버리지 높은 습관을 소개한다. 인스타그램Instagram의 공동 창업자인 마이크 크리거가 13명으로 구성된 작은 팀의 규모를 효율적으로 확장해서 4,000만 명 이상이 사용하는 제품을 지원한 핵심적인 엔지니어링 원칙도 알아본다. 페이스북이 사용자 100만 명이 사용하는 SNS로 성장하는 동안 페이스북의 전 이사 보비 존슨이 인프라 팀에서 발전시킨 중요한 습관도 알려줄 것이다. 구글, 페이스북, 드롭박스

---

* [역주] 다른 기능적인 기술을 빠르고 효율적으로 습득할 수 있는 기술.

Dropbox, 박스Box, 엣시Etsy 등 최고의 IT 기업에서 근무한 이들의 이야기를 들으며 개인이나 리더로서 더 큰 효과를 낼 수 있었던 방법과 그 속에 담긴 철학을 엿볼 수 있다. 습관의 중요성을 간과했다가 고생하며 체득한 교훈도 있는데, 그 때문에 전쟁을 치른 이야기도 들려주겠다.

이 책의 주제는 세 부분으로 구성된다.

1부에서는 조금 더 엄격하게 추론하고 효과성을 높이는 데 도움이 되는 마인드셋에 대해 설명한다. 레버리지 마인드셋의 개요(1장)를 간략히 보여준 다음 성장 속도를 높이고 시간을 최대로 활용할 수 있게 학습을 최적화하는 방법(2장)과 우선순위를 정기적으로 점검하는 방법(3장)을 이야기한다.

엔지니어링 업무 대부분은 실행을 중심으로 이루어지므로 2부에서는 당면한 업무를 꾸준히 실행하며 나아가는 데 필요한, 개발 주기 반복 속도 높이기(4장), 개선하려는 사항 측정하기(5장), 아이디어를 일찍 그리고 자주 검증하기(6장), 프로젝트 추정 기술 향상시키기(7장) 등 핵심 전략에 관해 깊이 있게 살펴본다.

이펙티브 엔지니어는 단기 투자를 선호하지 않으므로 3부에서는 기어를 바꿔서 장기적인 가치를 구축하는 방법으로, 즉 품질과 실용주의 사이에서 균형 찾기(8장), 운영 부담 최소화하기(9장), 팀의 성장에 투자하기(10장)를 살펴볼 것이다.

세상에 더 큰 영향력을 미치고 싶거나, 더 빨리 승진하고 싶거나, 무의미하게 반복되는 작업에 낭비되는 시간을 줄이고 싶거나, 성과는 똑같이 유지하면서 근무시간은 줄이고 싶거나, 여러분의 목표가 무엇이든 『이펙티브 엔지니어』에서 필요한 도구를 찾을 수 있을 것이다. 이 책이 여러분의 성장에 도움이 될 모든 것을 알려주는 포괄적인 지침서는 아니지만, 자신의 시간을 투자할 가치가 있는 기술을 탐색하는 데 일관되게 사용할 수 있는 프레임워크(레버리지)는 배울 수 있다. 교육과 멘토링에 열의를 느끼는 사람으로서 내가 배운 내용을 여러분과 함께 나눌 수 있어서 무척 기쁘고, 설렌다.

에드먼드 라우

감사의 글

『이펙티브 엔지니어』의 저술과 출간을 도와준 많은 이에게 고마운 마음을 전한다.

책을 쓰고 싶다는 꿈을 이루기 위해 휴직하고 안식 기간을 보내는 동안 인내하고 지지해준 나의 아내 첸 샤오에게 깊이 감사한다. 그녀는 초고의 많은 부분을 베타 리뷰해 주었고 이 책의 통합 구조를 알아내는 데 정말 큰 도움을 주었다.

편집자인 에밀리 M. 로빈슨은 내 글의 수준을 한 단계 끌어올려준 장본인으로, 그녀와 함께 퀍에서 초안을 검토하는 동안 즐거웠다. 첫 책을 낸 작가로서 이보다 더 훌륭한 편집자를 기대할 수 없을 것이다.

이 책의 초고를 읽고 소중한 피드백을 준 필립 궈, 레오 폴로베츠, 필 크로즈비, 잭 브록, 샤오 유, 알렉스 알랭, 일리아 수카르, 대니얼 펭, 라피 크리코리안, 마이크 커티스, 잭 하트, 타마르 베르코비치, 트레이시 츄, 이렌 루, 제스 린, 애니 딩, 엘리스 라우, 제시카 라우에게 감사한다.

마이크 크리거, 마크 헤드런드, 샘 쉴리스, 타마르 베르코비치, 보비 존슨, 앨버트 니, 님로드 후피엔, 카르틱 아이어, 이샨 웡, 잭 하트, 조슈아 레비, 댄 매킨리 등 많은 이가 책에 소개된 에피소드를 공유해 주었다. 인터뷰를 위해 시간을 내준 이들 모두에게 고맙다. 여러분이 공유해준 이야기와 교훈은 이루 말할 수 없이 귀중하다.

시간을 내어 추천의 글을 써주고, 회사를 창업해서 이 책을 위한 글쓰기 협업, 프로젝트 관리를 훨씬 더 즐겁게 만들어준 제품을 출시해준 브렛 테일러에게 감사하다.

글쓰기에 관한 내 열정을 다시 일깨워준 지식 공유 플랫폼을 만든 퀘라 팀에도 감사하다. 회사에 의미 있는 영향을 끼칠 기회를 줄 찰리 치버에게 특별한 감사의 인사를 전하고 싶다.

일과 개인 생활의 균형, 이른바 '워라밸'에 관한 논의는 이미 식상할 정도로 오래되었다. 누구나 주어진 일을 더 잘, 그리고 더 빨리 끝내고 싶어 한다. 개인 생활을 희생하기는 싫지만, 그래도 가능하다면 능력 있는 사람으로 인정받고 싶은 마음도 있을 것이다. 하물며 게으름과 생산성을 미덕으로 여기는 개발자가 그런 욕구를 느끼는 것은 너무도 자연스럽다. 온갖 라이브러리를 개발하고 여러 방법론을 만들어 추종하는 그들을 보면 효율을 신성시한다는 느낌마저 든다.

물론, 동일한 노동으로 더 큰 효과를 내는 '효과성'에 대해서도 마찬가지다. 충분한 길이의 지렛대만 있으면 지구도 움직여 보겠다는 고대 그리스 수학자의 말을 굳이 빌리지 않더라도, 에너지를 더 효과적으로 집중하면 생각보다 적은 힘으로 생각보다 대단한 일이 가능하다는 건 누구나 안다. 하지만 도대체 어떻게 해야 '이펙티브 엔지니어'가 될 수 있을까?

이 책의 저자 에드먼드 라우는 투입한 시간 대비 생산한 가치를 나타내는 레버리지라는 개념을 빌어 이를 설명한다. 누구에게나 가장 한정적인 자원인 시간을 가장 큰 효과를 낼 수 있는 곳, 즉 레버리지 포인트에 쓰는 영리함을 발휘해야만 어떤 회사에서나 환영하는 '이펙티브 엔지니어'가 될 수 있다는 것이다.

매우 상식적인 이야기다. 사실 소프트웨어 엔지니어링 업계 경력이 어느 정도 쌓인다면 경험을 통해 더 효율적이고 효과적으로 일하는 방법을 자연스레 체득하게 될지도 모른다. 하지만 그때까지 얼마나 많은 고난과 시행착오를 겪어야 할까. 더 나쁜 소식은 그러는 사이 조금이라도 더 빨리 '비법'을 터득한 경쟁자들은 마치 복리 이자가 붙는 것처럼 점점 더 빠른 속도로 점점 더 좋은 커리어를 쌓아갈 것이라는 점이다.

에드먼드는 많은 개발자의 성장을 도우면서 시행착오를 겪지 않고도 깨달음을 얻을 방법을 고민하고 공유했다. 원칙을 단순히 소개하는 것에 그치지 않고 다른 엔지니어가 실천했던 다양한 사례도 들려주어 이해를 도왔다. 다만, 한 권의 책으로 다룰 수 있는 내용에는 분명히 한계가 있다. 따라서 그가 말했던 것처럼 이 책에서 모든 개별 문제를 상세하게 다루지는 않는다. 비록 자신의 상황에 맞는 최선의 답을 구하는 것은 각자의 몫으로 남겠지만, 이 책에서 말하는 원칙은 엔지니어링은 물론 일상생활에서도 적용될 수 있을 만큼 보편적이다.

자신에게 주어진 시간을 다른 이들보다 더 가치 있게 사용하고 싶은 엔지니어라면 에드먼드가 전하는 교훈이 많은 도움이 될 것이다. 더 많은 엔지니어가 더 많은 성장을 이루기를, 그리고 그 과정에 이 책이 일조하기를 바란다.

이미령

여러분은 이 책에서 지속적으로 스스로 성장할 수 있는 방법을 적절한 동기부여와 함께 얻을 수 있을 것입니다. 이론으로 잘 알려진 여러 애자일 실천 방법들을 실사례와 함께 확인할 수 있습니다. 책 곳곳에서 유명한 저서의 인용문을 확인하고 추가로 읽을 책 리스트를 얻는 것은 덤입니다. 현재 여러분이 속한 조직의 부족한 부분을 확인하고, 보완하기 위한 구체적인 솔루션을 도입하여 개인이나 조직 모두 한 단계 성장할 수 있는 기회를 이 책을 통해 얻으면 좋겠습니다.

이 책을 접한 여러분은 행운입니다. 올바른 제품을 바르고 빠르게 구축(build the right product right and fast)하는 이펙티브 엔지니어로 거듭나시길 바랍니다.

조인석 / Elastic 수석 기술지원 엔지니어 & 솔루션 테크 리드

신입 개발자의 가장 큰 관심사는 코딩입니다. 얼마나 효율적인 코딩을, 얼마나 빨리 구현할 수 있는가? 하지만 경력이 쌓이면서 코딩이 전부가 아님을 느끼게 됩니다. 이펙티브 엔지니어, 말 그대로 '유능한 엔지니어'가 되기 위해서는 코드가 아닌 소프트웨어 엔지니어링에 대한 지식이 필요합니다. 이 책은 바로 그 '소프트웨어 엔지니어링'을 쉽게 설명해 줍니다.

'레버리지'란 개념을 통해 지금 당장 한 줄의 코드보다 더 효율적인 방법을 알려줍니다. 잦은 개발 주기의 반복이 왜 좋은지, 어떻게 검증해야 하는지에 대해 구체적으로 설명하고 있습니다. 이는 결국 더 나은 서비스, 더 빠른 서비스를 가능하게 하고 운영의 부담도 줄여주는 결과를 가져옵니다.

정신없이 바쁘지만 원하는 결과를 얻지 못하고 있다면 이 책에서 그 원인과 답을 찾을 수 있을 것입니다. 코드 한 줄 없지만 개발자들에게 꼭 보여주고 싶은 책입니다.

김동우 / 프리랜서

세상의 빠른 변화에 걸맞게 기술 또한 빠르게 발전하고 있습니다. 그 속에서 프로그래밍 개발을 직업으로 살아가는 개발자들은 많은 것을 소화하기 위해 매일 같이 정신없는 하루를 보냅니다. 특히 '주니어'라고 불리며 다소 경험이 부족한 연차의 경우에는 회사나 팀의 성장과, 개발자로서의 성장 곡선을 맞추는 '감'이 부족할 때가 많습니다. 그럴 땐 선배 개발자와 멘토링하며 먼저 경험한 분들의 이야기를 듣고 내 것으로 만드는 과정이 필요한데요. 이 책에서는 '레버리지'라는 핵심 아래, 개발자로 살아가기 위한 힌트를 다양한 측면에서 알려주고 있습니다.

단순하고 원론적인 이야기가 아닌 실제로 저자가 개발자로서 경험하며 느낀 부분을 다양한 사례로 설명하고, 팀이 추구하는 목표 또는 운영하는 애플리케이션의 성공을 위해 개발자가 가져야 할 더 나은 시선을 제시합니다. 이 책은 단순하게 이펙티브 엔지니어가 되기 위한 방법 안내에 그치지 않습니다. 애플리케이션의 라이프사이클 전체를 책임지는 개발자로서 진정한 가치, 검증을 통한 효율성, 개발 팀이 갖춰야 할 여러 운영 장치, 팀원 전체가 함께 성장하기 위한 프로세스 등 애플리케이션이 만들어지고 운영되는 파이프라인의 구석구석을, 마치 청진기로 진단하는 것처럼, 팀과 나를 살펴보는 기회가 되었습니다. 연차가 낮거나 높거나, 팀원이든 팀장이든, 팀 구성원으로 살아가는 모든 개발자에게 꼭 읽어보고 본인의 상태를 투영해 보기를 권합니다.

권태관 / NAVER_백엔드 엔지니어

회사에 갓 들어간 신입, 또는 팀을 이끌어가는 리더에게 이 책을 추천합니다. 기술에 관한 이야기는 아닙니다. 프로젝트나 팀을 시간 대비 효율적으로 잘 이끌어 갈 수 있는 방법, 한정된 시간 안에 어떤 작업을 우선해야 하는지, 어떻게 하면 아웃풋을 늘릴 수 있는지를 알려줍니다.

성중원 / 뤼이드_프런트엔드 엔지니어

소프트웨어 엔지니어링은 기업의 성공과 실패를 좌지우지할 만큼 중요한 부분 중 하나입니다. 이 책은 총 10개 장으로 구성되어, 각 장마다 하나의 주제에 대해서 저자의 경험과 성공한 기업의 사례를 예로 들어 구체적인 적용 방법을 제시하고 있습니다.

책을 읽어나가면서 내 경험에 비춰보고 기업의 소프트웨어 엔지니어링을 어떻게 개선해 나가는 것이 좋을지 생각해볼 수 있었습니다. 이 책에서 제시하는 방법들을 읽기만 하는 것이 아니라 자신의 위치에서 실천할 수 있는 부분부터 실천해 나간다면 자신뿐만 아니라 다른 개발자에게도 좋은 영향을 끼치고, 나아가 회사의 성공에 기여할 수 있게 될 것입니다.

이 책에서 다루는 내용은 개발자로 근무하면서 항상 고민하는 것들로, 현재 그리고 이후 연차에도 고려해야 될 부분까지 포함합니다. 또한, 개발자뿐만 아니라 기업을 운영하는 임원들에게 (기업 규모에 관계없이) 성공적으로 기업을 운영할 수 있는 훌륭한 엔지니어링 가이드라인도 제시합니다.

권민승 / 샵라이브코리아

이 책은 제목 그대로 이펙티브 엔지니어가 되는 방법을 알려줍니다. 저자는 과거에 주당 60시간 이상 일하다가 더 나은 방식으로 일할 방법을 찾기 시작했고, 본인의 경험담과 함께 다른 엔지니어들의 사례를 더해 효율적으로 일하는 방법에 대해 이야기합니다.

엔지니어라면 과도하지 않게 일할 수 있는 일정을 산출하고, 약속된 시간 동안 근무하면서, 단위 시간당 생산하는 소프트웨어의 가치를 높이기를 원할 것입니다. 그러기 위해서는 성장을 뒷받침할 많은 노력이 필요하며, 더욱이 성장의 속도는 모두 다를 것입니다. 속도를 높이고 방향을 제대로 설정하고 싶은 엔지니어라면 연차나 직급에 관계없이 이 책을 읽어볼 것을 권합니다.

조선민 / 포지큐브_소프트웨어 엔지니어

'문제란 무엇인가', '문제에 어떻게 접근해야 하는가', '문제를 어떻게 해결해야 하는가', 제럴드 와인버그의 책을 읽고 모호한 개념에 뜬구름 잡는 이야기라고 느꼈다면, 이 책을 읽어보면서 실천해보면 좋을 것 같습니다. 그런 의미에서 이 책은 워크북의 느낌이 듭니다.

프로그래밍은 '코드를 작성'하는 작업에서 끝나지 않습니다. 비정형의 문제를 모델링하고, 해결법을 찾고, 그 해결법이 올바른지 측정해야 하며, 다른 이들의 걱정을 해소시키면서, 문제를 효율적으로 해결해야 합니다. 이는 엔지니어가 인지하지 못하지만, 실제로 존재하는 '엔지니어의 업무'입니다.

'이펙티브 엔지니어란 어떤 사람인가', '단순히 프로그래밍 언어를 타이핑하는 노동자가 아닌, 문제를 해결하고 스스로 관리하는 엔지니어란 무엇인가'를 생각해볼 수 있었습니다. 결국 이펙티브 엔지니어는 '자신의 업무를 효율적으로 끝내기 위해 계속해서 고민하는 사람'일 것입니다. 이 책을 통해 자신만의 '이펙티브 엔지니어'에 대해 생각해보면 좋겠습니다.

황민욱 / 스티비 주식회사_백엔드 엔지니어

『이펙티브 엔지니어』에 새로운 내용은 없습니다. 이 책은 저자가 직접 겪고, 수많은 엔지니어를 만나고, 여러 책을 읽으며 얻은 인사이트의 집대성입니다. 이펙티브 엔지니어를 지향한다면 한번쯤 들어보거나 실천하고 있을 내용들입니다. 하지만 책을 읽으면서 내가 정말 이것을 체득하고 실천하고 있는가를 반성하게 됩니다. 매 장에서 실제 저자가 겪거나, 다른 회사나 엔지니어가 경험한 이야기가 나옵니다. 그런 사례들을 바탕으로 독자에게 중요성을 설득하고, 실천할 수 있는 아이템과 이를 행하기 위해 생각해야 할 것들을 이야기합니다.

책을 처음 펼쳤을 때는 다 아는 이야기라고 생각했다가, 중반부에는 이것들을 내가 제대로 이해하고 실천하는가에 부끄러워지며, 마지막에 이르러서는 저자가 이야기하는 이펙티브 엔지니어란 무엇인가에 대해 공감하게 됩니다. 더 나은 엔지니어가 무엇인가 혼자 고민하지 말고, 이 책을 통해 저자와 대화하며 피드백을 얻어가는 것을 추천합니다.

김효진 / 스튜디오주

목차

1부 ┊ 올바른 마인드셋을 갖춰라

3부 ┃ 장기적인 가치를 구축하라

4부 | 부록

Part 1

올바른 마인드셋을
갖춰라

1

레버리지가 높은 활동에 집중하라

쿼라 엔지니어링 팀의 규모는 3개월 동안 두 배가 되었다. 우리는 스타트업을 시작하며 전 세계의 지식을 공유하고 성장시킬 질의응답 플랫폼을 세우겠다는 야심 찬 사명을 가졌다. 알렉산드리아 도서관을 인터넷 규모로 지으려면 더 많은 개발자가 필요했기 때문에, 2012년 여름 캘리포니아 팰로앨토 시내의 해밀턴 애비뉴 261번지에 있는 작은 사무실은 14명의 신입 개발자로 북적이게 되었다. 벽을 세 군데나 허물며 사무 공간을 확장했지만 모든 사람의 책상을 넣을 수 없을 정도였다.

인력 충원을 준비하면서 쿼라의 두 공동 창업자 중 한 명인 찰리 치버 Charlie Cheever와 여러 차례 만났다. 나는 신입 개발자 온보딩을 직접 맡겠다고 자원했고, 모두를 빠르게 성장시킬 방법을 책임지고 고안해야 했다. 하루에도 몇 번씩 프로덕션에 코드를 배포하면서 결과에는 영향을 주지 않으려면 어떻게 해야 할까? 기존 코드베이스의 설계나 관례를 잘 모르는 신입 개발자가 많은데 어떻게 코드 품질을 높게 유지할 수 있을까? 신입 개발자가 생산적으로 일하려면, 다음에 무슨 일을 해야 할지 몰라 일손을 멈추지 않으려면, 무엇이 필요할까? 이러한 문제의 해답을 찾는 일은 평소에 하던 소프트웨어 작성과는 동떨어진 업무였으나, 신입 개발자를 효과적으로 온보딩한다면 내가 만든 어떤 코드보다 더 큰 효과를 낼 것이기에 설레는 마음으로 임했다. 이 업무는 엔지니어링 팀의 절반이 처음 몇 달간 완수할 업무량에 직접적인 영향을 미칠 것이었다.

나는 다른 회사의 온보딩, 멘토링 프로그램을 조사하고, 해당 회사의 개발자들과 이야기하면서 어떤 프로그램이 효과가 있는지, 또는 그렇지 못한지 파악했다. 그리고 팀원들에게 지원받아 쿼라의 신입 개발자 멘토링 프로그램을 공식적으로 기획했다. 각 멘토가 신입 개발자 1명과 2~3개월간 짝을 이뤄서 신입 개발자가 훌륭하게 적응하도록 책임지고 지원하는 프로그램이었다. 멘토가 해야 할 일에는 코드 리뷰해주기, 배워야 할 기술 개괄적으로 알려주기, 페어 프로그래밍pair programming 세션 진행하기, 기술의 트레이드오프 알려주기, 업무 우선순위를 잘 설정하는 방법 설명해주기, 다른 팀원들과 원만하게 협업하는 방법 지도하기 등 온갖 항목이 포함됐다. 신입 개발자가 회사 시스템에 익숙해지도록 초반에 해야 할 업무와 프로젝트의 순서를 계획해주는 것도 멘토의 몫이었다.

신입 개발자들이 공통적인 기초 위에서 시작할 수 있게 온보딩 프로그램도 개설하여 기술 강연 10회를 반복해서 열고, 코드랩codelab 10회도 포함시켰다. 코드랩은 구글에서 빌려온 아이디어로, 코어 추상화core abstraction를 설계하는 이유, 활용 방법, 관련 코드를 설명하고, 이해한 바를 검증해볼 수 있는 훈련까지 제공하는 문서를 말한다. 기술 강연과 코드랩을 통해 신입 개발자에게 코드베이스와 관심 기술 영역에 관한 개요를 알려주고, 우리가 사용하는 개발 도구와 디버깅 도구 사용 방법을 가르쳤다.

이렇게 노력한 결과 그 해 여름 입사 첫 주가 끝날 무렵 많은 신입 개발자가 버그 수정이나 제품의 소소한 기능을 사용자에게 성공적으로 배포했고, 곧이어 나머지 신입 개발자들도 각자 자신이 만든 첫 번째 수정 사항을 배포하게 되었다. 그 몇 달 동안 우리는 새로운 안드로이드 애플리케이션, 내부 분석 시스템, 더 나은 제품 내 추천 기능, 개선된 제품 뉴스 피드 등을 비롯해 많은 제품을 출시했다. 코드는 높은 품질을 유지했으며, 정기적으로 멘토 모임을 열어서 온보딩 절차를 더욱 원활하게 진행할 방법을 논의했다. 내가 회사를 옮긴 후에도 신입 개발자 수십 명이 이 온보딩, 멘토링 프로그램을 거쳐 갔다.[1] 두 프로그램은 엔지니어링 팀에서 가장 높은 성과를 거둔, 즉 가장 레버리지leverage가 높은 투자였다.

이 장에서는 레버리지가 무엇인지 정의하고, 레버리지가 효과성을 측정하는 기준이 되는 이유를 설명한다. 또 우리가 하는 활동의 레버리지를 높일 수 있는 세 가지 방법을 살펴본다. 마지막으로 왜 수월한 과제가 아니라 레버리지 포인트에 에너지를 집중하는 것이 더 큰 효과를 내는 열쇠인지 설명하겠다.

레버리지를 효과성의 측정 기준으로 삼아라

왜 쿼라의 개발자들은 신입 개발자 온보딩과 멘토링에 그토록 많은 에너지를 쏟았을까? 시제품 아이디어, 빌드해야 할 기능, 제품 출시, 버그 수정, 팀 운영 등 해야 할 일이 수백 가지가 넘는데, 이런 일보다 온보딩과 멘토링에 더 초점을 맞춘 이유는 무엇일까? 이 질문을 더 일반적인 질문으로 바꿔보자. '현재 맡은 직무에서 할 수 있는 수백 가지(또는 그 이상) 업무 중에서 어떤 일을 해야 목표를 더 효과적으로 달성할지, 어떻게 결정할 수 있을까?'

이 질문에 대한 답은, 즉 다양한 활동의 우선순위를 결정하는 열쇠는 각 업무의 레버리지를 측정하는 것이다. 레버리지를 정의하는 공식은 간단하다. 레버리지란 투자한 시간당 생산한 가치, 또는 효과다.

$$레버리지 = \frac{생산한\ 효과}{투자한\ 시간}$$

다시 말해 레버리지는 투입한 노력에 대한 투자 자본 수익률Return On Investment, ROI이다. 이펙티브 엔지니어는 더 오랜 시간을 일해서 더 많은 일을 하려는 사람이 아니다. 이펙티브 엔지니어는 업무를 효율적으로 완수하고, 제한된 시간에 더 많은 가치를 생산한다. 공식의 분모를 낮게 유지하면서 분자를 높이려고 노력하는 것이다. 즉, 레버리지는 여러분의 활동이 얼마나 효과적인지를 측정하는 기준이다.

레버리지가 매우 중요한 이유는 시간이 가장 제한적인 자원이기 때문이다. 시간은 다른 자원과 달리 저장, 확장, 대체가 불가능하다.[2] 여러분의 목표가 무엇이든 시간은 제한적이다. 이 글을 읽는 여러분이 제품 개발자로서 사용자에게 미치는 영향력을 최대로 높이기 위해 어떤 조치를 할지 고민 중일 수 있다. 또는 인프라 개발자로서 앞으로 어떤 확장성 문제를 다룰지 고민 중일 수도 있다. 사무실에서 매주 60~70시간 코딩하는 것을 좋아하는 워커홀릭일 수도 있고, 주당 4시간 일하기를 설파하는 팀 페리스Tim Ferriss의 『나는 4시간만 일한다The 4-Hour Workweek』 철학을 추종하며 생계유지에 필요한 최소 시간만 일하고 싶어하는 사람일 수도 있다. 여러분이 어떤 사람이든, 경력이 짧든 길든 간에 주어진 시간보다 업무가 더 많다는 것을 인지하고 업무의 우선순위를 정하는 순간은 찾아온다.

레버리지를 흔히 파레토 법칙, 또는 80 대 20 법칙이라 언급하는 사고방식으로도 생각해볼 수 있다. 파레토 법칙은 다양한 활동에서 20%의 작업이 80%의 효과를 낸다는 개념이다.[3] 여기서 말하는 20%의 활동이 레버리지가 높은 활동, 즉 상대적으로 적은 시간을 투자해서 월등히 높은 효과를 생산하는 활동이다.

이펙티브 엔지니어는 이 간단한 공식을 가장 중요한 기준, 즉 시간을 어디에 어떻게 쓸지 정하는 기준으로 삼는다. 그리스의 수학자이자 기술자 아르키메데스는 "설 수 있는 공간과 충분히 긴 지렛대를 주면 지구를 움직일 수 있다."[4]라는 말을 남기기도 했다. 한 사람의 힘으로 거대한 바위를 움직이는 것은 어렵다. 하지만 튼튼한 지렛대(레버)가 있다면 거의 모든 것을 움직일 수 있다. 레버리지가 높은 활동도 비슷하다. 제한된 시간과 에너지를 증폭해서 훨씬 더 큰 효과를 낼 수 있다.

레버리지 원칙에 비춰보면 엔지니어링 팀에서 신입 개발자 멘토링과 교육에 집중한 이유가 명확히 드러난다. 멘토링은 ROI가 높은 활동의 매우 적절한 예다. 일반적인 개발자의 연간 근무 시간은 1,880~2,820시간 정도다.[5] 입사 후 첫 한 달간 매일 1시간(총 20시간)을 신입 개발자 멘토링과 교육에 쓴다는 것이 큰 투자로 느껴질 수 있다. 하지만 그 시간은 신입 개발자가 첫해에 일하는 전체 시간의 1%밖에 되지 않는다. 코드랩처럼 재사용할 수 있는 자원을 만들기 위해 지불한 선불 투자금은 훨씬 더 큰 배당 수익을 냈고, 초기 투자 이후 유지관리 비용은 거의 들지 않았다.

게다가 이 1%의 시간 투자는 나머지 99% 근무 시간의 생산성과 효율성에 더 큰 영향을 미친다. 신입 개발자에게 유용한 유닉스UNIX 명령어를 알려주면 기본 업무에 드는 시간을 몇 분에서 몇 시간까지 절약할 수 있다. 디버깅 도구를 알려주면 새로운 기능 제작에 드는 개발 시간을 크게 줄일 수 있다. 코드를 초기에 철저히 리뷰해서 일반적인 오류를 찾아주면 나중에 비슷한 문제를 다시 해결할 필요가 없어지고 나쁜 습관이 형성되는 것도 막을 수 있다. 완료해야 할 프로젝트나 배워야 할 기술의 우선순위를 정하는 방법을 알려주면 신입 개발자의 생산성이 수월하게 향상된다. 신입 개발자가 코어 추상화, 기본 개념을 배우기 좋은 첫 프로젝트를 계획하면 소프트웨어 설계가 개선되고 향후 유지 보수에 드는 수고가 줄어든다.

스타트업이 성공하려면 개발자 한 명이 얼마나 성취하느냐보다는 팀 전체가 성공하느냐가 더 중요하다. 따라서 신입 개발자를 최대한 빠르고 매끄럽게 양성하는 프로그램에 투자하는 건 우리가 할 수 있는 일 중에서 레버리지가 매우 높은 일이었다.

레버리지를 늘리는 세 가지 방법

인텔의 전 CEO 앤드루 그로브Andrew Grove는 『하이 아웃풋 매니지먼트 High Output Management』에서 전체 레버리지, 즉 단위 시간당 생산하는 가치의 양을 증가시키려면 다음 세 가지 방법밖에 없다고 설명했다.[6]

1. **특정 활동을 완료하는 데 드는 시간 줄이기**
2. **특정 활동의 생산량 늘리기**
3. **레버리지가 높은 활동으로 전환하기**

세 가지 방법은 자연스럽게 다음 질문으로 이어진다. 여러분 스스로 현재 진행하는 활동에 관해 생각해볼 수 있는 질문이다.

1. 이 활동을 더 짧은 시간에 완료하려면 어떻게 해야 할까?

2. 이 활동으로 생산되는 가치를 증가시키려면 어떻게 해야 할까?

3. 이 시간을 투자해 더 큰 가치를 생산할 수 있는 다른 활동이 있을까?

개발자의 생산량은 출시한 제품이나 수정한 버그의 개수, 확보한 사용자, 채용한 개발자의 수뿐 아니라 랭킹 품질 개선, 수익 창출 등 다양한 기준으로 측정된다. 총 생산량은 개별 활동 생산량의 총합이다. 개별 활동에는 평일에 근무하면서 수행하는 회의 참석, 이메일 회신, 버그 조사, 오래된 코드 리팩터링, 새로운 기능 개발, 수정사항 리뷰, 지표 모니터링, 프로덕션 시스템 유지 보수, 신입 개발자 면접 등도 포함될 것이다.

하지만 이처럼 다양한 활동으로 하루를 보낸다고 해서 반드시 가치를 생산하고 있다고 보기는 어렵다. 그림 1-1과 같이 각 활동은 고유한 레버리지가 있고, 이는 해당 활동의 결과(생산량)를 활동에 사용한 시간으로 나누어 측정한다. 기능 요청 구현, 새 테스트 프레임워크 학습, 주요 버그 수정 같은 일부 활동은 레버리지가 높다. 웹 서핑, 이메일 회신 등의 활동은 똑같은 시간을 쓰더라도 그만한 가치를 내지 못하므로 레버리지가 낮다.

각 활동의 레버리지를 높이려면 앞서 언급한 세 가지 질문을 스스로 생각해보자. 각 질문은 각기 다른 잠재적인 개선 방안으로 이어진다. 예를 들어 프로젝트 진행 상황을 검토하기 위해 1시간 동안 팀 회의를 하기로 했다. 이때 다음과 같이 회의의 레버리지를 높일 수 있다.

1. 똑같은 목표를 더 짧은 시간 내에 달성할 수 있게 회의 시간을 1시간에서 30분으로 줄이기

2. 회의가 명확한 목표를 향해 더 생산적으로 진행되도록 사전에 회의 의제를 준비하고 목표를 설정하여 참석자에게 배포하기

3. 꼭 직접 만나 의논할 필요가 없다면 회의를 이메일 논의로 대체하고, 회의 시간을 중요한 기능을 제작하는 데 사용하기

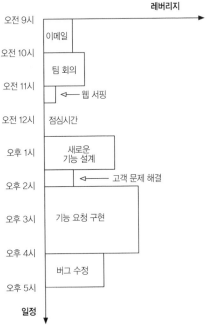

그림 1-1 평일에 수행하는 다양한 활동의 레버리지

또는 회사의 주력 제품에 새로운 고객을 대상으로 하는 기능을 개발하려는 제품 개발자라고 상상해보자. 이 경우 다음과 같은 방법으로 개발 시간의 레버리지를 높일 수 있다.

1. 수동으로 작업하던 개발/테스트 프로세스 중 일부를 자동화해서 개발 주기를 더 빠르게 반복하기

2. 출시했을 때 중요한 정도에 따라 작업의 우선순위를 정해서 최종 배포할 제품의 가치를 최대한 높이기

3. 고객지원 팀과 소통하면서 고객이 가장 불편해하는 부분을 파악하고, 이를 바탕으로 적은 노력으로 더 큰 가치를 창출할 수 있는 새로운 기능이 있을지 생각해보기

이번에는 웹 애플리케이션의 병목을 알아내고 해결해야 하는 성능 개발자라고 가정해보자. 제품 팀에서 새로운 제품이나 기능을 출시하면 애플리케이션이 느려질 수 있는데, 이때 애플리케이션 속도를 빠르게 유지하는 것이 여러분의 역할이다. 이 경우 자신의 레버리지를 높이기 위해 고려해볼 만한 접근법은 다음과 같다.

1. 프로파일링 도구를 효과적으로 사용하는 방법을 배워서 병목 지점을 파악하는 데 드는 시간 줄이기

2. 각 웹 페이지의 성능과 방문 빈도를 측정하여 트래픽에 특히 영향을 미치는 병목을 먼저 해결하고, 더 큰 효과를 낼 수 있는 순서로 해결하기

3. 제품 팀과 협력하여 애플리케이션 속도를 제품 개발 시 우선적으로 개발할 기능으로 두어 처음부터 성능이 우수한 소프트웨어로 설계하기. 이러면 추후 애플리케이션 속도가 수정해야 할 버그로 취급되지 않을 것이다.

이 예들에서 볼 수 있듯이 어떤 활동이든 세 가지 방법으로 소비한 시간의 레버리지를 높일 수 있다. 어떤 활동에 드는 시간을 줄이거나, 효과나 영향을 늘리거나, 레버리지가 더 높은 활동으로 바꾸면 이펙티브 엔지니어가 될 수 있다.

쉬운 과제가 아닌, 레버리지 포인트에 에너지를 집중하라

우리가 쓸 수 있는 시간은 한정되어 있고, 그 시간에 할 수 있는 활동은 많다. 이 책을 읽으면서 '레버리지가 높은 활동에 집중하라.'라는 교훈을 끊임없이 마음에 새겨라. 이것이 내가 일하며 배운 가장 가치 있는 교훈이다.

하지만 레버리지가 높은 활동을 쉬운 과제와 혼동하지 마라. 지렛대를 통해 긴 거리에서 작은 힘을 가할 때 훨씬 큰 힘이 생기듯이, 레버리지가 높은 활동이 큰 효과를 내려면 오랜 시간 꾸준히 노력해야 한다. 페이스북 초기 엔지니어링 담당 이사이자 레딧Reddit의 전 CEO였던 이샨 웡Yishan Wong이 페이스북에서의 가장 자랑스러운 업적이라고 들려준 다음 이야기에서 이 교훈이 잘 드러난다.[7]

페이스북에는 채용을 매우 중요하게 여기는 문화가 있다. 직원들은 스스로를 높은 기준의 수호자로 여기며, 채용은 관리자나 개발자 모두에게 최우선 과제다. 하지만 처음부터 그렇지는 않았다. 2006년 말, 웡이 관리직으로 입사할 당시 페이스북의 개발자들은 채용이나 면접이 자신이 해야 할 일을 방해한다고 생각했다.[8] 이는 많은 회사의 개발자가 일반적으로 보이는 태도다. 누구나 채용이 중요하다는 것을 알고 있지만, 이를 행동으로 옮기는 것은 또 다른 문제다.

웡은 이 보편적인 마인드셋에 변화를 일으켜 직원들이 채용 프로세스를 숙달해야 할 하나의 예술 행위로 여기도록 서서히 압력을 가했다. 회사가 능력 있는 개발자를 채용하기 위해 무엇을 하고 있는지 개발자들이 묻는다면 웡은 채용도 **당신**들의 업무라고 답했을 것이다. 채용이 최우선 과제였기 때문에 개발자들도 다른 일을 핑계로 면접을 거를 수 없었다. 피드백은 몇 시간 또는 며칠씩 미루지 말고 즉시 제출해야 했다. 인사 담당자가 지원자들의 면접 일정을 잡을 때는 최대한 빠른 시간에 잡게 했다.[9] "내일 만날 수 있을까요? 아침 8시는 어때요? 오전에는 시간이 없나요? 그러면 오후 1시는 어떤가요?" 또한, 면접에서 떨어진 지원자도 페이스북에서 일하고 싶다는 인터뷰를 남길 만한 문화를 만들었다. 윙이 회사에 머무는 4년간 채용 속도와 품질에 집착한 결과, 이는 페이스북의 경쟁 우위 중 하나로 자리 잡았다. 느릿한 회사들이 꾸물거리는 동안 페이스북은 지원자들을 재빨리 낚아채 갔다.

채용을 매우 중요하게 여기는 문화가 빠르고 쉽게 정착된 것은 아니었다. 이는 수년간 꾸준히 노력해야 하는 레버리지 높은 활동이었다. 하지만 일단 회사에 능력 있는 사람들이 합류하자 다른 능력 있는 사람들을 모집하기가 쉬워졌다. 채용 프로세스를 중시하지 않았다면 페이스북은 2,200억 달러 이상의 가치와 9,000명 이상의 직원을 거느리는 엄청난 성공을 거두지 못했을 것이 분명하다.[10]

자신의 업무 규모가 이 정도로 크지 않을 수 있다. 하지만 레버리지라는 개념은 페이스북과 마찬가지로 우리에게도 강력한 프레임워크다. 게다가 레버리지는 이펙티브 엔지니어뿐 아니라 전 세계에서 큰 성공을 거둔 이들도 활용한다. 빌 게이츠Bill Gates를 예로 들어보자. 그는 마이크로소프트에서 은퇴한 후 자선 활동에 수십억 달러를 투자하는 최고의 방법을 찾는 데 시간과 에너지를 집중했다. 빌 & 멀린다 게이츠 재단Bill & Melinda Gates Foundation이 관리하는 402억 달러가 큰돈이긴 하지만, 세상의 모든 문제를 해결하기에는 충분하지 않다.[11] 게이츠가 2013년 『와이어드Wired』에 기고한 에세이에는 이런 문장이 있다. "수십 조 달러 규모의 세계 경제에 비하면 어떠한 자선 활동의 규모도 작다. 큰 영향을 미치고 싶다면 1달러나 1시간의 노력을 투입했을 때 사회에 백 배 천 배의 혜택이 돌아올 레버리지 포인트가 필요하다." 게이츠는 개당 25센트도 들지 않는 홍역, 말라리아 백

신에 자금을 지원해서 수백만 명의 생명을 구하는 활동이 이러한 레버리지 포인트에 속한다고 보았다.[12]

마찬가지로 엔지니어링에도 고유한 레버리지 포인트가 있다. 이 책이 여러분의 깊이 있는 성찰을 대신해줄 수는 없지만, 여러분이 이러한 포인트를 찾는 데 도움을 줄 수는 있다. 이어지는 각 장에서 과학적 연구, 업계 이야기, 구체적인 사례와 함께 이펙티브 엔지니어의 레버리지 높은 습관을 알려주겠다. 각 습관의 레버리지가 투자한 시간을 정당화하는 이유와 자신의 업무에 이러한 습관을 접목시킬 구체적이고 실행 가능한 팁도 소개하겠다. 레버리지 포인트에 집중하면 여러분이 개발자로서 투자하는 시간과 노력이 의미 있는 영향력으로 발휘하는 데 도움이 될 것이다.

핵심 요약

- **레버리지를 활용해서 자신의 엔지니어링 효과성을 측정하라.** 투자한 시간에 비해 가장 높은 투자 자본 수익률을 내는 활동에 집중하라.

- **시간의 레버리지를 체계적으로 높여라.** 활동을 더 빨리 마치거나, 영향력을 더 크게 키우거나, 더 높은 레버리지를 지닌 활동으로 바꿀 방법을 찾아라.

- **레버리지 포인트에 노력을 집중하라.** 시간은 가장 제한적인 자산이다. 투자한 시간에 비해 월등히 더 큰 효과를 내는 습관이 무엇인지 알아내라.

2

학습을 위해 최적화하라

구글플렉스Googleplex는 구글의 실리콘밸리 본사로, 그곳에는 티라노사우루스의 골격이 건물을 지키고 있고, 우주선 모형(최초의 민간 유인 우주선인 스페이스십원SpaceShipOne)도 있고, 건물 옆에 비치발리볼장도 있다. 나머지 캠퍼스에는 테이블 축구, 탁구대, 비디오 아케이드 게임기, 실내 암벽장, 테니스장, 볼링장뿐 아니라 알록달록한 공으로 채워진 볼풀도 있다. 음료와 스낵으로 채운 작은 주방과 다양한 음식을 제공하는 열여덟 군데의 식당도 곳곳에 배치되어 모든 직원이 부족함 없이 먹을 수 있다.

나는 2006년 여름 MIT를 졸업한 직후 구글 검색 품질 팀에 입사하여 회사가 제공한 놀이터를 신나게 누볐다. 호기심 많고 의욕 넘치는 스물두 살 청년이 재미있다고 느낀 것은 멋진 시설만이 아니었다. 구글은 지적인 면에서도 훌륭한 놀이터였다.

신나게 배울 새로운 것이 도처에 있었고, 손에 넣을 수 있는 모든 지식을 흡수하고 싶은 마음뿐이었다. 프로토콜 버퍼Protocol Buffer[1], 빅테이블BigTable[2], 맵리듀스MapReduce[3] 같은 추상화된 코어 소프트웨어가 개발된 이유와 작동 방식을 설명하는 코드랩을 부지런히 훑어봤다. 사내 위키와 설계 문서를 읽으며 예술의 경지에 이른 구글의 검색, 색인 생성, 스토리지 시스템 이면에 있는 논리적 근거와 내부 구조를 배웠다. 베테랑 개발자들이 수십 년간 쌓아온 집단 경험과 모범 사례를 이해하기 쉬운 형태로 추출해둔 C++, 파이썬Python, 자바스크립트JavaScript 프로그래밍 가이드를 공부했다. 제프 딘Jeff Dean, 산자이 게마왓Sanjay Ghemawat 같은 구글의 초창기 전설들이 작성한 소스 코드 라이브러리를 파헤쳤다. 코어 자바Java 라이브러리를 설계한 조슈아 블로치Joshua Bloch, 파이썬 프로그래밍 언어를 만든 귀도 반 로섬Guido van Rossum 등 저명한 아키텍트의 기술 강연에 참석했다.

구글에서 소프트웨어를 작성하는 것은 아주 신나는 모험이었다. 나는 팀원 두 명과 함께 검색 쿼리를 다듬어서, 매일 수천만 명에서 수억 명에 이르는 사용자에게 더 나은 검색 결과를 제공해줄 google.com의 검색어 추천 기능을 만들어 출시했다. 우리는 수천 대의 장비에서 데이터 모델을 구축하기 위해 구글의 방대한 데이터 센터를 바탕으로 맵리듀스 작업을 구성했다. 당시 검색 제품 담당 부사장은 마리사 마이어Marissa Mayer였는데, 그녀와의 회의를 코앞에 둔 어느 날 밤 우리 셋은 실제로 동작하는 데모를 점검했다. 실시간 트래픽에서 동작할 첫 번째 실험에 대한 1차 승인을 얻기 위한 데모였다. 몇 주 후 최종 승인을 얻기 위해 구글의 공동 창업자인 래리 페이지 Larry Page, 세르게이 브린Sergey Brin에게 우리 제품의 측정 기준과 기능을 선보였을 때, 또 한 번 아드레날린이 치솟았다. 그토록 작은 팀이 5개월 만에 전체 기능을 만들고 출시한 것이어서 이 경험이 더욱 기억에 남는다.

물론 다른 혜택들도 무척 훌륭했다. 무료 음식, 캠퍼스의 체육시설, 마사지 서비스를 이용할 수 있었고, 그 외에도 매년 스쿼 밸리 스키 리조트 Squaw Valley Ski Resort, 디즈니랜드 등으로 전 직원이 함께 여행을 가기도 했다. 검색 팀은 경비 전액을 지원받아 마우이 여행도 갔었다. 인생이 참 아름다웠다.

그러나 이 모든 혜택에도 불구하고, 나는 2년 후 구글을 떠났다.

내가 구글을 떠난 건, 구글이 더 이상 내가 학습하기에 최적의 장소가 아니라는 걸 깨달았기 때문이었다. 구글에서 2년이 지나자 내 학습 곡선은 정체기에 접어들었고, 다른 곳으로 가야 더 많은 것을 배울 수 있음을 깨달았다. 읽어야 할 교육 자료와 설계 문서는 거의 다 보았고 새로운 기능을 처음부터 끝까지 진행해 출시하는, 신나는 5개월 타임라인은 어쩌다 있는 예외였다. 구글에서 1년을 더 지내며 무엇을 성취할지 그려보니 만족스럽지 않았다. 다음 모험을 떠날 때가 왔다는 것을 직감했다.

구글을 나온 후에는 빠르게 성장한 실리콘밸리의 두 스타트업, 우얄라와 쿼라에서 5년을 보냈다. 이직할 때마다 학습을 목표로 최적화한 덕분에 직업적으로나 개인적으로나 크게 성장했다. 구글플렉스가 제공하는 편의에 안주했다면 절대 달성하지 못했을 성장이었다. 구글은 대규모 머신 러닝, 자율주행 자동차, 웨어러블 컴퓨터와 관련한 업무를 할 수 있는 몇 안 되는 기업에 속하며, 이러한 프로젝트들이 재능 있는 개발자를 많이 끌어들인다. 하지만 구글에서 퇴사한 후 나는 뛰어난 재능을 갖춘 인재들과 함께 일하며, 훌륭한 엔지니어링 팀을 성장시키고, 회사 문화를 구축하고, 수백만 명이 사용하는 제품을 바닥부터 만들 드문 기회를 얻었다. 계속 구글에 머물렀다면 이런 기회를 얻기 훨씬 어려웠을 것이다. 나는 지금까지 학습을 목표로 최적화한다는 원칙을 기준으로 많은 결정을 내려왔고, 그렇게 내린 결정을 후회한 적은 한 번도 없다.

이 장에서는 왜 학습을 목표로 최적화하는 것이 이펙티브 엔지니어를 위한, 레버리지가 높은 활동인지 그 이유를 검토한다. 또 성장 마인드셋growth mindset이 왜 능력을 발전시키기 위한 전제 조건인지, 학습의 복리 효과를 설명하고 학습률에 투자하는 것이 왜 중요한지 이야기할 것이다. 직장을 찾거나 팀을 옮길 때 알아두면 좋은, 근무 환경의 핵심 요소 6가지를 알아보고 직장에서 학습 기회를 활용할 수 있는 실행 가능한 팁도 소개한다. 마지막으로 직장 밖에서도 꾸준히 학습을 이어갈 수 있는 몇 가지 전략을 소개하면서 이 장을 마무리할 것이다.

성장 마인드셋을 갖춰라

나는 졸업하고 몇 년이 지난 후에도 대학 시절 친했던 친구들과 주로 어울렸다. 더 큰 사회적 그룹에 속했다면 더 행복했을 수도 있겠지만, 내향적인 성격이라 새로운 사람을 만나고 대화를 나누는 것을 그다지 좋아하지 않았다. 내가 잘 아는 사람들과 편하게 대화하는 것이 훨씬 좋았다. 모르는 사람과의 티타임을 피하고, 대규모 파티도 멀리하고, 네트워킹 행사도 건너뛰었다. 모두 불편했기 때문이었다. 하지만 사교 행사를 피하면 새로운 사람을 만나는 데 도움이 되지 않는다는 당연한 사실과 가만히 있으면 상황이 저절로 좋아지지 않는다는 사실을 깨달았다.

그래서 1년간 영화 〈예스맨Yes Man〉의 짐 캐리처럼 초대받거나 접하는 모든 사교 모임에 "네, 참석합니다."라고 대답하기로 했다. 아는 사람이 한 명도 없는 파티나 모임에 나가고, 온라인으로 연락이 온 사람들과 함께 커피를 마셨다. 처음에는 어색한 침묵과 억지로 해야 하는 잡담이 대화 중간에 간간이 끼어들었다. 네트워크 행사에서 몇 시간을 서성이다가 의미 있는 인맥을 만들지 못하고 자리를 떴다. 그래도 계속했다. 한 번 대화를 망치면 더 재치 있는 대답을 생각해서 다음에는 조금 더 나아지려고 노력했다. 더 나은 이야기를 위해 연습했다. 매력적인 화술은 배울 수 있는 기술이고, 시간이 지나면 익숙해지고 편해질 거라고 믿었다. 그 1년간 많은 것을 배웠다. 다른 방법으로는 만나지 못했을 많은 이를 좋은 친구 또는 인맥으로 만들었을 뿐 아니라 내 안전지대의 범위도 넓혔다. 모르는 사람과 대화하는 것도, 여전히 부족한 부분이 많지만 다른 기술을 배울 때와 마찬가지로, 노력하고 연습할수록 차츰 나아졌다.

이 이야기가 엔지니어링과 별 관련 없어 보일 수 있다. 그러나 이 이야기는 올바른 마인드셋이 우리가 지닌 기술에 어떠한 영향을 미치는지를 보여준다. 스스로가 자신의 지성, 성격, 능력을 어떻게 보느냐에 따라 삶을 이끌어 나가는 방식은 크게 달라진다. 현 상황에 그대로 안주할지, 아니면 가치 있다고 생각하는 목표를 성취할지 결정한다. 이는 스탠퍼드대학의 심리학자인 캐럴 드웩Carol Dweck이 인간의 자아 인식과 신뢰에 관한 20년간의 연구가 담긴 자신의 책, 『마인드셋Mindset』을 통해 내린 결론이다.[4] 드웩의 연구 결과는 개발자인 우리와도 관련이 있다. 자신의 효과성을 어느 정도로 보느냐에 따라 이를 개선하기 위해 얼마의 노력을 투자할지가 정해지기 때문이다.

드웩은 사람들이 두 가지 마인드셋 중 하나를 선택하는데, 그에 따라 노력과 실패를 보는 방식도 달라진다는 것을 발견했다. 고정 마인드셋을 지닌 이들은 '인간의 성격은 바꿀 수 없고' 지능 역시 똑똑한지 아닌지 미리 정해져 있다고 믿는다. 실패한다는 것은 똑똑하지 않다는 의미이므로 이들은 자신이 똑똑하다는 것을 입증하기 위해 자신이 잘하는 일만 고수한다. 또한, 일찍 포기하거나 쉽게 포기해 버리는데 이렇게 하면 능력이 아니라 노력이 부족해서 실패했다고 여길 수 있기 때문이다. 반면 **성장 마인드셋**을 가진 이들은 자신의 지능과 기술을 노력으로 기르고 성장시킬 수 있다고 믿는다. 처음에는 소질이 부족하다고 느낄 수도 있으나, 도전과 실패를 학습의 기회로 본다. 그래서 성공으로 가는 도중에 포기할 가능성이 훨씬 적다.[5]

기술을 발전시키기 위해 기회를 활용하는지의 여부도 마인드셋에 따라 달라진다. 드웩은 모든 수업을 영어로 진행하는 홍콩의 한 대학에서 연구를 실시하면서 영어로 소통하기 어려워하는 학생들에게 영어 보충 수업에 등록할 기회를 주었다. 학생들에게 "지능은 정해져 있으므로 이를 바꾸기 위해 할 수 있는 일은 별로 없다."라는 말에 동의하는지 물어보고, 고정 마인드셋을 가졌는지 성장 마인드셋을 가졌는지 구분했다. 성장 마인드셋을 가진 학생의 73%가 수업에 등록한 반면 고정 마인드셋을 가진 학생은 단 13%만 수업에 등록했다.[6] 이런 실험 결과는 직관적으로 이해된다. 어차피 자신의 지능 수준이 정해져 있고 바꿀 수 없다고 생각한다면 왜 배우려고 시도하고 실패하는 데 시간과 노력을 낭비하겠는가? 뉴욕시 공립학교의 7학년 학생 두 그룹을 비교한 연구도 있다. 지능의 특성, 경험과 노력을 통해 지능을 높이는 방법에 관해 배운 학생들은 1년 동안 수학 성적이 높아졌다. 이 내용을 배우지 않은 대조군은 실제로 수학 성적이 떨어졌다.[7] 그 외에 여러 연구가 이러한 패턴이 사실임을 입증했다. 성장 마인드셋을 가진 이들은 발전하려고 기꺼이 노력하지만, 고정 마인드셋을 가진 이들은 그렇지 않았다.[8, 9]

이 연구들을 통해 한번 더 이해할 수 있다. 스스로 개발자로서 지니는 효과성을 어떤 마인드셋으로 보느냐에 따라 배우고 성장할지, 아니면 한자리에 정체할지가 결정된다. 자신의 능력을 통제할 수 없는 고정된 양으로 볼 것인가? 아니면 자신을 발전시키는 데 자신의 노력과 에너지를 쓸 것인가?

그렇다면 성장 마인드셋은 어떻게 구축할까? 박스Box의 엔지니어링 관리자였던 타마르 베르코비치Tamar Bercovici는 신입 개발자에게 이렇게 조언했다. "자신의 이야기는 스스로 써라." 박스는 20만 개 이상의 기업이 온라인에서 콘텐츠를 공유하고 관리하도록 돕는 IT 기업이다. 베르코비치는 불과

2년 만에 박스의 책임 개발자 겸 관리자 자리에 올랐다. 2011년에 30명으로 구성된 박스의 엔지니어링 팀에 입사하기 전에는 풀타임 웹 개발을 전혀 해본 적이 없는데도 말이다. 그녀의 이력은 이스라엘 대학에서 이론적으로 수학을 다룬 것이 전부였다. 엔지니어링 면접관은 그녀가 코딩을 즐기지 않고, 그녀의 박사 학위가 제공하는 실질적인 혜택도 별로 없고, 엔지니어링에 대해 잘 모르기 때문에 빠르게 성장하기 어렵다고 추정했다.

고정 마인드셋을 가진 이들은 면접관의 평가를 보고 그녀가 자신의 강점에 맞게 더 이론적인 일을 해야 한다고 판단할 것이다. 하지만 베르코비치는 선입견이 자신을 정의하게 내버려두지 않고, 성장 마인드셋으로 자신의 인생에서 자신이 바꿀 수 있는 부분에 주목했다. 새로운 웹 기술을 공부하고, 박사 학위를 받으면서 엔지니어링 관련 수업을 듣고, 많은 엔지니어링 회사가 사용하는 화이트보드 면접을 연습했다. 그 결과 그 자리를 차지했다. "경로를 이탈한 이력에 대해 사과할 것이 아니라, 자신이 어떤 사람이고 어떤 기술을 배웠으며 앞으로 어떤 일을 할지 기대하는 바와 기대하는 이유가 무엇인지 자신의 이야기를 들려주어야 합니다." 그녀는 타인이 자신을 정의하게 두지 않고 자신의 이야기를 스스로 썼다. 그렇게 함으로써 실리콘밸리의 떠오르는 기업 중 한 곳에 입사하여 분산 데이터 시스템 팀을 이끌게 되었고, 이 회사는 2015년 1월 상장했다.

베르코비치의 이야기는 성장 마인드셋을 갖춘다는 것이 어떤 의미인지 아주 잘 보여준다. 자신의 통제 밖에 있는 실패와 결핍을 탓하기보다 화술을 발전시키는 것부터 새로운 엔지니어링 분야를 마스터하는 것까지 자신이 바꿀 수 있는 모든 부분에 책임을 진다는 뜻이다. 자신의 이야기를 스스로 통제한다는 뜻이고, 쉽게 얻을 수 있는 성공보다 배울 것이 많은 경험을 위해 최적화한다는 뜻이며, 자신의 학습률에 투자한다는 뜻이다.

자신의 학습률에 투자하라

학교에서 복리의 힘에 대해 배웠을 것이다. 일단 이자가 예금 원금에 더해지면, 더해진 이자는 미래의 이자를 창출하는 작업에 투입되어서 더 많은 이자를 생성한다. 이 간단한 원리에서 세 가지 중요한 교훈을 얻을 수 있다.

1. 복리 계산은 지수 성장 곡선을 그린다. 지수 성장 곡선은 그림 2-1처럼 하키 스틱처럼 생겼다. 처음에는 거의 직선에 가까운 평평한 선처럼 느리게 성장하다가 어느 순간 갑자기 빠른 성장으로 전환한다.

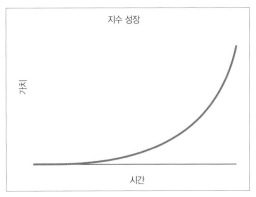

그림 2-1 복리 계산에 의한 지수 성장 곡선

2. 복리 계산이 일찍 시작될수록 빠른 성장 구간에 더 먼저 도달하여 이에 따른 혜택을 더 빨리 누릴 수 있다. 그래서 금융 전문가들이 401(k) 같은 연금 계좌에 최대한 빨리 투자하라고 조언하는 것이다. 복리 계산 햇수가 늘어나는 혜택이 따르기 때문이다.

3. 이율이 조금만 올라도 장기적으로 큰 차이가 난다. 그림 2-2(a)는 각각 4%, 5%의 이율로 매일 복리를 지급하는 두 계좌를 비교한 것이다. 5% 계좌는 40년 후에 49% 더 높은 수익을, 60년 후에 82% 더 높은 수익을 낸다. 그림 2-2(b)와 같이 이자율을 두 배인 8%로 적용하면

40년 후에는 거의 5배 높은 수익을, 60년 후에는 11배 높은 수익을 올릴 수 있다.[10]

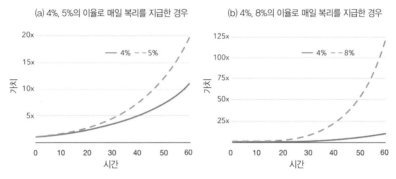

그림 2-2 시간에 따른 계좌 가치의 성장

배우는 것도 이자처럼 복리로 계산된다. 그러므로 세 가지 교훈이 똑같이 적용된다.

1. 학습은 지수 성장 곡선을 따른다. 배운 지식을 기반으로 더 많은 지식을 더 빨리 쌓을 수 있다. 예를 들어 재귀recursion라는 개념은 컴파일러compiler나 네트워크 토폴로지network topology를 이해하는 데 필요한 트리 탐색tree search, 그래프 탐색graph search 같은 다른 많은 개념의 기초가 된다.

2. 학습에 일찍 최적화할수록 학습이 복합적으로 이루어지는 기간이 길어진다. 일례로 첫 직장을 좋은 곳으로 들어가면 더 나은 두 번째 직장에 들어가기가 더 쉬워지고, 이는 미래의 직업적 기회에 영향을 미친다.

3. 복리 계산 덕분에 학습률이 조금만 높아져도 장기적으로 큰 차이가 난다.

마지막으로 언급한 지식의 복리 수익이 가장 직관적이지 않을 것이다. 우리는 작은 변화가 성장률에 미치는 영향을 지나치게 과소평가하는 경향이 있다. 하지만 근무 시간에 도전적이지 않은 업무를 하는 것은 단순히 지루한 시간을 보내거나 학습 기회를 놓치는 것뿐만 아니라, 성장과 학습 측면에서 막대한 기회비용을 지불하는 것이다. 팔란티어Palantir(CIA, FBI, MI6 같은 정보기관의 인프라를 작동시키는 IT 기업)의 공동 창업자인 스티븐 코헨Stephen Cohen은 스탠퍼드대학의 초청 강연에서 이 점을 강조했다. "회사가 근무 시간에 도전적이지 않은 편한 업무를 9시부터 5시까지 시키고 지급한 급여는 훨씬 낮은 지적 성장률을 수용한 대가로 주는 돈입니다. 지식이 복리 계산된다고 보면 장기적으로 놓치는 복리 비용은 어마어마합니다. 회사는 여러분에게 인생 최고의 기회를 주지 않습니다. 그렇게 시간을 끌며 현실에 안주하면 무시무시한 상황이 벌어집니다."[11]

어떻게 하면 안주하지 않고 성장 마인드셋으로 전환할 수 있을까? 링크드인LinkedIn의 공동 창업자 리드 호프먼Reid Hoffman은 스스로를 스타트업으로 여기라고 말한다. 호프먼이 『연결하는 인간The Startup of You』에서 설명하기를, 스타트업은 성공 확률을 높이기 위해 처음에는 수익성보다 학습을 우선시한다. 스타트업은 제품의 베타 버전을 출시하고 고객이 실제 원하는 것을 알아가면서 개발 주기를 반복하고 적응한다. 마찬가지로 장기적인 성공을 꿈꾼다면 자신에게 매일 투자하고 개발 주기를 반복해야 하는, 현재 진행형 스타트업이나 제품의 베타 버전이라고 생각해야 한다.[12]

자포스Zappos의 CEO 토니 셰이Tony Hsieh도 『딜리버링 해피니스Delivering Happiness』에서 끊임없는 반복의 중요성을 설파했다.[13] 성장과 학습을 추구하는 것은 회사의 10가지 핵심 가치 중 하나로, 이를 바탕으로 신발과 의류를 판매하는 온라인 기업의 수익은 10년 만에 0달러에서 12억 달러까지 성장했다. CEO 셰이와 CFO 앨프리드 린Alfred Lin은 직원들이 지속적으로 실천할 도전 과제를 제시했다. "매일 딱 1% 발전하고 이를 다음 성장의 기반으로 삼는다고 생각해보라. 이는 극적인 효과를 보이며 1년 후 우리를 365%(3.65배)가 아닌 37배 성장시킬 것이다."[14, 15]

오늘 자신을 1% 성장시키기 위해 무엇을 배우겠는가? 그 1%는 기술과 지식을 발전시켜 미래의 기회를 잡을 수 있게 해주는, 레버리지 높은 투자다. 뮤추얼 펀드와 은행 계좌를 통해 금융 자본을 구축하듯 학습을 통해 인적 자본과 경력 자본을 구축할 수 있다. 누구나 자신의 금융 자산을 최대한 이율이 높은 상품에 투자하려 할 것이다. 하물며 시간은 가장 제한적인 자산인데, 이를 다르게 취급할 이유가 있겠는가? 자신의 시간을 학습률이 가장 높은 활동에 투자하라. 어떻게 하면 이를 실천하여 매일 자신을 1%씩 성장시킬 수 있는지 다음 절에서 구체적인 사례를 살펴보겠다.

학습에 도움이 되는 근무 환경을 찾아라

우리는 직장에서 긴 시간을 보낸다. 따라서 학습률을 높이는 매우 강력한 레버리지 포인트는 어떤 근무 환경을 선택하느냐다. 새로운 일을 시작하거나 새로운 팀에 들어가면 미리 배워야 할 것이 많다. 새로운 프로그래밍 언어를 고르고 새로운 도구와 프레임워크를 선택하고 자신이 다뤄야 할 제품을 이해하기 위해 새로운 패러다임을 배우며 자신이 들어갈 조직이 어떻게 운영되는지 통찰한다. 그런데 이러한 초기 학습 곡선 너머에 있는 새로운 근무 환경이 매일 꾸준히 새로운 것을 배울 수 있는 환경임을 어떻게 알 수 있을까?

다른 근무 환경에 비해 개인적으로나 직업적으로나 높은 성장률을 유지해주는 곳이 있기 마련이다. 새로운 직장이나 팀을 선택할 때 고려해야 할 여섯 가지 핵심 요소와 각 요소마다 생각해봐야 할 사항을 소개한다.

1. 빠른 성장

셰릴 샌드버그Sheryl Sandberg가 구글에 합류할지 고민할 때, CEO 에릭 슈미츠Eric Schmidt는 그녀에게 귀중한 조언을 해주었다. "로켓에 탈 기회가 생긴다면 어떤 자리인지 묻지 말고 일단 타라."[16] 성장에 집중하라는 이 조언은 그녀에게 큰 도움이 되었다. 덕분에 그녀는 구글의 부사장 자리에 올랐고, 후일 페이스북 COO가 되는 기회를 얻었다. 빠르게 성장하는 팀이나 회사는 해결해야 할 문제에 비해 가용 자원이 부족하므로 큰 영향을 미칠 기회나 책임 범위를 넓힐 기회가 많다. 그러한 성장은 또 다시 뛰어난 인재를 모으고, 강력한 팀을 구축하기 쉽게 만들고 이를 통해 더 큰 성장이 가능해진다. 반대로 성장이 멈춘 회사는 정치가 판치는 정체된 조직이 되기 쉽다. 직원들끼리 제한된 기회를 두고 옥신각신할 것이고 인재를 찾거나 계속 데리고 있기가 더 어려워진다.

생각해볼 사항
- 핵심 사업 지표(예: 활성 사용자, 연간 고정 매출(annual recurring revenue), 제품 판매량 등)의 주간 또는 월간 성장률은 얼마인가?
- 회사는 여러분이 맡은 프로젝트를 성장시키기 위해 충분히 지원해 주는가? 맡은 프로젝트가 회사로부터 지원받는, 우선순위가 높은 프로젝트인가?
- 지난해 회사나 팀이 얼마나 적극적으로 인력을 충원했는가?
- 뛰어난 팀원이 얼마나 빨리 리더의 자리에 오르는가?

2. 교육

훌륭한 온보딩 프로그램이 있다는 건 조직이 신입 개발자 교육을 중요하게 생각한다는 증거다. 예를 들어 구글은 직원들이 개발자와 리더로 성장하는 데 초점을 맞춘 수업, 전문 세미나, 설계 문서, 프로그래밍 가이드가 세트인 engEDU 프로그램에 상당한 자원을 투자한다. 페이스북에는 부트캠프Bootcamp라는 6주짜리 온보딩 프로그램이 있다. 이 프로그램을 통해 신입 개발자는 회사에서 사용하는 도구와 회사의 관심 영역에 대해 배우고 처음으로 개발에 직접 참여한다.[17] 그만한 자원이 없는 소규모 회사라 할지라도 신입 개발자가 최대한 빠르게 성장하는 것이 얼마나 중요한지 안다면 쿼라에서 우리 팀이 그랬던 것처럼 비슷한 프로그램을 만드는 데 투자할 것이다. 마찬가지로 탄탄한 멘토링 프로그램 또한 팀이 직업적인 성장을 우선시한다는 것을 나타낸다.

> **생각해볼 사항**
> * 신입 개발자가 스스로 문제를 해결해야 하는가? 아니면 공식적인 신입 개발자 온보딩 절차가 준비되어 있는가?
> * 공식적인 또는 비공식적인 멘토링이 존재하는가?
> * 회사는 팀원이 계속 학습하고 성장하는 것을 보장하기 위해 어떤 조치를 하는가?
> * 팀원들이 최근 새롭게 배운 것은 무엇인가?

3. 개방성

아직 성장 중인 조직이라면 가장 효과적인 제품 아이디어, 엔지니어링 설계, 조직 프로세스를 단번에 파악하지 못할 것이다. 하지만 과거의 실수로부터 꾸준히 배우고 적응한다면 성공할 가능성이 훨씬 커진다. 직원들끼리 서로의 결정에 이의를 제기하고 여기서 얻은 피드백을 다음 개발 주기에 반영한다면 성공 가능성은 더 커진다. 질문을 장려하는 호기심의 문화, 피드백과 정보를 사전에 공유하는 개방적인 문화를 추구하라. 실패한 프로젝트 반성하기, 서비스를 중단한 원인 알아내기, 제품별 투자 자본 수익률 검토하기는 모두 올바른 교훈을 체득하는 데 도움이 된다.

생각해볼 사항

- 직원들은 다른 팀이 집중하고 있는 우선 과제가 무엇인지 알고 있는가?
- 팀끼리 만나서 과거에 수행한 제품을 수정하거나 기능을 출시하는 일이 수고할 만한 가치가 있었는지 재검토하는가? 서비스 중단 이후에는 사후 분석을 실시하는가?
- 회사 내에서 지식이 어떻게 기록되고 공유되는가?
- 팀이 배운 교훈의 예는 무엇인가?

4. 속도

개발 주기를 빠르게 반복하는 근무 환경에서는 피드백 주기도 빠르고, 학습 속도도 더 빨라진다. 너무 긴 배포 주기, 공식화된 제품 승인 절차, 우유부단한 리더십은 개발 주기가 늘어지는 원인이 된다. 자동화 도구, 가벼운 승인 절차, 실험을 장려하는 분위기는 진행 속도를 높이는 데 도움이 된다. 규모가 작은 회사는 큰 회사에 비해 관료주의적인 장벽이 낮은 경향이 있다. 예를 들어 내가 구글에서 근무할 당시에는 구글 검색에 가시적인 변화를 조금만 주려고 해도 검색 제품 및 사용자 경험 담당 부사장인 마리사 메이어와 함께하는 주간 UI 리뷰까지 관리 체계를 거슬러 올라가야 했다. 실험적인 시도 역시 마찬가지였는데 그러면 실험 속도는 느려질 수밖에 없었다. 공격적으로 위험을 부담하고 오래 일하는 스타트업의 분위기는 학습률을 높이는 데 기여한다. 단, 탈진하지 않고 버틸 수 있어야 한다. 최선을 다하되 장기적으로 지속 가능한 속도를 찾아야 한다.

생각해볼 사항

- 빠른 속도가 회사의 가치나 엔지니어링 가치로 인정받는가?
- 개발 주기 속도를 높이기 위해 팀에서는 어떤 도구를 쓰는가?
- 아이디어 구상부터 출시 승인까지 시간이 얼마나 걸리는가?
- 새로운 제품과 기능을 개발하는 시간과 유지 보수하는 시간의 비율은 어느 정도인가?

5. 사람

자신보다 더 똑똑하고 재능 있고 창의적인 사람들과 함께하는 것은 잠재적인 선생님 또는 멘토와 함께하는 것이나 다름없다. 경력 성장과 업무 만족도 면에서 볼 때 어떤 사람과 일하느냐가 무슨 일을 하느냐보다 더 중요할 수 있다. 작은 회사에서는 동료들과 손발이 척척 맞지 않으면 팀을 빨리 바꿀 수 있지만, 큰 회사에서는 전환 비용과 간접비를 줄이기 위해 보통 한 팀에 최소 6개월~1년 정도 머무를 것을 권장한다. 새로운 자리에 가기 전에 팀원이 될 사람들과 만나보라. 자신이 실력 있는 팀에 배정될지, 평균 이하 팀에 배정될지를 운에 맡기지 마라.

생각해볼 사항

- 면접관이 여러분보다 똑똑해 보이는가?
- 그들에게 배울 만한 기술이 있는가?
- 면접이 엄격하고 포괄적이었는가? 면접관과 잘 지낼 만한 사람들과 함께 일하고 싶은가?
- 1인 프로젝트가 많은가? 아니면 팀워크와 협력을 중요시하는가?

6. 자율성

우리의 학습 능력은 어떤 일을 어떻게 할지 선택할 수 있는 자유가 주어지고, 자유를 효과적으로 활용하는 데 필요한 지원이 뒷받침될 때 발휘된다. 안정적인 대기업에서는 직원이 전문화된 프로젝트에 투입되는 경향이 있는 대신, 더 꼼꼼한 지도와 시스템을 기대할 수 있다. 소기업에서는 제품 기능과 책임의 전반에 걸쳐 훨씬 더 큰 자율권을 행사할 수 있는 대신, 본인의 학습과 성장 또한 스스로 책임져야 한다. 예를 들어 쿼라에서 근무한 3년간 나에게는 실험적인 도구, 실시간 분석 프레임워크, 사이트 속도, 인프라, 추천, 스팸 탐지, 모바일 개발 등 광범위한 기술적 과제뿐 아니라 면접관 교육, 온보딩 자료 제작, 멘토링 프로그램 구축, 인턴십 프로그램 조직 등 다양한 조직적 과제를 다뤄볼 기회가 주어졌다. 전문적인 팀이 문제를 해결할 수 있고 프로세스가 이미 잘 갖춰져 있는 큰 회사에서는 그토록 다양한 프로젝트에 참여하기 어려웠을 것이다.

생각해볼 사항
- 직원들은 어떤 일을 어떻게 할지 자율적으로 선택할 수 있는가?
- 직원들이 팀이나 프로젝트를 얼마나 자주 바꾸는가?
- 한 직원이 1년간 작업할 수 있는 코드베이스의 규모는 어느 정도인가?
- 개발자들이 제품 설계 관련 논의에 참여하고 제품 방향에 영향을 미치는가?

지금까지 소개한 여섯 가지 요소는 회사마다, 팀마다 다르며, 요소가 미치는 영향 또한 여러분이 어느 정도의 경력을 갖췄는지에 따라서 달라질 것이다. 업계에 입문한 초기에는 온보딩과 멘토링이 더 중요하고, 나중에는 자율성이 더 중요해진다. 팀이나 직장을 바꿀 때 새로운 곳이 나에게 잘 맞는 곳인지, 충분한 학습 기회를 제공하는지 올바른 질문을 던져야 한다.

근무 시간을 활용해서 새로운 기술을 발전시켜라

회사에서는 해야 할 일이 너무 많아서 부담을 느끼기 쉽다. 내가 멘토링한 사람 중에는 업무 목록이 계속 늘어나서 점점 뒤처지는 것 같다고 토로하는 이들이 꽤 있었다. 특히 새로운 직장에 막 입사한 사람들이 그랬다. 이들은 업무를 따라잡는 데 자신의 모든 에너지를 쏟느라 더 효과적으로 일하는 데 실제로 도움이 되는 기술을 발전시킬 시간이 없었다.

이 문제의 해결책으로 구글의 교훈을 빌려오겠다. 구글은 '20% 시간'이라고 부르는 참신한 아이디어를 최초로 도입했다. 개발자가 일주일 중 하루에 해당하는 시간을, 회사를 더 발전시킬 사이드 프로젝트에 쓰는 것이다. 처음에는 논란이 있었고 사람들은 이 아이디어가 회사의 수익을 향상시킬 리 없다고 의심했다. 하지만 이러한 투자 덕분에 현재 구글의 세 가지 핵심 서비스인 지메일, 구글 뉴스, 애드센스AdSense 같은 제품이 제작되고 출시될 수 있었다.[18] 다른 엔지니어링 기업들도 유사한 혁신 정책을 내놓으며 구글을 따르고 있다.[19, 20]

자신의 성장에 투자하려면 스스로 20%의 시간을 개척해야 한다. 매주 하루를 통째로 내는 것보다 매일 1~2시간 정도를 내는 것이 더 효과적이다. 그래야 기술을 발전시키는 습관을 기를 수 있기 때문이다. 처음에는 생산성이 줄어들 수도 있으나(웹 서핑 등 딴짓을 하던 시간에서 가져온다면 별 차이가 없을 수도 있다) 장기적으로, 더 효과적으로 투자하기 위해서다.

20%의 시간이 생겼다면 무엇을 해야 할까? 이미 작업 중인 분야나 사용 중인 도구에 대해 더 깊이 이해하면 좋다. 아니면 마이크로소프트의 윈도우 부서 전 책임자였던 스티븐 시노프스키Steven Sinofsky가 '인접 분야'라고 부른 영역에 대한 경험을 쌓아도 좋다.[21] 인접 분야란 자신의 핵심 역할과 연관 있는 분야를 가리키며, 인접 분야에 익숙해지면 더욱 자급자족적이고 효

과적인 개발자가 될 수 있다. 제품 개발자에게는 제품 관리, 사용자 연구, 백엔드 엔지니어링이, 인프라 개발자에게는 머신 러닝, 데이터베이스 내부 구조, 웹 개발이, 그로스 개발자growth engineer에게는 데이터 사이언스, 마케팅, 행동심리학이 인접 분야가 될 수 있다. 인접 분야에 대한 지식은 유용할 뿐만 아니라 적극적으로 활용하기 때문에 기억에 남을 확률도 높다.

어떤 분야의 개발자든지, 직장에서 이용할 수 있는 자원을 활용하는 10가지 방법을 다음과 같이 제안한다.

- **회사에서 가장 뛰어난 개발자가 작성한 코어 추상화 코드를 연구하라.**

  특히 대규모 코드베이스를 공유하는 대기업에 다닌다면 초창기 개발자가 작성한 코어 라이브러리 코드를 읽어보라. 자신이 사용한 적 있는 코드부터 시작하라. 비슷한 코드를 작성한 기억을 떠올려보고 그들의 코드에서 무엇을 배울 수 있을지 고민해보라. 특정 선택을 한 이유와 구현 방법을 이해하고, 이전 버전 코드의 어떤 결점을 고치기 위해 재작성했는지 살펴보라. 같은 방법으로 회사에서 사용 중이거나 사용할 계획이 있는, 잘 설계된 오픈 소스 프로젝트에 대해 똑같이 검토해보는 것도 좋다.

- **더 많은 코드를 작성하라.**

  자신의 프로그래밍 실력이 부족하다고 느낀다면 회의나 제품 설계 같은 다른 활동에 드는 시간을 줄이고 코드를 만들고 작성하는 시간을 늘려라. 10년 이상에 걸쳐 이루어진 학습에 관한 연구에 따르면, 기억에서 지식을 불러오기 위해 더 많이 노력할수록 그 아이디어를 더 잘 익히고 유지할 수 있다고 한다.[22] 수동적으로 코드를 읽는 것보다 능동적으로 프로그래밍할 때 더 많이 노력해야 하기 때문에, 코딩 연습은 프로그래밍 기술을 발전시키는 레버리지가 높은 활동이다. 게다가 읽은 내용을 이해했다고 생각하지만, 실행에 옮겨보면 실제로는 제대로 이해하지 못했다는 것을 깨달을 때도 많다.

- **내부에서 제공되는 기술 교육 자료를 꼼꼼히 살펴보라.**

  구글은 코어 추상화를 가르치는 코드랩, 다양한 언어로 만들어진 모범 사례 가이드를 풍부하게 갖추고 있다. 모두 베테랑 개발자가 작성한 것이다. 자신이 다니는 회사의 설계 문서나 기술 강연을 학습에 활용하라.

- **자신이 사용하는 프로그래밍 언어를 마스터하라.**

  언어별로 좋은 책 한두 권을 읽어라. 각 언어의 고급 개념을 제대로 이해하는 데 집중하고, 해당 언어의 코어 라이브러리에 익숙해져라. 빠른 작업을 위해 파이썬이나 루비 같은 스크립트 언어를 최소한 하나는 익혀서 스위스 군용 칼처럼 활용하라.

- **코드 리뷰는 가장 혹독한 리뷰어에게 부탁하라.**

  코드 체크인을 앞당기기 위해 아무에게나 리뷰를 부탁하지 말고, 사려 깊고 우수한 피드백을 받기 위해 노력하라. 자신이 확신하지 못하는 부분에 대해서는 더 꼼꼼히 검토해 달라고 부탁하라. 제대로 작동하지 않는 설계에 대해 훌륭하게 코드를 작성하려고 노력하게 될 수도 있다. 이런 헛된 노력을 하지 않도록 회사에서 가장 뛰어난 개발자에게 소프트웨어 설계를 의논하라.

- **발전하고 싶은 분야에 관한 수업을 수강하라.**

  보통 회사 캠퍼스나 근처 대학교, 아니면 코세라Coursera, 에드엑스edX, 유데미Udemy, 유다시티Udacity 같은 온라인 교육 기관에서 수업을 들을 수 있다. 온라인 교육이 폭발적으로 성장하고 있어서 머신 러닝, 모바일 개발, 컴퓨터 네트워킹, 컴파일러 등에 관한 수업을 쉽게 찾을 수 있다. 스탠퍼드대학이나 MIT 같은 세계 정상급 교육 기관의 교수가 지도하는 수업도 많다. 대다수 대기업이 수업료를 지원해줄 것이다.

- **관심 있는 프로젝트 설계 논의에 참여하라.**

  초대받기를 기다리지 마라. 해당 프로젝트 책임자에게 설계 회의에 조용히 참여하거나 참관해도 괜찮을지 물어보라. 메일링 리스트가 내부에 공개되어 있다면 자신의 이메일을 추가하거나 아카이브에 있는 주요 대화를 읽어보라.

- **다양한 프로젝트에 참여하라.**

  늘 비슷한 방법으로 비슷한 일을 한다면 새로운 기술을 익히기 어렵다. 다양한 프로젝트에 교차interleaving로 참여하면 여러 프로젝트에서 나타나는 공통 문제가 무엇이고, 현재 자신의 프로젝트에서만 발생하는 문제는 무엇인지 배울 수 있다. 낯선 문제를 잘 해결하려면 하나의 기술을 **집중적으로 연습**하는 것보다 여러 기술을 **교차로 연습**하는 것이 더 효과적이라는 사실이 학습에 관한 한 연구에서 확인된 바 있다.[23]

- **보고 배울 만한 것이 있는 시니어 개발자가 최소한 몇 명 이상 되는 팀에 머물러라.**

  그렇지 않다면 프로젝트나 팀을 바꾸는 것을 고려해보라. 이는 나머지 80% 시간의 학습률을 높이는 데 도움이 된다.

- **모르는 코드에 용감하게 뛰어들어라.**

  페이스북의 전 엔지니어링 책임자였던 보비 존슨Bobby Johnson은 수년 동안 관찰한 끝에 '자신이 모르는 코드에 뛰어드는 것을 겁내지 않는 것'이 엔지니어링 분야에서의 성공과 큰 연관이 있다는 결론을 내렸다.

실패에 대한 두려움 때문에 시도하기도 전에 포기할 때가 있다. 그러나 보비의 설명처럼 "코딩 실력은 모르는 분야를 파헤치는 연습을 할수록 더 발전한다."[24]

20%의 시간을 활용해 학습 기회를 창출하는 사람은 기술과 생산성이 꾸준히 발전할 것이다.

항상 배워라

학습 기회는 직장에만 국한되지 않는다. 직장 밖에도 있다. 우리는 항상 고민해야 한다. 어떻게 하면 더 발전할 수 있을까? 이 일을 더 잘할 방법은 무엇일까? 미래를 대비하려면 다음으로 무엇을 배우는 것이 좋을까? 이런 질문에 엔지니어링과 아무 연관이 없는 답이 떠오를 수도 있다. 어쩌면 음악, 미술, 스포츠, 글쓰기, 만들기 등에 관심이 생길 수도 있다. 우리가 배우는 여러 기술은 다양한 분야에서 유용하게 쓰일 수 있고, 엔지니어링 업무에 도움이 되기도 한다. 예를 들어 나는 모르는 사람과 편하게 대화하는 기술을 익힌 것이 이 책을 위해 다른 훌륭한 개발자를 만나서 인터뷰할 때 도움이 되었다. 만약 엔지니어링 분야에 직접적으로 도움이 되지 않는다고 해도 성장 마인드셋으로 다양한 기술을 익히는 건 학습 능력을 신장시키고 안전지대 밖으로 벗어나는 연습이 된다. 이 자체만으로도 레버리지가 높은 투자다. 또한, 긍정심리학 연구가 밝힌 바에 따르면 꾸준한 학습은 행복을 증가시키는 부수적인 혜택도 제공한다고 한다.[25]

여러분이 좋아하는 일이 무엇이든 배우고 성장할 방법은 많다. 직장 밖에서 학습 습관을 기르는 데 영감과 도움을 줄 만한 10가지 방법을 소개한다.

- **새로운 프로그래밍 언어와 프레임워크를 배워라.**

  매우 빠르게 변하는 기술 환경은 소프트웨어 업무의 무척 흥미로운 측면 중 하나다. 이 말은 꾸준히 학습하지 않으면 여러분이 가진 지식이 금세 쓸모 없는 구식 기술이 된다는 뜻도 된다. 새로운 기술은 견문을 넓혀주고, 다른 방식으로 생각하는 법을 가르쳐 줄 수 있다. 배우고 싶은 프로그래밍 언어, 소프트웨어 도구, 프레임워크를 목록으로 정리하고 각각을 마스터하기 위한 목표를 설정하라.

- **수요가 많은 기술에 투자하라.**

  어떤 기술을 배워야 할지 잘 모르겠다면 관심 있는 채용 공고가 어떤 기술을 요구하는지 살펴보거나, 최근 업계 동향과 기술 수요가 어떤지 확인하라. 예를 들어 인터넷 트래픽의 15%가 모바일 기기에서 발생하고,[26] 전 세계 연간 스마트폰 판매량이 PC 판매량의 3배라는 동향을 확인한 뒤[27] 이런 추세를 고려해 모바일 개발에 대한 전문 기술을 익히면 더 많은 기회를 접할 수 있을 것이다.

- **책을 읽어라.**

  빌 게이츠는 세상의 작동 방식을 배우기 위해 책을 많이 읽는데, 대부분은 논픽션이다.[28] 책을 통해 다른 사람이 깨우친 교훈, 저지른 실수를 접하며 많은 것을 배울 수 있다. 따라서 모든 것을 처음부터 직접 깨우치지 않아도 책에서 배운 지식을 자신의 상황에 적용할 수 있다. 독서는 엄청나게 레버리지가 높은 투자이기 때문에 나는 속독을 훈련했다. 독서 속도가 2~3배 정도 빨라진 덕에 학습률도 급격히 증가했다. 나는 보통 일주일에 1~2권을 읽는다. 부록에서 엔지니어링 효과성에 관한 내 생각을 다듬는 데 도움이 된 논픽션 도서 목록을 소개할 테니 참고하기 바란다.

- **토론 그룹에 참여하라.**

  18세기 정치가이자 발명가인 벤자민 프랭클린Benjamin Franklin은 친구들과 함께 '상호 발전 클럽club of mutual improvement'을 조직했다. 이 클럽은 매주 금요일 저녁에 만나서 '도덕, 정치, 자연철학'에 관해 토의하고 논쟁하며 클럽 멤버들 스스로에게 체계적인 발전의 기회를 제공했다.[29] 나도 독서 토론회와 독서 모임 여러 개에 참여하여 카페나 집에서 정기적으로 모여 토론하고 있다.

- **강연, 콘퍼런스, 모임에 참여하라.**

  성장 중인 IT 기업들은 종종 지식 공유, 신입 개발자 채용을 목적으로 기술 강연을 연다. 구글은 사내에서 열린 강연을 유튜브Youtube에 공유하기도 한다.[30, 31] 콘퍼런스나 모임은 수준이 천차만별이므로 참여할 만한 곳을 주변에서 추천받는 것이 좋다. TED 같은 콘퍼런스는 영감을 주는 아이디어를 고품질 영상으로 제공한다.[32] 관심 주제에 따라 콘퍼런스에 참여하면 해당 업계 동향에 익숙해지고 관심사를 공유할 사람을 만날 수 있다.

- **강력한 인맥 네트워크를 구축하고 유지하라.**

  나도 한때는 모르는 사람과 만나거나 커피 마시는 것을 피했다. 하지만 더 많은 사람을 만날수록 행운 같은 우연한 기회가 더 늘어난다는 것을 깨달았다. 이 같은 생각을 리처드 와이즈먼Richard Wiseman은 『행운의 법칙The Luck Factor』에서 다음과 같이 표현했다. "운이 좋은 사람은 매일 많은 사람을 만나며 행운을 경험할 가능성을 크게 높인다. 더 많은 사람을 만날수록 자신의 인생에 긍정적인 영향을 미칠 누군가를 만날 기회도 훨씬 더 많아진다."[33]

- **엔지니어링 정보를 공유하는 블로그를 팔로우하라.**

  우리가 온라인으로 접하는 SNS와 기술 뉴스 사이트가 집중력을 떨어
  뜨리는 요인일 수 있다는 것은 인정한다. 하지만 심사숙고해서 유용한
  정보를 공유하는 블로거도 많다. 이들의 뉴스레터를 구독하고 이들이
  저지른 실수를 피해 가는 지름길을 배워라. 부록에 입문자에게 추천할
  만한 엔지니어링 블로그 목록을 정리해 두었으니 참고하기 바란다.

- **블로그를 개설해 설명하고 가르쳐라.**

  다른 사람을 가르치기 위해 글을 쓰다 보면 알고 있던 개념을 더 깊이
  이해하고, 완전히 이해하지 못했던 부분을 정확히 파악할 수 있다. 노
  벨 물리학상 수상자인 리처드 파인만Richard Feynman이 빠르게 학습하기
  위해 활용한 기법이기도 하다.[34] 또한, 글을 쓰면 배운 내용을 깊게 생
  각해볼 수 있어서 좋다. 그러니 블로그를 개설하고 글을 써라. 요즘은
  블로거Blogger, 텀블러Tumblr, 워드프레스WordPress, 미디엄Medium, 쿼라
  Quora 같은 플랫폼을 활용해서 쉽게 만들 수 있다. 콘퍼런스 발표도 비
  슷한 효과를 낸다.

- **사이드 프로젝트를 하라.**

  사이드 프로젝트는 평소 직장에서 다루지 않으나 관심이 가는 분야
  의 기술을 연마할 수 있는 기회가 된다. 엔지니어링과 관련 없는 사이
  드 프로젝트도 마찬가지다. 한 연구에 따르면 기존의 아이디어와 이질
  적인 아이디어를 새로운 방식으로 결합할 때 창의력이 발휘된다고 한
  다.[35] 그림 그리기와 글쓰기처럼 관련이 없어 보이는 영역이 교차하는
  프로젝트가 더 나은 개발자로 발전할 기회가 될지도 모른다.

- **좋아하는 것을 추구하라.**

아무 생각 없이 TV 채널을 돌리고 목적 없이 웹 서핑을 하는 수동적인 시간을, 좋아하는 일을 하는 능동적인 시간으로 바꿔라. 미국인의 평균 TV 시청 시간은 일주일에 34시간인데,[36] 여러 심리학 연구에 따르면 TV를 시청하는 동안 기분은 대체로 약간 우울하다고 한다.[37] 그 시간에 자신이 열정을 느끼는 것을 하고, 그 열정을 배우고 성장할 동기로 삼아라.

그러나 이러한 구체적인 제안보다 더 중요한 건 자신을 설레게 하는 것을 배우려는 동기를 불러일으키는 성장 마인드셋을 갖추는 것이다. 면접관들은 종종 "5년 후 자신은 어떤 모습일 것 같나요?"라고 묻는다. 많은 이가 이 질문을 어려워하고 잘 대답하지 못한다. 그러나 성장 마인드셋을 갖추고 학습을 목표로 최적화한다면 여러분에게 어떤 기회가 주어지든 최대한으로 활용할 준비를 마친 것이나 다름없다.

핵심 요약

- **자신의 이야기는 스스로 써라.** 자신이 통제할 수 없는 것을 탓하느라 에너지를 낭비하지 말고, 통제할 수 있는 것을 변화시키는 데 집중하라. 성장 마인드셋에 입각해서 실패와 도전을 새로운 것을 배울 기회로 보라.
- **학습률 저하를 경계하라.** 학습은 이자처럼 복리 계산된다. 더 많이 배울수록 새로운 것을 배우는 데 이전에 얻은 통찰과 교훈을 적용하기 쉬워진다. 학습을 목표로 최적화하라. 시작은 빠르면 빠를수록 좋다. 학습을 위해 최적화한다면 자신에게 주어진 모든 기회를 최대한 활용할 준비를 마친 것이나 다름없다.

- **꾸준히 성장할 수 있는 근무 환경을 찾아라.** 입사하려는 회사나 팀의 사람을 만나 보라. 온보딩, 멘토링은 어떻게 진행되는지, 내부 운영은 얼마나 투명한지, 작업 진행 속도는 얼마나 빠른지, 장래의 동료는 어떤 사람들인지, 자율성은 얼마나 보장되는지 확인하라.

- **직장에서 업무 기회를 활용해서 기술 능력을 향상시켜라.** 가장 훌륭한 동료에게 배워라. 그들의 코드와 코드 리뷰를 공부하라. 회사에서 제공하는 모든 교육 자료를 철저히 공부하고, 수업 등록이나 도서 구매를 지원하는지 알아보라.

- **회사 밖에 있는 학습 기회를 찾아라.** 매일 딱 1%씩 나아지는 것에 도전하라. 학습 범위를 엔지니어링 기술에 관한 것으로 제한할 필요는 없다. 무엇이든 즐겁게 많이 배우면 장기적으로 볼 때 이펙티브 엔지니어가 되는 데 도움이 된다.

우선순위를 정기적으로 점검하라

제품의 사용자 기반을 성장시키는 지속 가능하고 확장 가능한 전략은 스타트업의 성배다. 사용자가 많아질수록 수익이 늘어나고 더 많은 벤처 캐피탈이 유입될 뿐 아니라 기업 가치도 높아진다. 최근 몇 년 사이에 사용자 성장에 관한 예술과 과학에 전념하는 팀, 즉 사용자 그로스 팀user growth team이 급증했다. 이 팀들은 사용자가 제품에 드나드는 흐름을 최적화하는 데 집중한다. 데이터와 지표에 열광하며 사용자 확보를 목표로 끊임없이 사용자 실험을 진행하고 전환율을 최적화한다. 또한, 엔지니어링, 데이터, 제품 마케팅을 결합하여 전략을 세운다. 페이스북, 트위터Twitter, 링크드인, 드롭박스Dropbox, 에어비앤비Airbnb, 스퀘어Square, 우버Uber, 리프트Lyft, 패스Path 등 빠르게 성장하는 많은 회사에서 이러한 팀을 운영하고 있다.

사용자 그로스 팀은 실험 프레임워크 제작, 지표 분석처럼 기존 엔지니어링 팀이 해결하는 것과 비슷한 문제를 해결하기도 한다. 하지만 사용자 그로스 팀이 하는 일이 일반 엔지니어링 팀이 하는 일에 비해 도전적이고 흥미로운 이유는 트래픽과 성장을 유도하기 위한 아이디어 목록이 무궁무진하여 사실상 전체 제품을 두루 포괄한다는 데 있다. 다음과 같은 일을 한다면 사용자 그로스 팀이라고 볼 수 있다.

- 홈페이지 가입 양식의 전환율을 최적화하는가?
- 구글, 페이스북, 트위터 광고로 트래픽을 구매하는가?
- 애플리케이션 속도를 개선하여 사용자 참여를 높이는가?
- SNS, 이메일을 통해 퍼져 나갈 바이럴 콘텐츠를 제작하는가?
- 검색 랭킹을 높여서 검색 추천 트래픽을 늘리는가?
- 제품을 더 간단하게 배우고 사용하고 선택할 수 있게 만드는 데 투자하는가?
- 이메일 오픈율open rate *과 클릭률click-through rate †을 높이기 위해 사용자 참여 이메일을 반복적으로 개선하는가?
- 사용자가 제품을 친구에게 추천하도록 장려하는가?
- 제품에 대한 고객의 충성도를 높이기 위해 콘텐츠 랭킹, 사용자 추천을 최적화하는가?
- iOS, 안드로이드 앱스토어 배포를 확대하고 모바일 경험을 개선하는가?
- 제품을 주요 언어와 국가로 국제화하는가?
- 완전히 새로운 일을 하는가?

적절하고 올바른 목표에 집중하면 제품의 성장 속도를 크게 높일 수 있다. 핵심 영역에서 딱 0.5%만 성장해도 사용자가 복리 이자처럼 수백만 명 추가될 수 있다. 하지만 똑같은 이유로 잘못된 아이디어에 집중하면 성장이 몇 개월 또는 몇 년씩 지연되기도 한다.

---

* 역주 이메일을 열어서 확인하는 비율.
† 역주 이메일 본문에 포함된 링크를 클릭하는 비율.

나는 쿼라의 사용자 그로스 팀의 첫 번째 개발자였고, 결국 그 그룹의 엔지니어링 책임자가 되었다. 우리 팀은 예상되는 투자 자본 수익률을 기반으로 아이디어의 우선순위를 정하고, 일련의 실험으로 얻은 데이터를 통해 효과를 낸 아이디어와 그렇지 못한 아이디어를 구분한 후, 처음부터 다시 반복하는 건강한 주기를 개발했다. 1년 만에 우리 팀은 쿼라의 월간, 일간 활성 사용자를 3배 넘게 성장시켰다.[1] 이 경험 덕분에 사용자 그로스 팀이 성과를 내려면 업무의 우선순위를 엄격하게 정해야 한다는 것, 그리고 이 작업을 정기적으로 해야 한다는 것을 배웠다.

그러나 우선순위를 정하는 건 사용자 증가에만 도움이 되는 것이 아니다. 어떤 엔지니어링 분야든(또는 인생의 어떤 부분이든) 해야 할 일은 항상 주어진 시간보다 더 많다. 어떤 업무를 한다는 건 다른 업무를 하지 못한다는 뜻이다. 따라서 정기적으로 우선순위를 설정하는 일은 레버리지가 높은 활동이다. 우선순위를 통해 나머지 시간의 레버리지가 결정되기 때문이다. 프로젝트에 몇 주를 매달려 있었는데 효과나 영향력이 거의 없거나 배운 내용이 별로 없다면, 나는 아무 일도 하지 않은 것이나 마찬가지다.

우선순위를 정하는 일은 어렵고, 다른 대부분의 기술처럼 연습이 필요하다. 이펙티브 엔지니어는 우선순위를 정하는 능력을 향상시키기 위해 끈질기게 노력한다. 우선순위를 잘 정하지 못할 때도 간혹 있겠지만, 반성하는 한 꾸준히 발전할 것이다. 우선순위를 정하고 싶지 않을 때도 있을 것이다. 여유롭게 소파 위에 늘어져서 좋은 책을 읽는 일 외에는 아무것도 하고 싶지 않을 때도 있다. 그래도 괜찮다! 누구에게나 재충전할 시간은 필요하다. 하지만 우선순위를 정하는 데 시간과 에너지를 쏟는다면 개인적인 목표와 직업적인 목표를 달성할 가능성이 크게 높아질 것이다.

이 장에서는 우선순위를 효과적으로 정하는 전략을 소개한다. 우선 쉽게 접근할 수 있는 하나의 목록으로 내가 해야 할 모든 할 일을 관리하는 것이 왜 중요한가를 설명한다. 그리고 레버리지가 더 높은 활동에 시간을 반복적으로 투자할 수 있게, 할 일 목록에서 현재 수행 중인 일과 그 대신에 할 수 있었던 일을 쌍으로 비교해볼 것이다. 다음으로 레버리지가 높은 활동이 무엇인지 식별하는 데 도움이 되는, 직접적으로 가치를 생산하는 일에 집중하기, 중요한데 급하지 않은 일에 집중하기라는 두 가지 간단한 휴리스틱heuristic*에 관해 설명한다. 하지만 레버리지가 높은 업무를 식별하는 것에서 그치지 않고, 실행에 옮기는 것이 중요하므로 우선순위 과제를 달성할 수 있는 방법도 소개한다. 첫째는 생산자의 일정 보호하기, 둘째는 진행하는 업무의 양 제한하기다. 미루는 습관을 물리치는 데 도움이 되는 **만약~한다면** 계획 세우기에 대해서도 이야기할 것이다. 마지막으로 우선순위를 정하는 루틴을 만드는 것이 중요하므로 언급한 모든 전략을 활용한 우선순위 정하기 작업 흐름(워크플로) 샘플을 살펴보겠다.

쉽게 접근할 수 있는 하나의 목록으로 할 일을 추적하라

아무리 뛰어난 전문가라 해도 잘 설계된 체크리스트의 도움을 받으면 성과가 크게 개선된다. 아툴 가완디Atul Gawande 박사는 『체크! 체크리스트The Checklist Manifesto』에서 체크리스트를 사용해 실수를 대폭 줄인 다양한 분야의 사례를 소개했다. 비행 전 체크리스트를 따르는 파일럿, 수술 체크리스트를 따르는 외과 의사, 안전 체크리스트를 따르는 건설 현장 관리자, 이처럼 노련한 전문가가 일상적인 업무를 할 때도 마찬가지로 해야 할 일을 순서대로 적고 체크하는 것만으로 많은 실수를 방지할 수 있다.[2]

---

* 역주 의사 결정에 관한 인지 요구를 줄이기 위해 경험을 기반으로 문제를 해결하는 추론 방법.

개발자에게도 체크리스트가 도움이 된다. 효과적으로 우선순위를 정하는 첫 번째 단계는 해야 할 모든 업무를 목록으로 정리하는 것이다. 데이비드 앨런David Allen이 『쏟아지는 일 완벽하게 해내는 법Getting Things Done』에서 설명한 것처럼, 인간의 뇌는 저장이 아니라 처리에 최적화되어 있기 때문이다.[3] 평균적인 뇌가 작업 기억working memory*에 저장할 수 있는 항목의 수는 전화번호 자릿수에 해당하는 7 ± 2개 정도다. 예상보다 훨씬 적은 개수인데도 실험해보면 7개 이상의 숫자나 단어를 정확한 순서로 반복하는 데 실패할 확률은 50% 이상이다.[4] 기억력 챔피언은 파이의 67,890자리 숫자를 외울 수 있지만, 그렇게 하려면 정신적 자원을 엄청나게 소비해야 한다.[5, 6] 기억하는 데 노력을 기울이면 주의력이 떨어지고[7] 의사 결정 능력이 손상되며[8] 신체 수행 능력까지 망가진다.[9] 우리의 지능은 해야 할 모든 것을 기억하는 것보다 업무의 우선순위를 정하고 엔지니어링 문제를 해결하는 데 사용하는 것에 훨씬 더 적합하다.

나는 소프트웨어 엔지니어링 업계에 입문할 당시 우쭐한 마음에 할 일 목록을 무시했다. 그런 간접 비용을 들일 필요가 없다고 생각했고, 업무는 그냥 머리로 체크하고 추적할 수 있다고 믿었다. 2년이 지나자 놓친 업무들이 눈에 띄기 시작했다. 나는 할 일 목록을 사용해야 한다는 것을 깨달았고, 그 이후부터 할 일 목록은 내 작업 흐름의 필수적인 부분이 되었다. 할 일 목록의 가치를 증명한 많은 연구를 생각하면 내가 그전에 많은 일을 해낸 것이 놀라울 지경이다.

할 일 목록이 갖춰야 할 주요 속성은 두 가지다. 자신의 업무를 정식으로 대표하는 목록이어야 하고, 쉽게 접근할 수 있어야 한다. 접착식 메모지, 종이, 이메일로 여러 개 분류하는 것보다 하나의 마스터 목록이 낫다. 뿔뿔

---

* 역주 감각을 통해 입력된 정보를 일시적으로 저장하는 작업 공간 역할을 하는 정신의 기능.

이 흩어져 있는 목록은 잃어버리기 쉬울 뿐 아니라 뇌가 포괄적인 목록이라고 신뢰하지 않는다. 쉽게 접근할 수 있는 마스터 목록이 있으면 갑자기 시간 여유가 생겼을 때 해야 할 일을 빠르게 알아볼 수 있다. 또한, 외출 중에 새로운 업무가 생각나더라도 이를 기억하려고 정신적 에너지를 낭비하는 일 없이 바로 목록에 추가할 수 있다.

할 일 목록은 다양한 형태를 띨 수 있다. 항상 들고 다니는 작은 수첩, 웹에서 사용하는 업무 관리 소프트웨어, 휴대전화로 접근할 수 있는 앱, 컴퓨터와 휴대전화 간 동기화가 지원되는 드롭박스 텍스트 파일, 무엇이든 상관없다. 해야 할 일을 일관되게 목록에 적으면 기억해야 할 일은 단 한 가지, 마스터 목록 확인하기뿐이다. 그러면 여러분은 자유롭게 레버리지가 높은 활동, 즉 업무의 우선순위 정하기에 집중할 수 있다.

만약 각 업무의 레버리지를 정확히 계산할 수 있다면 모든 업무를 레버리지에 따라 정렬해서 우선순위 목록에 넣으면 끝이다. 그러나 안타깝게도 각 업무에 필요한 시간과 업무가 생산할 가치는 예측하기 매우 어렵다. 내가 몸담고 있던 퀘라의 사용자 그로스 팀은 초창기에 브레인스토밍으로 제품 사용 빈도와 참여도를 높일 방법에 관해 수백 가지 아이디어를 냈다. 회의실 탁자에 둘러앉아서 모든 아이디어를 체계적으로 검토하고 성장 지표에 미치는 영향(0.1%, 1%, 10%, 100%)과 구현에 드는 시간(몇 시간, 며칠, 몇 주, 몇 달)을 추정했다. 그런데 제한적인 데이터를 기반으로 한 탓인지 추정이 꽤 빗나갔을 뿐 아니라 한 가지 업무를 처리할 때마다 할 일 목록에 끼워 넣어야 할 새로운 업무 아이디어가 떠올라서 할 일 목록의 뒷순위에 있던 대부분의 항목은 손대볼 기회조차 없었다. 결국 우선순위를 매긴 목록을 만들기 위해 추정에 쏟아부은 그 많은 시간이 낭비된 셈이었다.

100번째 업무의 레버리지가 101번째 업무보다 높다는 것을 알아내는 건 실제로 그다지 유용하지 않다. 완료해야 할 중요한 목표를 몇 가지로 추리고, 각 목표를 달성하기 위해 수행할 첫 번째 업무를 고르고, 현재 수행 중인 일과 할 일 목록에 있는 다른 일을 쌍으로 비교pairwise comparison하는 것이 훨씬 더 쉽고 효율적이다. 자신에게 **레버리지가 더 높은 다른 할 일이 있을지** 반복해서 물어라. 답이 '없다.'라면 가던 경로를 계속 가면 된다. '있다.'라면 지금 하고 있는 일을 다시 생각해야 하는 순간이다. 어떻게 정렬하든 불완전한 정보를 기반으로 할 수밖에 없다. 목표는 모든 우선 과제를 완벽한 순서로 정렬하는 것이 아니다. 그 대신 가지고 있는 정보를 바탕으로 최우선 과제를 레버리지가 가장 높은 업무로 끊임없이 전환하라.

현재 수행 중인 업무보다 다른 업무의 레버리지가 더 높은지는 어떻게 판단할까? 판단하는 데 도움이 되는 두 가지 휴리스틱이 있다. 이어지는 두 절에서 (1) 직접적으로 가치를 생산하는 일에 집중하기 (2) 중요하지만 급하지 않은 일에 집중하기를 소개하겠다.

직접적으로 가치를 생산하는 일에 집중하라

여러 활동의 레버리지를 측정하면서 얻은 교훈은 투자한 시간과 노력만큼 가치가 반드시 생산되는 건 아니라는 것이다. 이샨 윙은 페이스북에서 4년간 엔지니어링 팀을 이끈 경험을 바탕으로 이렇게 이야기했다. "활동이 꼭 생산으로 이어지는 것은 아니며, 많은 업무와 활동이 유용한 결과를 내는 데 직접적으로 기여하지 않는다. 현황 보고서 작성하기, 정리하기, 조직적인 시스템 만들기, 여러 번 기록하기, 회의 참석하기, 우선순위가 낮은 연락에 회신하기 등이 모두 여기에 해당한다."[10] 이러한 업무는 가치를 생산하는 데 약하고 간접적인 영향밖에 미치지 못한다.

그러므로 레버리지가 높은 활동을 우선 과제로 삼기 위한 첫 번째 휴리스틱은, 직접적으로 가치를 생산하는 일에 집중하는 것이다. 하루를 마칠 때나 업무 성과를 평가할 때 중요한 건 결국 얼마의 가치를 창출했느냐다. 가치를 측정하는 기준은 근무 시간, 완료한 업무, 작성한 코드 양, 회의 참석 횟수가 아니라 출시한 제품, 확보한 사용자, 사업 지표 변동, 매출액이다. 제품 출시를 직접적으로 앞당기거나 사용자, 고객, 매출을 직접적으로 늘리는 업무, 팀이 책임지고 있는 핵심 사업 지표에 직접적으로 영향을 미치는 업무에 집중하라. 필요한 제품 기능의 코드 작성하기, 출시를 지연시키는 장애물 제거하기, 필요한 승인받기, 팀원들이 올바른 업무를 수행하게 하기, 우선순위가 높은 지원 문제 해결하기 등 무엇이든 결과로 이어지는 일을 하라.

일단 성과를 내기 시작하면 더 가치 있는 결과의 생산을 방해하지 않는 한 회의 불참, 이메일 회신 지연, 급하지 않은 버그 수정 연기에 대해 불평하는 사람은 거의 없을 것이다. 중요한 일을 제대로 처리하면 작은 일은 때로 별 문제가 되지 않는다. 예컨대 돈을 아끼려고 3달러짜리 스타벅스 라테 한 잔을 포기하는 것은 1~2시간 투자해서 몇 백 달러 저렴한 항공권을 구입하는 것에 비하면 예산에 별 영향을 미치지 않는다. 또 저렴한 항공권을 찾는 것보다는 협상에 몇 시간 더 투자해서 연봉을 몇 천 달러 인상 받는 것이 더 중요하다. 장기적으로 보면 연봉 협상보다는 매년 복리 수익을 몇 % 더 올려주는 건전한 투자 포트폴리오를 만드는 것이 더 중요하다. 물론 그렇다 해도 라테를 마시는 비용을 절약해서 나쁠 건 없다. 하지만 예상되는 효과가 투자하는 노력에 비례하는지 확인하는 것이 좋다.

가치를 생산하는 수정 사항을 배포한 후에는 가치를 생산할 다음 업무를 찾아라. 가장 적은 노력으로 가장 큰 가치를 생산하는 업무를 우선시하라.

이 과정을 몇 번 해보면 어떤 업무가 가장 가치 있는지 쉽게 알 수 있을 것이다. 퀴라의 사용자 그로스 팀도 몇 차례 제품 실험을 거치자 어떤 유형의 수정이 더 빠르게 마무리되는지, 어떤 활동이 더 높은 보상을 제공하는지 파악하는 능력이 훨씬 더 향상됐다.

직접적으로 가치를 생산하는 활동에 집중한 결과, 그렇지 않은 활동은 자연히 미루고 무시하게 되었다. 여러분의 시간은 한정되어 있다. 그럼에도 시간의 기회비용을 고려하지 못한 채 불필요한 회의 일정을 잡는 동료, 크게 문제되지 않는 작은 버그를 맡기는 관리자, 반짝이는 새 프로토타입을 사무실에 가져오는 제품 관리자가 종종 있다. 거절하는 법을 배워라. 요청받은 모든 일을 의무라고 생각하지 마라. 그 회의, 버그, 프로젝트가 다른 업무를 어떻게 방해하는지 설명하고 이 작업을 더 우선시해야 할지 논의하라. 우선순위를 높일 이유가 없다면 거기에 시간을 쓸 이유 또한 없다.

모든 것을 하려고 하지 마라. 중요한 것에 집중하라. 가치를 생산하는 것이 중요하다.

중요하지만 급하지 않은 일에 집중하라

회의, 이메일, 전화, 버그, 비상 당번 호출pager duty alert*, 다음 마감 기한 등 신경 써야 할 긴급한 요청은 늘 쇄도한다. 이 중에는 중요한 요청도 있고 그렇지 않은 요청도 있다. 주의하지 않으면 인간은 기본적으로 밀려드는 모든 긴급한 문제에 즉시 반응하며, 일상적인 방해 요소가 우선 과제를 제치고 제멋대로 일정을 휘두르게 된다.

그러므로 직접적으로 가치를 생산하는 활동을 우선시하는 것은 물론이고, 더 효과적으로 일하는 능력을 키우고 장래에 더 큰 가치를 제공할 투자

---

* 역주 프로덕션 서버 등에 심각한 문제가 발생했을 때 근무 중이거나 당번인 책임자에게 자동으로 발송되는 호출.

의 우선순위도 정해야 한다. 간단히 말해 두 번째 휴리스틱은 중요하지만 급하지 않은 활동에 집중하는 것이다.

스티븐 코비Stephen Covey는 『성공하는 사람들의 7가지 습관The 7 Habits of Highly Effective People』에서 긴급성과 중요성을 혼동해서는 안 된다고 설명한다. 그는 "가장 중요한 것을 가장 먼저 하라."라고 말한다.[11] 그림 3-1에서 볼 수 있듯이 코비는 우리가 하는 활동을 '급하다, 급하지 않다, 중요하다, 중요하지 않다'에 따라 네 개의 사분면으로 구분했다.

	급하다	급하지 않다
중요하다	1 위기, 시급한 문제, 기한	2 계획과 예방, 인맥 쌓기, 새로운 기회, 개인적 성장
중요하지 않다	3 방해, 대부분의 회의, 대부분의 이메일과 전화	4 웹 서핑, 쓸모 없이 바쁘기만 한 업무, 시간을 낭비하게 하는 일

그림 3-1 긴급성, 중요성에 따른 활동의 구분

1사분면(최우선순위 지원 문제, 다가오는 기한 등), 3사분면(대부분의 이메일, 전화, 회의)에 나열된 긴급한 활동에 시간을 우선 배정하면, 2사분면의 급하지는 않지만 중요한 활동에 소홀해진다. 2사분면에 속하는 활동은 직업적 목표 계획하기, 강력한 인맥 구축하기, 전문성 향상을 위해 책과 기사 읽기, 생산성과 효율성을 높이는 새로운 습관 기르기, 작업 흐름을 개선할 도구 만들기, 유용한 추상화에 투자하기, 인프라 꾸준히 확장하기, 새로운 프로그래밍 언어 배우기, 콘퍼런스에서 발표하기, 팀원들의 생산성 증진을 위해 멘토링하기 등이다.

2사분면에 있는 활동에는 대개 기한이 없으므로 긴급성으로 따지면 우선시할 일은 없다. 하지만 개인적으로나 직업적으로 배우고 성장하는 데 도움이 되기 때문에 장기적으로 볼 때 엄청난 가치를 지닌다. 막 대학을 졸업한 사람이나 최근에 입사한 사람이라면 해야 할 일의 절대적인 양 때문에 부담을 느끼기 쉽다. 그래서 나는 멘토링하는 직원들에게 꾸준히 조언한다. "기술 개발에 투자할 시간을 마련하라." 처음에는 생산성이 저하될지 모르나 시간이 지나면 새롭게 익힌 도구와 작업 흐름이 효율성을 높이고 초반의 손실을 금세 보상할 수 있다.

아마존과 우얄라에서 엔지니어링 팀을 운영했고 페이스북의 엔지니어링 책임자로 있는 님로드 후피엔Nimrod Hoofien과 우선순위를 정하는 기법에 관해 논의할 때, 그는 자신이 사용했던 방법을 알려주었다. 자신의 할 일 목록에 있는 모든 항목에 각 활동이 어떤 사분면에 해당하는지에 따라 1~4번까지 번호를 매긴다. 그는 이 방법이 "해야 할 일을 줄이고, 중요한데 급하지 않은 일을 하려고 할 때 정말 효과적"이었다고 설명했다.

할 일 목록 중 2사분면에 해당하는 활동을 찾고, 중요하지 않은 3, 4사분면의 활동은 우선순위를 낮춰라. 1사분면의 중요하고 급한 활동에 너무 많은 시간을 보내고 있지 않은지 주의하라. 비상 당번 호출, 우선순위가 높은 버그, 프로젝트의 급한 기한, 온갖 유형의 장애 제거 작업, 모두 중요하고 긴급할 수 있다. 하지만 문제의 근본 원인이 아닌 단순히 증상만 처치하고 있는 것은 아닌지 가늠해보라. 종종 2사분면 활동에 대한 투자 부족이 문제의 근본 원인일 때가 있다. 비상 당번 호출이 잦다는 것은 자동 복구 절차가 필요하다는 뜻일 수 있다. 테스트 커버리지가 낮아서 우선순위가 높은 버그가 나타난 것일 수 있다. 매번 기한에 쫓긴다면 프로젝트 추정과 계획에 문제가 있다는 뜻일 수 있다. 2사분면 항목에 투자하면 긴급한 업무와 여기에 딸려오는 스트레스를 줄일 수 있다.

우선순위를 정하는 행위 자체도 급하지 않아서 중요성이 간과되는 2사분면에 해당하는 활동이다. 우선순위를 정하는 행위의 우선순위를 높이면 효율성이 극적으로 높아질 것이다.

생산자의 일정을 보호하라

지금쯤이면 직접적으로 가치를 생산하는 업무와 중요하지만 급하지 않은 업무를 기반으로 레버리지가 높은 업무를 구분해 두었으리라 생각한다. 다음 단계는 시간을 투자해 우선 과제를 실행하는 것이다.

개발자는 다른 직종에 비해 더 길고 연속적인 시간 블록이 확보되어야 생산성이 높아진다. 개발자의 생산성은 심리학자 미하이 칙센트미하이Mihály Csíkszentmihályi가 **몰입**flow이라고 부른 기간을 유지할 수 있어야 높아진다. 몰입을 경험한 사람은 이를 "애쓰지 않아도 시간, 자아, 문제에 대한 감각을 잃을 정도로 깊게 집중한 상태"라고 묘사했다. 칙센트미하이는 화가, 바이올린 연주자, 체스 마스터, 작가, 오토바이 레이서가 몰입한 상태를 연구하며, 깊게 집중할 때 자연스럽게 우러나는 기쁨을 바탕으로 몰입을 '최적의 경험'이라고 불렀다. 몰입은 주의 집중이 필요하고 방해는 몰입을 깨뜨린다.[12]

그러나 개발자의 몰입 상태를 고려해서 회의 일정을 잡는 회사는 거의 없다. 프로그래머이자 벤처 투자자인 폴 그레이엄Paul Graham은 『Maker's Schedule, Manager's Schedule(생산자의 일정, 관리자의 일정)』이라는 에세이에서 관리자의 일정이 무언가를 창조하고 제작하고 생산해내는 사람의 일정과 어떻게 다른지 설명한다. 관리자는 전통적으로 자신의 스케줄을 1시간 단위로 정리하지만, "프로그래머나 작가처럼 무언가를 만드는 사람(생산자)은 일반적으로 적어도 반나절을 시간 단위로 쓰는 것을 선호한다. 1시간 단위로 글을 쓰거나 프로그래밍을 잘하기는 어렵다. 이는 겨우 업무에 착수할 정도의 시간이다."[13] 생산자의 일정을 망가뜨릴 때 드는 비용을 강조하는 실증적 연구도 있다. 마이크로소프트 리서치Microsoft Research의 한 연구는 직원들이 자신을 방해하는 이메일, 채팅을 처리한 후에 다시 원래 하던 활동에 집중하기까지 평균 10~15분이 걸리는 것을 알아냈다.[14] 캘리포니아대학교 어바인 캠퍼스UC Irvine에서 진행한 연구가 제시한 숫자는 이보다 더 높은 23분이었다.[15]

가능하면 일정에 집중하는 시간 블록의 길이를 최대한 길게 유지하라. 회의 일정을 업무 중간에 흩어 놓지 말고 연이어 잡거나 업무 시작 초반이나 마지막으로 잡아라. 한창 집중해서 일하고 있는데 누군가 도움을 요청하면 휴식 시간 전후나 여유가 잠시 났을 때 기꺼이 돕겠다고 하라. 시간 블록을 크게 만들려면 (가짜 회의를 만들어서라도) 캘린더의 시간을 덩어리로 묶어두거나 '수요일에는 회의 불가'와 같이 특정 요일 일정을 예약해 둬라. 꼭 참석하지 않아도 되는 회의, 우선순위가 낮은 약속처럼 자신의 일정을 짧게 쪼개 놓을 수 있는, 중요하지 않은 활동을 거절하는 법을 배워라. 자신의 일정, 그리고 자신과 함께하는 생산자의 일정을 보호하라.

동시에 진행할 작업의 양을 제한하라

업무의 우선순위를 정하고 시간을 연속적인 블록으로 묶었다면 한 번에 많은 일을 처리하고 싶은 의욕이 샘솟을 수 있다. 하지만 주의를 너무 분산시키면 결국 전체 생산성이 감소하고 어느 한 가지 업무도 실질적으로 진전시키지 못한다.

데이비드 록David Rock은 『일하는 뇌Your Brain at Work』에서 뇌의 작업 기억은 무대이고 생각은 배우와 같다고 이야기한다. 뇌의 전전두엽 피질이라는 부분은 계획하기, 의사 결정하기, 목표 설정하기를 비롯해 그 외 모든 의식적 사고를 처리한다. 무대의 공간은 배우 7±2명만 설 정도로 제한적인데 의사 결정을 내리려면 전전두엽 피질은 관련한 모든 배우를 한꺼번에 무대에 세워야 한다.[16] 너무 많은 일을 동시에 하다 보면 배우들의 연기에 주의를 기울일 겨를 없이 이들을 무대에 올리고 내리는 데 뇌의 정신적 에너지 대부분을 소비하게 된다.

나는 이러한 사실을 쿼라에 입사한 초창기에 배웠다. 당시 재미있고 신나 보이는 굵직한 프로젝트 두세 개를 발견하고 전부 다 하겠다고 야심 차게 자원했다. 몇 시간씩 시간을 들여서 여러 프로젝트를 왔다 갔다 하니 각 프로젝트의 진전이 드문드문 이루어져서 추진력을 얻기가 어려웠다. 각 프로젝트나 팀에 적절한 관심을 주지 못해서 어디에서도 훌륭한 성과를 내지 못했다. 더욱이 각 프로젝트의 타임라인이 늘어져서 심리적으로 생산성이 떨어진다고 느꼈다.

동시에 진행하는 업무를 제한하는 것이 열쇠라는 것을 나중에야 깨달았다. 토니안 드마리아 배리Tonianne DeMaria Barry, 짐 벤슨Jim Benson도 『퍼스널 애자일 퍼스널 칸반Personal Kanban』에서 이 문제를 논했다. 공 3개짜리 저글링은 큰 노력 없이 할 수 있으나 공 6~7개짜리 저글링은 훨씬 더 집중해야만 따라갈 수 있다. 마찬가지로 한 번에 할 수 있는 업무의 수에는 한계가 있다. 배리와 벤슨은 이렇게 썼다. "자신의 한계에 가까워질수록 스트레스가 뇌의 자원에 더 많은 부담을 주고 성과에 영향을 미친다. 업무가 선형적으로 증가할 때 실패 확률은 기하급수적으로 증가한다."[17] 끊임없는 맥락의 전환은 어느 하나의 활동에도 제대로 집중하지 못하게 방해하고 전체적인 성공 가능성을 감소시킨다.

요즘은 동시에 진행하는 업무를 훨씬 더 신중하게 제한한다. 여러 프로젝트가 있을 때 우선순위를 정하고 순서대로 진행해서 강력한 추진력을 유지한다는 뜻이다. 팀이 프로젝트를 진행할 때도 똑같은 원칙을 적용한다. 소규모 그룹 사람들의 노력이 너무 많은 업무에 걸쳐 흩어지면 설계 논의나 코드 리뷰에 있어서 동일한 맥락이 공유되지 않는다. 우선순위가 경쟁하면 팀이 분열되고 개중 어느 하나의 활동에 대한 추진력도 생기기 어렵다.

동시에 할 수 있는 프로젝트의 수는 사람마다 다르다. 시행착오를 겪으며 품질과 추진력이 떨어지지 않을 정도로 동시에 진행할 수 있는 프로젝트의 개수가 몇 개인지 파악하고, 한 번에 너무 많은 프로젝트를 진행하고 싶은 충동을 억제하라.

'만약~한다면' 계획으로 미루는 습관을 물리쳐라

우리가 집중하기 어려운 것은 앞서 말한 것처럼 연속 시간이 부족하거나 맥락이 너무 자주 전환되어서도 있지만, 가끔은 어려운 일을 시작하는 데 필요한 활성화 에너지를 모을 동기가 부족해서일 수도 있다. 심리학 교수 피터 골비처Peter Gollwitzer는 1990년대에 동기의 과학에 관해 연구했다. 먼저 기말고사를 보러 가는 학생들에게 연구에 자발적으로 참여할 의사가 있는지 물었다. 연구에 참여한다면 크리스마스 휴가를 어떻게 보냈는지에 관한 에세이를 써야 했다. 동의한 학생들에게는 크리스마스가 지나고 이틀 내에 에세이를 우편으로 보내라고 했다. 이 학생 중 절반에게는 에세이를 언제 어디서 어떻게 쓸지도 구체적으로 명시하게 했다. '실행 의사'를 구체적으로 표현한 학생 중 71%는 에세이를 우편으로 보냈다. 표현하지 않은 학생 중 에세이를 보낸 학생은 32%뿐이었다. 행동에 아주 작은 변화를 주었을 뿐인데 완료율이 2배 이상 증가한 것이다.[18, 19]

사회심리학자 하이디 할버슨Heidi Halvorson은 골비처의 연구를 비롯한 다수의 유사한 연구를 바탕으로, 미루는 습관을 극복하는 간단한 실천 방법을 제시한다. 할버슨은 『기회가 온 바로 그 순간Succeed』에서 업무 계획을 세우는 상황을 미리 확인하는 '**만약~한다면**' **계획**을 소개한다. 이 계획을 활용해서 만드는 시나리오를 예로 들자면 이러하다. "**만약** 오후 3시 회의가 끝난**다면** 오래된 버그를 조사하겠다.", "**만약** 저녁 식사를 마친**다면** 안드로이드 개발 강의를 보겠다." 할버슨은 "계획을 세운다는 건 상황이나 신호(**만약**)와 따라야 하는 행동(**그렇다면**) 사이에 연결고리를 만드는 것이다."라고 설명한다. 신호가 울리면 "의식적인 의도가 없어도 행동이 **자동으로** 따라온다."[20]

잠재의식 수준에서 행동으로 이어지는 것이 중요하다. 미루는 습관은 대체로 작업의 최초 활성화 에너지 소비를 꺼리는 마음에서 비롯되기 때문이다. 이 꺼리는 마음 때문에 레버리지는 더 낮으나 더 쉽고 즐거운 무언가를 하는 것이 더 낫다고 합리화하곤 한다. 종종 미루는 행위에서 얻는 단기적 가치가 우리의 의사 결정 과정을 지배하기도 한다. 그러나 만약~한다면 계획을 세우고 미리 무엇을 할지 정해두면 해당 작업에서 오는 장기적 보상을 고려할 가능성이 높다.[21] 만약~한다면 계획은 PSAT를 준비하는 고등학생, 지방 섭취를 줄여서 체중을 감량하려는 사람, 금연하려는 흡연자, 대중교통을 더 많이 이용하려는 사람, 그 외 다른 많은 사람의 목표 달성률을 증가시켰다.[22] 만약~한다면 계획은 우선순위가 높은 과제에 집중하도록 도와주는 강력한 도구다.

만약~한다면 계획은 생산자maker의 일정에 생기는 작은 틈을 메우기에도 좋다. 다음 회의까지 20분이 남아서 무얼 하면 시간 내에 마칠 수 있을지 10분을 생각하다가 마침내 간단한 업무를 골라서 시작했는데 결국 시간이 모자랐던 경험이 누구에게나 있을 것이다. "**만약** 다음 활동을 하기 전에

20분이 남는**다면** _____를 해야겠다."라는 계획을 세워두면 효과적이다. 해야 할 일 중에서 방해받지 않는 긴 시간이 필요하지 않는 일을 '간단한 업무 목록'에 모아두었다가 틈이 날 때 활용하는 것이다. 나는 이럴 때 코드 리뷰 끝내기, 면접 피드백 작성하기, 이메일 답변하기, 작은 버그 조사하기, 분리된 단위 테스트 작성하기 등의 업무를 하곤 했다.

만약~한다면 계획은 학생들의 크리스마스 에세이 완료율을 2배 이상 높였다. 여러분이 지금까지 미뤄온 중요한 일을 완료할 확률이 2배로 증가한다면 얼마나 더 효율적인 개발자가 될지 생각해보라. 새로운 언어를 배우거나, 책장에 묵혀둔 책을 읽거나, 그 외 어떤 일을 원하든 만약~한다면 계획을 세워라.

우선순위를 정하는 자신만의 루틴을 만들어라

지금까지 제시한 전략은 우리가 올바른 목표, 즉 레버리지가 높은 활동에 집중하는 데 도움이 된다. 일단 업무에 열중하다 보면 우선순위를 재정비하지 못하는 우를 범하기 쉽다. 처음에는 최우선 과제였던 프로젝트도 시간이 흐르면 가장 가치 있는 프로젝트의 자리에서 내려올 수 있다.

왜 이런 일이 일어날까? 처음에는 한 달 정도로 예상한 인프라 변경 작업 일정이, 막상 작업을 2주간 진행해본 결과 기술적인 문제나 프로젝트 요구 조건이 늘어나서 최대 3개월까지 늘어날 수 있다. 그래도 이 프로젝트를 완료할 가치가 있을까? 또는 제품의 새로운 기능을 만드는 동안 기존 기능이 매일 한 시간씩 붙잡고 해결해야 하는 확장성 문제나 비상 당번 호출을 촉발하기 시작할 때도 있다. 새 기능 개발을 중단하고 기존 기능에 대한 장기적인 해결책을 개발하는 것이 레버리지가 더 높지 않을까? 또는 개발 중에 레거시 코드베이스와 씨름하는 데 많은 시간을 허비하고 있다는 것을 깨달을 때도 있다. 개발을 계속하기 전에 레거시 코드부터 리팩터링하는 것이 더 가치 있지 않을까?

위 질문들에 대한 답은 상황에 따라 다를 것이다. 이러한 질문에 올바르게 답하는 비결은 회고를 통해 우선순위를 재정비하는 습관을 기르는 것이다.

이 장에서 소개한 전략을 활용하면 우선순위를 관리하고 실행하는 자신만의 루틴을 개발할 수 있다. 생산성 전문가들은 각기 다른 작업 흐름 메커니즘을 추천한다. 데이비드 앨런은 『쏟아지는 일 완벽하게 해내는 법』에서 해야 할 일을 장소별 맥락에 따라 그룹화해둔 후에 자신이 처한 맥락에 따라 업무를 처리하라고 제안한다.[23] 토니안 드마리아 배리, 짐 벤슨은 『퍼스널 애자일 퍼스널 칸반』에서 업무 백로그backlog*를 작성하고, 보드의 컬러 칼럼으로 작업을 전환하고, 시행착오를 통해 자신의 업무 능력을 파악한 뒤 그에 맞게 진행 중인 업무의 양을 제한하라고 권한다.[24] 프란체스코 시릴로Francesco Cirillo는 『The Pomodoro Technique(뽀모도로 기법)』에서 타이머를 활용해서 '뽀모도로†'라 부르는 25분 집중 세션을 체크해 한 세션마다 하나의 일에 집중하라고 한다.[25] 저자 닉 세르니스Nick Cernis는 『Todoodlist(낙서로 적는 할 일 목록)』에서 옛날식으로 종이와 연필을 사용해서 해야 할 일을 체크하라고 한다.[26] 이 외에도 수도 없이 많은 방법이 존재한다.

다양한 시스템과 업무 관리 소프트웨어로 실험해본 결과, 우선순위를 정하는 '최고'의 작업 흐름은 없다는 것을 알게 되었다. 대신 이 책에서 제시

---

* 역주 해야 하는데 아직 하지 않은 업무를 기록한 목록.

† 역주 이탈리아어 'pomodoro'는 '토마토'를 뜻하며 프란체스코 시릴로가 토마토 모양의 주방용 타이머를 활용하면서 붙인 이름이다.

한 일반적인 원칙을 바탕으로 자신에게 잘 맞는 방법을 찾을 때까지 시행착오를 반복하여 자신만의 시스템을 만들어야 한다. 고유한 시스템을 갖추지 못했다면 생산성 관련 도서를 참고하거나 다른 개발자의 시스템을 활용하는 것이 출발점이 될 수 있다. 어떤 메커니즘을 써서 우선순위를 검토하는지보다 우선순위를 검토하는 습관을 들이는 것이 더 중요하다는 것만 기억하라.

하지만 처음에 쓸 샘플 시스템이 필요하다면 현재 내가 사용하는 시스템을 알려주겠다. 이 글을 쓰는 현재 나는 아사나Asana라는 웹 제품을 활용해서 할 일 목록을 관리한다. 아사나는 빠르고 키보드 단축키를 지원하고 업무에 프로젝트 태그를 붙여서 프로젝트별로 필터링할 수 있으며 안드로이드, 아이폰 앱이 둘 다 있어서 어디서나 할 일 목록을 업데이트할 수 있다. 나는 사적으로나 업무적으로 해야 할 일의 백로그를 전부 아사나로 정리하여 관리한다.

나는 아사나에 '현재 우선순위' 프로젝트를 만들어두고 이번 주에 완수하려는 일을 추적한다. **만약** 한 주를 시작하는 월요일**이라면** 백로그나 지난주에 마치지 못한 업무 중 이번 주에 완수하려는 업무를 가져와 '현재 우선순위' 프로젝트에 추가한다. 어떤 프로젝트에서든 직접적으로 가치를 생산하는 일, 중요하다고 생각하는 장기적인 투자를 우선시한다. 학습을 위해 최적화하기는 중요하지만 급하지 않은 일이므로, 보통 새로운 것을 배우는 것과 관련한 활동을 몇 가지 포함시킨다. 현재 내가 가장 우선시하는 일은 매일 이 책에 단어 1,000개를 쓰는 것, 자가 출판에 대해 배우는 것, 모바일 개발 튜토리얼을 매일 진행하는 것이다.

프로젝트 업무는 아사나에서 섹션으로 세분화한다. 『퍼스널 애자일 퍼스널 칸반』에서 아이디어를 얻어서 '현재 우선순위' 프로젝트를 '이번 주', '오늘', '진행 중' 섹션으로 나누었다. 한 주가 시작될 때 모든 업무를 '이번 주' 섹션에 모아둔다. 업무 규모와 가용 시간에 따라 매일 아침 '이번 주' 섹션에 있는 업무 중 일부를 '오늘' 섹션으로 옮긴다. 우선순위 정하기는 중요하지만, 정신적으로 힘든 일이기도 하므로 조금 더 에너지가 있는 아침에 작업하는 편이다. 그림 3-2는 이 시스템대로 만든 샘플 업무 목록이다.

현재 우선순위

- ☑ ~~[1] 오늘의 업무 검토하기.~~
- ☑ ~~[1] 지난주 UI 실험 결과를 팀과 확인하기.~~

진행 중

- ☐ [2] 이메일이 중복 전송된 버그를 조사하고 수정하기.

오늘

- ☐ [4] 가입 흐름 성능 계측하기.
- ☐ [6] 간결해진 새로운 UX 프로토타입 실험하기.
- ☐ [2] 안드로이드 개발 강의 4강 보기.

이번 주

- ☐ [4] 새로운 멘티에게 줄 첫 번째 업무 준비하기.
- ☐ [4] 팀과 코드랩 상태 확인하기.
- ☐ [6] '개발 주기 반복 속도에 투자하라' 도입부 초안 작성하기.
- ☐ [1] 뉴욕행 항공권 예약하기.
- ☐ ...

그림 3-2 우선순위를 매긴 내 할 일 목록의 샘플

각 업무에 시간이 얼마나 필요할지를 추산하고 '[4] 가입 흐름 성능 계측하기.'처럼 간단한 표기법을 사용해서 25분(시간 단위는 바꿔도 상관없다)

단위의 뽀모도로 개수로 표시했다. [4]는 뽀모도로 4개 안에 할 수 있는 일이란 뜻이다. 일반적으로 하루에 뽀모도로 10~15개 분량의 업무를 할 수 있다. 나머지 시간은 회의 등 다른 방해 요소를 처리하는 데 쓴다. 회의 여러 개를 한데 몰아서 연속적인 시간 블록을 최대한 확보하려고 노력한다.

빠뜨리지 않고 아침에 우선순위를 정하는 효과적인 방법은 일상적인 루틴으로 만드는 것이다. 나는 쿼라의 본사가 팰로앨토에 있던 당시 회사로 걸어가는 도중에 이 작업을 했다. 출근길에 카페에 들러서 오전 치 카페인을 섭취하면서 5~10분 정도 할 일 목록을 검토했다. 덕분에 그날 하루에 완수하려는 중요한 업무를 가려낼 수 있었다. 또 이 루틴은 우선 과제로 정해둔 일을 완수하지 못했을 때 왜 못한 것인지 검토해볼 수 있어서 좋았다. 더 중요한 일을 했는지, 우선순위를 잘못 정했는지, 아니면 그냥 게으름을 피워 미룬 것인지 확인하는 기회이기도 했다.

여유 시간이 생기면 '오늘' 섹션에 있던 업무를 '진행 중' 섹션으로 옮기고 작업을 시작한다. 다시 말하지만, 아침에 정신적으로 에너지가 더 여유 있으므로 만약~한다면 계획을 활용해서 **만약 아침이라면** 더 정신적인 수고와 창의력이 필요한 작업을 선택한다. 집중력을 높이기 위해 페이스북, 트위터 같은 사이트는 /etc/hosts 파일을 통해 차단하고[27] 포커스 부스터Focus Booster라는 타이머 프로그램을 활용해서 25분을 측정한다.[28] 작업 시간을 재는 것이 조금 지나쳐 보일지 모르나 (사실 나도 실험을 시작한 지 얼마 안 되었다) 각 업무에 시간을 얼마나 썼는지 더 정확히 알 수 있어서 좋고 주의가 산만해질 때 더 책임감을 느끼게 한다. 업무에 쓴 25분 세션이 몇 개인지 추적하는 이유는 처음에 추산한 시간이 정확한지 확인하고 내 업무력을 파악하기 위해서다. 나는 25분 세션을 마치면 5분간 휴식을 취하며 스트레칭하거나 이메일을 확인하거나 웹 서핑하다가 다시 다음 세션을 시작한다.

업무를 완료하면 아사나에 '완료'로 표시한다. 완료된 기록은 기본 프로젝트 뷰에서 사라져서 아카이브에 보관된다. 하루를 마칠 무렵이면 그날 내가 생산적이었는지 아니었는지 이 시스템을 통해 꽤 명확히 알 수 있다. 그날 업무에 쓴 뽀모도로 개수를 세서 평소 개수와 비슷한지 확인하면 된다. 이 프로세스를 일주일 동안 반복하면서 새로운 업무나 아이디어가 생겼을 때 급하다면 '오늘'이나 '이번 주' 섹션에, 그렇지 않다면 백로그에 추가한다.

또한, 한 주가 끝날 때 30분 간 계획 시간을 꾸준히 지키는 것이 내 시간을 올바른 활동에 투자하고 있는지 확인하는 데 도움이 되었다. 일요일 오후나 월요일 오전에 내가 완수한 우선 과제를 검토하고, 완료할 계획이었으나 하지 못한 업무를 확인해서 그 이유를 알아내고, 다음 주에 완수하려는 일을 선별한다. 아사나에서는 지난주에 완료한 업무를 확인하는 등 내가 원하는 사용자 정의 뷰를 쉽게 지정할 수 있다.

우선순위 정하기 일간 세션이 현재 진행 중인 일에 약간의 변화를 주는 정도라면, 주간 세션은 더 큰 방향 수정이 가능하다. 더 시간을 투자해야 하는, 중요하지만 급하지 않은 일이 있을까? 팀의 개발 주기 반복 속도를 높일 수 있게 더 나은 도구와 추상화를 구축할 수 있다. 지난주에 모바일 개발 공부를 다시 시작하려다가 못했는데 이를 계속할 수도 있다. 다음주에 새로운 우선 과제를 작업하기로 다짐할 수도 있고, 이를 위해 매일 일정한 시간을 비워둘 수도 있다. 난 주기적으로 (보통 한 달에 한 번) 더 큰 단위의 계획을 세우는 시간을 갖는다. 이때는 한 달 동안 진행할 업무와 장래 바꾸고 싶은 것들에 대해 생각한다.

이 시스템은 앞으로도 여러 부분을 실험하면서 수정해나갈 가능성이 높지만, 현재 내게 잘 맞는다. 여러분에게 맞는 시스템은 이와 다를 수 있다. 중요한 것은 내 메커니즘을 따르는 것이 아니라, 우선순위를 정기적으로 정하는 습관을 기르는 시스템을 스스로 찾아내는 것이다. 이 과정에서 자기 시간을 가장 레버리지가 높은 활동에 쓰고 있는지 되돌아볼 수 있다.

우선순위를 정하는 것은 어렵다. 시간과 에너지는 소비하나 구체적인 성과가 없기 때문에 생산적이라고 느껴지지 않는다. 쉬고 싶을 때는 시간이 있어도 우선순위 작업을 하고 싶지 않을 수 있다. 그래도 괜찮다. 항상 우선순위를 정할 필요는 없다. 하지만 성취하려는 개인적, 직업적 목표가 있다면 우선순위 설정은 레버리지가 매우 높은 활동이다. 이는 올바른 업무를 완수하는 능력에도 큰 영향을 끼친다. 우선순위 설정을 더 효과적으로 수행할수록 정기적으로 우선순위를 정해야겠다는 동기를 더 강하게 느끼게 될 것이다.

핵심 요약

- **할 일을 적고 검토하라.** 정신적 에너지를 할 일을 기억하는 것보다 할 일의 우선순위를 정하고 처리하는 데 사용하라. 자신의 뇌를 기억 보관소가 아닌 프로세서로 활용하라.

- **가치로 바로 이어지는 일을 하라.** 모든 것을 하려고 하지 마라. 레버리지가 더 높은 일을 할 수 있는지 정기적으로 자문하라.

- **중요하지만 급하지 않은 일을 하라.** 자신의 효율성을 향상시키는 장기적인 투자는 마감 기한이 없더라도 우선시하라.

- **맥락 전환을 줄여라.** 창의적인 결과를 내려면 시간 블록을 길게 사수하고 진행하는 프로젝트 개수를 제한해서 자신의 인지력이 업무 저글링에 소비되지 않게 하라.

- **만약~한다면 계획으로 미루는 습관을 무찔러라.** 어떤 일을 하겠다는 의사와 행동을 촉발하는 신호를 계획해두면 그 일을 완수할 확률이 크게 높아진다.

- **우선순위를 정하는 습관을 들여라.** 실험해보며 좋은 작업 흐름을 알아내라. 정기적으로 우선순위를 정하면 레버리지가 높은 활동에 더 쉽게 집중하고 완수할 수 있다.

Part 2

실행, 실행, 실행

4

반복 속도에 투자하라

쿼라에 근무할 당시 우리 팀은 웹 제품의 새로운 버전을 하루에 40~50번 정도 배포할 수 있었다.[1] 지속적 배포continuous deployment라는 방법을 써서 커밋한 새로운 코드를 프로덕션 서버에 자동으로 배포했다. 어떤 변경사항이 심사를 거쳐 수백만 명의 사용자에게 배포해도 좋다는 허가를 받기까지 평균 7분밖에 걸리지 않았다. 이 과정은 사람의 개입 없이 매일 진행됐다. 이와 달리 다른 소프트웨어 회사들은 대부분 새 버전을 매주, 매월, 매분기에 배포했고 배포 메커니즘에 몇 시간에서 며칠까지도 소요됐다.

한 번도 해본 적이 없다면 지속적 배포 프로세스가 무섭거나 실행 불가능해 보일 수 있다. 우리는 어떻게 품질이나 안정성을 희생하지 않고 소프트웨어를 더 자주(사실 훨씬 더 자주) 배포할 수 있었을까? 왜 소프트웨어를 그렇게 자주 배포하고 싶어 했을까? 새로운 버전을 배포할 때마다 기본 사항을 확인할 QA 팀을 고용하거나 계약해야 하지 않을까? 2010년 8월 쿼라에 입사했을 때 솔직히 나도 똑같은 걱정을 했다. 팀 페이지에 자신을 추가하는 작업은 신입 개발자가 처음에 하는 일 중 하나였고, 입사 첫날 내가 작성한 코드가 프로덕션에 그렇게 쉽게 들어간다고 생각하니 짜릿한 동시에 무서웠다.

하지만 3년간 사용해본 결과, 지속적 배포는 두말할 필요 없이 제품의 성장에 중요한 역할을 했다. 내가 쿼라에 있던 마지막 해에는 새로운 사용자 등록, 사용자 참여 지표가 3배 이상 증가했다. 이런 성장에는 지속적 배포와, 개발 주기 반복 속도를 높이기 위해 실행한 다른 여러 투자들이 큰 역할을 했다.[2]

인프라에 레버리지가 높은 투자를 많이 한 덕분에 앞에서 말한 바와 같이 배포 주기가 빨라질 수 있었다. 우리는 코드의 새로운 버전을 자동으로 만들고 패키징하는 도구를 만들었다. 수천 개의 단위 테스트와 통합 테스트를 개발자 계층에서 병렬로 수행하는 테스트 프레임워크를 개발했다. 모든 테스트를 통과하면 배포 스크립트의 모든 것이 예상대로 동작하는지 추가 검증하기 위해 카나리아라고 불리는 웹 서버에서 새로운 빌드를 테스트한 후 프로덕션 계층에 배포했다. 제품 상태를 모니터링하는 포괄적인 대시보드와 경고 시스템에 투자했고, 일부 잘못된 코드가 걸러지지 않을 때를 대비해 변경사항을 쉽게 롤백할 도구도 만들었다. 이런 투자 덕분에 배포 시 수동 작업에 들어가던 간접 비용이 없어지고, 새 버전을 배포하는 일이 그냥 일상 업무에 불과하다는 자신을 갖게 되었다.

지속적 배포라는 도구가 이토록 강력한 이유는 무엇일까? 근본적인 변화가 일어나기 때문이다. 지속적 배포 시스템을 갖추면 일괄적인 대규모 변경을 꾀하는 일반적인 회사와 달리 점진적으로 소규모로 변경을 수행하고 배치할 수 있다. 접근법이 달라지면 전통적인 배포 프로세스에 드는 상당한 간접 비용이 사라질 뿐 아니라 변경사항에 대한 추론이 더 쉬워지고 개발 주기 반복 속도도 훨씬 더 빨라진다.

예컨대 지속적 배포 시스템을 갖춘 회사에서는 누군가 버그를 찾았을 때 수정사항을 구현하고, 제품에 배포한 후 제대로 작동하는지 확인하는 절차를 전부 앉은자리에서 한 번에 할 수 있다. 전통적인 배포 프로세스에서는 이 세 단계를 진행하는 데 며칠 또는 몇 주가 걸린다. 자신이 수정한 코드가 다른 더 큰 변경사항들과 함께 그 주 배포에 패키징될 때까지 기다렸다가, 다른 여러 교차 변경사항과 같이 수정 내용을 검증해야 하기 때문이다. 훨씬 더 많은 맥락 전환과 정신적 간접 비용이 든다.

또는 프로덕션 데이터베이스 테이블을 한 스키마에서 다른 스키마로 마이그레이션해야 하는 상황을 가정해보자. 사용 중live인 스키마를 변경하는 표준 프로세스는 다음과 같다.

1. 새 스키마 만들기

2. 기존 스키마와 새 스키마 양쪽 모두에 데이터를 작성하는 코드 배포하기

3. 기존 스키마에서 새 스키마로 기존 데이터 복사하기

4. 새 스키마에서 데이터를 읽어 들이는 코드 배포하기

5. 기존 스키마에 데이터를 작성하는 코드 삭제하기

각 변경사항은 간단하더라도 이런 변경사항이 차례대로 4~5번 배포에 걸쳐서 일어나야 한다. 각 배포에 일주일이 걸린다면 이 과정은 상당히 수고로울 수 있다. 지속적 배포에서는 한 개발자가 몇 시간 내에 4~5번의 배포를 통해 마이그레이션을 진행할 수 있으므로 몇 주 동안 고민할 필요가 없다.

변경사항이 더 작은 작업 단위로 이루어지면 문제를 발견하고 디버깅하는 것도 쉬워진다. 버그가 발견될 때, 또는 배포의 영향으로 성능 지표나

사업 지표가 떨어질 때, 배포를 일주일에 1번 한다면 지난 한 주간 이루어진 수백 가지 변경사항을 검토하면서 문제 원인을 알아내야 할 것이다. 지속적 배포를 사용하는 회사라면 대개 지난 몇 시간 이내에 배포된 적은 양의 코드를 확인해서 간단히 문제를 알아낼 수 있다.

변경사항이 점진적으로 배포된다고 해서 큰 기능을 만들 수 없다거나 사용자에게 절반만 완성된 기능을 선보이는 것은 아니다. 큰 기능은 기능이 전부 완성될 때까지 비활성화해 두고 설정 플래그를 통해 특수한 상황에서만 허용하도록 한다. 또는 같은 설정 플래그로 기능이 완성될 때까지 내부 팀원, 베타 사용자, 프로덕션 트래픽 일부에게만 선택적으로 기능을 활성화하기도 한다. 실제로는 변경사항이 마스터 코드 저장소에 점진적으로 병합된다는 뜻이기도 하다. 그러면 배포 주기가 길 때 커다란 새 코드 덩어리를 간신히 통합하고 제대로 작동하게 만드는 과정에서 발생하는 강도 높은 조정과 '병합 지옥'을 피할 수 있다.[3]

점진적인 소규모 변경에 집중하면 전통적인 배포 프로세스에서는 가능하지 않았던 새로운 개발 기법의 문이 열린다. 제품에 관해 토론하면서 특정 기능을 계속 유지해야 할지 논쟁이 벌어졌다고 가정해보자. 사람들의 의견이나 사내 정치에 따라 기능의 중요성이 정해지게 두거나 다음 출시 주기를 기다려 사용 데이터를 모으지 않아도, 구현하려는 인터랙션을 기록하여 배포한 후 몇 분 내에 유입되는 초기 데이터를 확인할 수 있다. 또는 웹 페이지 중에 성능 회귀를 보이는 페이지가 있다고 가정해보자. 회귀 버그를 찾으려 코드를 훑어보지 않아도 몇 분 동안 변경사항을 배포하고 로깅을 활성화하면 시간이 소비되는 위치를 실시간으로 파악할 수 있다.

빠른 개발 주기 반복의 중요성은 쿼라의 우리 팀만 강조하는 것이 아니다. 엣시Etsy[4], IMVU[5], 웰스프론트Wealthfront[6], 깃허브GitHub[7]를 비롯해 다른 회사들[8]도 지속적 배포(또는 어떤 버전을 배포할지 개발자가 선택적으로 정하는 지속적 전달continuous delivery이라는 변형된 버전)를 작업 흐름에 통합했다.

이펙티브 엔지니어는 개발 주기 반복 속도를 높이는 데 많이 투자한다. 이 장에서는 이러한 투자가 왜 레버리지가 높은 활동인지, 개발 주기 반복 속도를 어떻게 최적화하는지 살펴본다. 우선 개발 주기를 빨리 반복하면 더 많이 빌드하고 더 빨리 배울 수 있다는 이점에 대해 살펴보겠다. 다음으로 시간 절약 도구에 투자하는 것이 왜 중요한지와 도구의 도입률, 여러분의 자율권을 둘 다 높일 방법을 알아본다. 디버깅과 테스트가 엔지니어링 업무 시간의 대부분을 차지하므로, 디버깅과 검증 과정 시간을 단축할 때 얻는 혜택도 살펴본다. 개발자로 일하는 내내 대체로 똑같은 핵심 도구를 사용하므로 프로그래밍 환경을 마스터하는 습관에 관해서도 이야기하겠다. 마지막으로 프로그래밍은 소프트웨어 개발 프로세스의 한 요소에 불과하기 때문에, 자신의 업무에서 엔지니어링 외적인 병목 요소를 알아내는 것이 중요한 이유에 대해서 살펴볼 것이다.

빨리 배우려면 빨리 움직여라

멘로 파크의 페이스북 본사 복도에는 빨간 대문자로 이렇게 적힌 포스터가 붙어 있다. "MOVE FAST AND BREAK THINGS(망가뜨려도 좋으니 빠르게 실행하라)." 페이스북은 이 원칙을 바탕으로 기하급수적으로 성장하여 8년 만에 10억 명 이상의 사용자를 확보했다.[9] 신입 개발자들은 페이스북의 6주짜리 온보딩 프로그램인 부트캠프에서 빠르게 움직이는 문화를 주입받는다.[10] 신입 개발자는 대부분 입사 후 며칠 안에 코드를 프로덕션에 배포한다. 페이스북 웹사이트의 기본 프로그래밍 언어인 PHP를 사용해본 적이 없더라도 마찬가지다. 페이스북의 문화는 보수적인 태도로 실수를 최소화하기보다 개발 주기를 빠르게 반복하며 효과를 내는 데 집중할 것을 강조한다. 페이스북이 프로덕션에 지속적 배포를 사용하지 않을 수도 있으나, 작업 흐름을 효과적으로 확장해서 1,000명 이상의 개발자가 facebook.com에 하루에 2번 코드를 배포할 수 있는 환경을 조성하는 놀라운 업적을 달성했다.[11]

페이스북의 성장은 개발 주기의 반복 속도에 대한 투자가 왜 그토록 레버리지가 높은 결정인지 보여준다. 개발 주기를 빠르게 반복할수록 무엇이 더 효과적인지 더 많이 배울 수 있다. 그리고 더 많은 것을 만들고 더 많은 아이디어를 시도할 수 있다. 물론 모든 변화가 긍정적인 가치와 성장으로 이어지는 것은 아니다. 페이스북의 초기 광고 제품이었던 비콘Beacon은 외부 웹사이트에서 사용자가 한 활동을 페이스북에 자동으로 공개했다. 해당 서비스는 엄청난 논란을 일으키고 중단됐다.[12] 즉, 개발 주기가 반복될 때마다 어떤 변화가 우리를 올바른 방향으로 이끌지 배울 수 있고, 향후의 노력이 훨씬 더 큰 효과를 낼 수 있게 된다.

페이스북의 CEO 마크 저커버그Mark Zuckerberg는 회사의 기업공개Initial Public Offering, IPO를 위해 작성한 상장신고서에 빠른 움직임의 중요성을 담아냈다. "빠르게 움직이면 더 많은 것을 만들고 더 빨리 배울 수 있습니다. 하지만 대부분의 회사는 성장과 함께 너무 느려집니다. 너무 느리게 움직이느라 기회를 잃는 것보다 실수를 저지르는 것을 더 두려워하기 때문입니다. (…) 실수가 하나도 없다는 건 움직이는 속도가 느리다는 뜻일 수 있습니다."[13] 개발 주기 반복 속도를 빠르게 유지하는 데 집중하는 것이 페이스북을 오늘날의 위치에 올려둔 핵심 요소다.

빠르게 움직이는 건 사용자가 서비스 중단에 관대한 소비자 웹 소프트웨어에만 국한되는 것이 아니다. 실제로 페이스북이 4년 동안 경험한 최악의 서비스 중단은 단 2.5시간이었다. 더 크고 느리게 움직이는 회사들이 경험한 서비스 중단에 비해 훨씬 짧은 시간이다.[14] 빠르게 움직인다고 해서 반드시 난폭하고 무모하게 움직이는 것은 아니다.

다음 기업을 생각해보자. 웰스프론트는 캘리포니아 팰로앨토에 사무실이 있는 금융 자문 서비스 회사다. 주요 금융 기관, 개인 자산 관리자가 제공하는 금융 자문을 인간이 아닌 소프트웨어 자문으로 대체해서 저렴하게 이용할 수 있게 해주는 IT 기업이다. 2014년 6월 기준 웰스프론트가 관리하는 고객의 자산은 10억 달러 이상이다.[15] 어떤 코드든 망가지면 엄청난 대가를 치러야 한다. 그런데도 웰스프론트는 지속적 배포에 투자했고 이 시스템을 활용해서 프로덕션에 매일 30회 이상 새로운 코드를 배포한다.[16] 이들은 증권 거래 위원회를 비롯한 당국의 규제가 심한 금융 서비스를 제공하는데도 개발 주기를 빠르게 반복할 수 있다. 웰스프론트의 전 CTO인 파스칼-루이스 퍼레즈Pascal-Louis Perez는 "지속적 배포의 가장 큰 장점은 위험 감소. 소규모 수정에 집중하게 하고, 문제 발생 시 신속하고 정확하게 파악할 수 있기 때문이다."라고 이야기한다.[17]

지속적 배포는 개발 주기 반복 속도를 높일 아주 강력한 도구 중 하나에 불과하다. 그 외에도 시간 절약 도구에 투자하기, 디버깅 과정 개선하기, 프로그래밍 작업 흐름 숙달하기, 그리고 더 일반적으로 자신의 눈에 띈 병목 제거하기 등을 할 수 있다. 이 장의 나머지 부분에서는 이러한 전략을 실행하는 단계별 방법을 알려주겠다. 이 모든 투자는 지속적 배포와 똑같이 빠르게 움직이면서 효과가 있는 것과 없는 것을 빨리 알아내는 데 도움이 된다. 그리고 명심하자. 학습은 복리 계산되므로 개발 주기 반복 속도를 더 일찍 높일수록 학습률이 더 빠르게 증가한다.

시간 절약 도구에 투자하라

엔지니어링 리더들에게 어떤 투자가 가장 큰 수익을 냈는지 물어보면 '도구'라고 대답하는 사람이 가장 많다. 페이스북 인프라 엔지니어링 책임자였던 보비 존슨은 이렇게 말했다. "성공적인 사람들은 대부분 도구를 사용한다는 것을 알게 되었습니다. (…) 문제를 발견했을 때 가장 먼저 도구부터 작성하는가는 그 사람의 성공 여부를 판가름하는 좋은 지표입니다."[18] 트위터의 플랫폼 엔지니어링 부사장이었던 라피 크리코리안Raffi Krikorian 역시 팀원들에게 "만약 수동으로 두 번 이상으로 해야 하는 일이 생기면 세 번째에는 도구를 작성하라."라고 항상 상기시켰다.[19] 하루에 일할 수 있는 시간에는 한계가 있으므로 더 많이 노력하는 것으로는 영향력을 높이는 데 한계가 있다. 도구는 근무 시간의 한계 너머로 영향력을 키울 수 있게 해주는 승수multiplier다.

여기 두 명의 개발자, 마크와 세라가 각기 다른 프로젝트를 진행하고 있다고 상상해보자. 마크는 2개월간 무작정 여러 기능을 만들고 출시한다. 반면 세라는 자신의 작업 흐름이 그렇게 빠르지 않다는 점, 그러나 속도를 높일 여지가 있다는 점에 주목한다. 그녀는 처음 2주간 증분 코드 컴파일을 설치하고 새롭게 컴파일된 코드를 자동으로 다시 로딩하도록 웹 서버를 구성한다. 그리고 자신의 개발 서버에서 테스트 사용자 상태를 더 쉽게 설정할 수 있게 몇 가지 자동 스크립트를 작성해서 자신의 작업 흐름을 개선한다. 덕분에 그녀의 개발 속도는 33% 빨라진다. 초반에는 마크가 더 많은 작업을 할 수 있었지만, 2개월 후에는 세라가 마크를 따라잡았고, 이후 6주간 진행한 기능 작업은 세라가 마크의 8주치 작업만큼 생산성을 냈다. 게다가 세라는 첫 2개월이 지난 후에도 마크보다 33% 더 빠르게 작업하므로 앞으로 훨씬 더 많은 결과를 생산할 것이다.

다소 단순화한 예다. 현실에서는 세라가 초반에 도구 만드는 일에만 몰두하지 않을 것이다. 그 대신 개발 주기를 반복하며 가장 큰 병목을 알아내고 개발 주기 반복 속도를 높일 수 있는 도구가 무엇인지 파악할 것이다. 하지만 시간 절약 도구가 큰 배당 수익을 낸다는 원칙이 유효하다는 사실에는 변함이 없다.

세라의 접근법에는 더욱 매력적인 부가 효과가 두 가지 있다. 첫째, 더 빠른 도구가 더 많이 사용된다. 만약 샌프란시스코에서 뉴욕으로 가는 유일한 교통편이 일주일이 걸리는 기차뿐이었다면 사람들이 그 경로를 자주 여행하지 않았을 것이다. 하지만 1950년대에 여객 항공사가 등장하면서 사람들은 이제 그 경로를 일년에 여러 번 여행할 수 있게 되었다. 마찬가지로 어떤 도구가 매일 3번 20분 동안 수행하는 활동의 완료 시간을 절반으로 줄여준다면 그 도구를 더 자주 사용할 것이므로 그로 인해 하루에 절약되는 시간은 30분 이상이 될 것이다. 둘째, 더 빠른 도구가 생기면 이전에 불가능했던 새로운 개발 작업 흐름이 가능해진다. 이 두 가지 효과까지 고려하면 33%라는 수치는 사실 세라의 속도상 우위를 과소평가한 것일지 모른다.

이러한 현상은 지속적 배포를 논할 때 이미 언급한 바 있다. 전통적인 소프트웨어 주간 배포를 사용하는 팀에서는 새 배포를 끊어서 스테이징 환경에 배포하고, QA 팀의 테스트를 거치고, 발견한 문제를 수정하고, 실제 프로덕션으로 출시하는 데 시간이 많이 걸린다. 배포 프로세스를 단순하게 만들면 얼마의 시간이 절약될까? 기껏해야 매주 몇 시간이라고 말하는 사람도 있을 것이다. 그러나 지속적 배포를 설명하면서 확인했듯이 배포 시간을 몇 분 단축하면 실제로는 소프트웨어 업데이트를 훨씬 더 자주, 매일 40~50번 정도 배포할 수 있다. 게다가 지속적 배포를 활용하기 시작하면 프로덕션에 문제가 생겼을 때 의문을 제기하고 이에 대한 답을 찾으려 변경사항을 배포하는 상호적인 방식으로 조사할 수 있다. 이런 방법을 쓰지 못한다면 문제를 해결하기 어려울 것이다. 그러므로 절약된 시간의 합계는 매주 몇 시간을 훨씬 넘어선다.

아니면 컴파일 속도를 생각해보자. 2006년 구글에 입사할 무렵에는 구글 웹 서버용 C++ 코드를 의존하는 라이브러리와 함께 컴파일하려면 분산 컴파일을 사용해도 20분 이상 걸렸다.[20] 시간이 오래 걸리면 개발자가 의식적으로 피하기 때문에 코드 컴파일을 하루 몇 번 이상 하지 않게 된다. 그래서 컴파일러용 큰 코드 덩어리를 함께 묶어서 처리하고 개발 주기마다 여러 오류를 한꺼번에 수정하려 한다. 2006년 이후 구글은 대규모 프로그램의 컴파일 시간을 줄이기 위해 상당한 노력을 기울였다. 여기에는 컴파일 단계를 3~5배 단축시키는 오픈 소스 소프트웨어도 포함됐다.[21]

컴파일 시간이 20분에서 2분으로 줄어들면 개발자의 작업 흐름이 크게 변한다. 매일 1~2시간이 절약된다는 말조차 그 효과를 크게 과소평가한 것이다. 개발자가 코드상 실수와 오류를 맨눈으로 점검하는 데 걸리는 시간이 줄어들고 컴파일러에 더 크게 의존할 것이다. 컴파일 속도가 빨라지면 더 작은 코드 덩어리를 더 간편하게 반복적으로 추론하고 코드를 작성하고 테스트할 수 있으므로 반복적인 개발이 중심이 되는 새로운 작업 흐름에 정착한다. 컴파일 시간이 몇 초 단위로 줄어들면 파일 저장 시 자동으로 코드를 다시 컴파일하는 백그라운드 작업이 촉발되는 증분 컴파일을 통해 개발자가 파일을 편집하는 동안 컴파일 경고와 오류를 확인할 수 있어서 프로그래밍이 전보다 훨씬 더 상호적이 된다. 컴파일 시간이 줄면 10~20번이 아니라 50번에서 수백 번까지도 컴파일할 수 있게 되면서 개발자의 생산성이 비약적으로 향상된다.

대화형interactive 프로그래밍 환경이 있는 언어로 전환해도 효과는 비슷하다. 자바에서 작은 표현식이나 함수를 테스트하려면 전체 프로그램을 작성하고 컴파일하고 실행하는 일괄 작업 흐름을 따라야 한다. 자바 가상 머신에서 작동하는 스칼라Scala나 클로저Clojure 같은 언어가 자바보다 좋은 점 중 하나는 입력-실행(평가)-결과 루프Read-Eval-Print Loop, REPL에서 표현식을 빠르게 상호적으로 평가할 수 있다는 점이다. 단순히 REPL이 편집-컴파일-실행-디버그 루프edit-complie-run-debug loop보다 빨라서 시간이 절약되는 것은 아니다. 이전에는 사용하지 않았던 방식, 즉 훨씬 더 작은 표현식과 함수를 상호적으로 평가하고 테스트할 수 있으므로 시간이 절약되는 것이다.

새로운 작업 흐름을 도입해서 시간을 크게 절약해주는 도구는 이 외에도 많다. 핫 리로딩hot reloading은 서버나 애플리케이션 전체를 재시작하지 않아도 자동으로 새로운 버전의 코드를 교환해 넣을 수 있어 작업 흐름을 조금 더 점진적으로 변경할 수 있다. 커밋할 때마다 코드베이스를 다시 빌드하고 전체 테스트 스위트를 실행하는 프로세스가 시작되는 지속적 통합continuous integration을 활용하면 어떤 변경이 코드를 망가뜨렸는지 쉽게 찾을 수 있어서 시간 낭비가 줄어든다.

도구 도입이 팀 전체로 확장되면 더 많은 시간이 절약된다. 하루에 1시간을 절약해주는 도구를 팀원 10명이 사용하면 10배의 시간이 절약된다. 구글, 페이스북, 드롭박스, 클라우데라Cloudera 같은 기업에 사내에서 사용하는 개발 도구를 개선하는 전담팀이 존재하는 이유다. 하루에 십여 번 코드를 빌드하는 개발자 1,000명으로 구성된 팀의 빌드 시간이 1분 줄어들면 매주 거의 개발자 1명이 1년간 엔지니어링하는 시간을 절약할 수 있다! 그러므로 시간 절약 도구를 찾거나 만드는 것으로는 충분치 않다. 그 혜택을 최대로 누리려면 팀에 도구 도입률을 높여야 한다. 그러기 위해 가장 좋은 방법은 그 도구가 실제로 시간을 절약해 준다는 것을 증명하는 것이다.

내가 구글의 검색 품질 팀에 있을 당시 구글 검색 결과 페이지의 새로운 UI 프로토타입을 작성하는 사람들은 대부분 C++를 사용했다. 프로덕션에는 뛰어난 성능이 필요하므로 C++가 훌륭한 선택이겠으나 컴파일 주기가 길고 번거로워서 새로운 기능의 프로토타입을 만들고 새 UI 인터랙션을 테스트하기에는 적절하지 않았다.

그래서 나는 주어진 시간의 20%를 활용해서 파이썬으로 새로운 검색 기능 프로토타입을 만들 수 있는 프레임워크를 만들었다. 나와 팀원들이 기능의 프로토타입을 잇달아 만들고 회의에서 시연하기 시작하자, 다른 동료들도 기존 작업을 포팅해 와야 하는 불편을 감수하더라도 우리가 만든 프레임워크를 기반으로 작업할 때 생산성이 훨씬 높아진다는 것을 금세 깨달았다.

여러분이 만든 시간 절약 도구가 기존 도구에 비해 객관적으로 뛰어나도 전환 비용이 있기 때문에 다른 개발자들이 작업 흐름을 바꾸거나 새로운 도구를 도입하는 것을 망설일 수 있다. 이럴 때는 전환 비용을 낮춰서 기존 작업 흐름에 새로운 도구를 더 부드럽게 통합할 방법을 찾으려 노력해야 한다. 아마 설정을 약간만 변경해도 다른 개발자가 새로운 행동 양식으로 전환하도록 유도할 수 있을 것이다.

일례로 우얄라에서 온라인 비디오 플레이어를 만들던 당시, 우리 팀은 모두 플래시Flash 애플리케이션을 사용하는 언어인 액션스크립트ActionScript 코드를 이클립스Eclipse 플러그인으로 컴파일했다. 안타깝게도 이 플러그인은 안정성이 떨어져서 변경사항을 다시 컴파일하는 데 실패하곤 했다. 컴파일 중인 내용을 주의 깊게 보지 않으면 비디오 플레이어를 실행해보기 전까지 변경사항이 누락됐는지 알 수 없었기 때문에, 자주 혼란이 발생하고 개발 속도가 지연됐다. 그래서 나는 안정적으로 빌드를 생산하는 명령줄 기반의 빌드 시스템을 만들었다. 처음에는 내 시스템을 사용하는 팀원이 몇 명 없었다. 이클립스를 사용하던 기존 빌드 작업 흐름을 바꿔야 했기 때문이다. 나는 도입률을 높이기 위해 시간을 더 투자해 빌드 프로세스를 이클립스에 연결했다. 이로써 전환 비용을 낮추고 다른 팀원들도 새로운 시스템을 도입하도록 설득할 수 있었다.

여러분이 만든 도구가 시간을 절약한다는 사실을 증명하면 얻을 수 있는 이점이 또 있다. 관리자나 동료가 앞으로 더 많은 아이디어를 탐색해볼 자율권을 준다는 것이다. 내가 확신하는 아이디어가 실현할 가치가 있다고 다른 이를 설득하기는 좀 어렵다. 재미 삼아 일주일 동안 재작성한 새로운 얼랭Erlang 개발 시스템이 실제로 사업적 가치를 생산했는가? 아니면 유지할 가치가 없는 골칫거리인가? 시간 절약 도구가 제공하는 혜택은 다른 프로젝트에 비해 측정하기 쉽다. 자신의 시간을 투자해서 명확한 수익을 냈다고 객관적으로 증명할 (또는 반대로 투자할 가치가 없었다는 것을 스스로 확인할) 데이터가 생긴다. 예를 들어 매주 3시간씩 서버 장애에 대처해야 하는 팀을 위해 여러분이 12시간을 투자해 서버를 자동 복구하는 도구를 제작한다면 여러분의 투자가 한 달 후에는 손익분기점에 도달하고 그 이후에는 수익을 낼 것이 분명하다.

직장에서는 쳇바퀴 돌듯 '다음'이라는 기한에 끝도 없이 쫓기기 쉽다. 다음 작업 완료하기, 다음 새 기능 배포하기, 백로그에 있는 다음 버그 처리하기, 끝없이 이어지는 고객 요청을 처리하고 다음 요청에 대응하기 등등. 조금 더 편히 살게 해줄 도구에 대한 아이디어가 있더라도 도구의 장기적인 가치를 정량화하기는 어렵다. 반면 놓친 마감 기한이나, 언제 끝나냐고 묻는 제품 관리자의 숨 가쁜 재촉의 단기적 비용은 상당히 구체적이다.

그러므로 작게 시작하라. 도구로 시간을 절약할 수 있는 영역을 찾아서 도구를 만들고 그 가치를 증명하라. 조금 더 도전적인 길을 탐색해볼 자율

권이 생길 것이고, 그 도구로 인해 앞으로 조금 더 효율적으로 일하게 될 것이다. 새로운 기능을 끊임없이 배포해야 한다는 압박 때문에 시간 절약 도구 제작이라는, 중요하지만 급하지 않은 작업을 중단하거나 포기하지 마라.

디버깅과 검증 과정을 단축하라

자신이 작성한 모든 코드가 처음부터 버그 없이 잘 작동할 거라 믿는 건 희망 사항에 불과하다. 실제로는 문제를 디버깅하거나 작성한 코드가 예상대로 작동하는지 검증하는 작업이 엔지니어링 업무의 많은 부분을 차지한다. 이러한 현실을 빨리 인정해야만 하루라도 먼저 디버깅 과정, 검증 과정의 반복 속도를 높이기 위한 투자를 시작할 수 있다.

이 작업을 위해 올바른 작업 흐름을 만들어두는 것은 시간 절약 도구에 투자하는 것만큼이나 중요하다. 개발자라면 아마 재현 가능한 최소한의 테스트 케이스라는 개념에 익숙할 것이다. 이는 버그나 문제를 확인하기 위해 최대한 간단하게 만든 테스트 케이스를 가리킨다. 재현 가능한 최소한의 테스트 케이스를 활용하면 주의를 분산시키는 모든 불필요한 요소가 제거되므로 핵심 문제에 최대한 많은 시간과 에너지를 쏟을 수 있고 피드백 과정을 짧게 만들어서 개발 주기를 빠르게 반복할 수 있다. 테스트 케이스를 분리하려면 간단한 프로그램이나 단위 테스트에서 불필요한 코드를 전부 제거하거나 사용자가 문제를 재현하기 위해 수행해야 하는 가장 짧은 절차를 알아내야 한다. 하지만 이러한 개념을 더 확장해서 버그나 기능을 개발하는 작업 흐름까지 최소화하는 사람은 거의 없다.

개발자들은 제품을 테스트할 때 일반적인 시스템 동작이나 사용자 상호작용을 단축할 수 있다. 약간만 노력하면 프로그래밍으로 목적에 부합하는 훨씬 더 단순한 작업 흐름을 만들 수 있다는 뜻이다. 예를 들어 iOS용 SNS 앱을 만드는 중에 친구를 초대하는 작업 흐름에서 버그를 발견했다고 가정해보자. 사용자가 일반적으로 거치는 세 가지 인터랙션 '친구 탭으로 전환, 연락처에서 누군가 선택, 초대 메시지 작성' 과정을 똑같이 탐색해도 무방하긴 하다. 하지만 앱을 시작할 때 초대 작업 흐름의 버그가 있는 부분으로 바로 이동하도록 몇 분 정도 손을 본다면 작업 흐름이 훨씬 더 짧아질 것이다.

또는 분석 웹 애플리케이션을 만드는 중, 홈 화면에서 여러 번 클릭해야 도달하는 고급 보고서 섹션을 개발하고 있다고 가정해보자. 테스트 중인 보고서를 가져오려면 아마 특정 필터를 구성하고 데이터 범위를 맞춤 설정해야 할 것이다. 하지만 일반적인 사용자 흐름을 따르지 않고 URL 매개 변수를 통해 설정을 지정하는 기능을 추가해서 해당 보고서로 바로 접근할 수 있게 작업 흐름을 단축할 수도 있다. 또는 작업해야 할 보고서 위젯만 불러오는 테스트 하네스test harness를 만들 수도 있다.

세 번째 예로 브라우저 쿠키에 따라 사용자에게 랜덤하게 기능의 변형을 보여주는 웹 제품에 대한 A/B 테스트를 만드는 중이었다고 가정해보자. 변형을 테스트하기 위해 다양한 변형 중에서 선택하는 조건문을 하드코딩하고, 하드코딩된 항목을 계속 변경하여 변형을 전환한다. 사용 중인 언어에 따라 매번 코드를 다시 컴파일해야 할 수 있다. 반면 테스트 중에 특정 변형을 안정적으로 트리거할 수 있는 값으로 쿠키를 설정하는 내부 도구를 만들어서 작업 흐름을 단축할 수도 있다.

이미 앞에서 상세한 설명을 들었기 때문에 디버깅 과정을 단축하기 위해 이렇게 최적화하는 것이 당연해 보일 수 있다. 하지만 지금까지 소개한 사례는 최고의 IT 기업 개발자들의 실제 시나리오를 바탕으로 한 것이다. 개중에는 적은 시간을 투자해도 작업 흐름을 단축할 수 있다는 것을 깨닫지 못해서 몇 달 동안 느린 작업 흐름을 사용한 사례도 있다. 마침내 변경 작업을 거쳐서 개발 주기 반복 속도가 훨씬 더 빨라졌을 때 개발자들은 왜 진작 이런 생각을 못 했을까 의아해하며 머리를 긁적였을 것이다.

버그 테스트, 기능 제작에 모든 에너지를 쏟는 와중에 작업을 추가하기로 결심하는 건 어렵다. 사용 중인 작업 흐름이 별문제 없이 작동한다면 조금 더 많은 단계를 거친다 한들 굳이 더 짧은 작업 흐름을 고안하느라 정신적 에너지를 쓰기보다는 현실에 안주하기 쉽다. 이런 함정에 빠지지 마라! 디버깅 업무 흐름을 최소화하는 데 추가로 투자하면 짜증 나는 버그를 더 빠르고 덜 수고롭게 고칠 수 있다.

이펙티브 엔지니어는 디버깅이 소프트웨어 개발에서 큰 비중을 차지한다는 것을 알고 있다. 개발 주기마다 추가 시간이 들지 않게 디버깅 과정 단축에 언제 사전 투자를 감행해야 할지 거의 본능적으로 안다. 이러한 본능은 현재 문제를 재현하기 위해 어떤 조치를 취할 수 있는지 의식하며 줄일 만한 단계가 있는지 생각할 때 발현된다. 인기 있는 사진 공유 애플리케이션 인스타그램의 공동 창업자 겸 CTO인 마이크 크리거Mike Krieger는 인터뷰 중에 이렇게 말했다. "이펙티브 엔지니어는 테스트 대상에 대한 피드백 과정을 강박적으로 짧게 만드는 능력이 있습니다. 이들은 iOS 앱의 사진 포스팅 흐름에서 버그를 처리해야 한다면 (…) 20분 동안 투자해서 버튼 하나를 누르면 해당 흐름의 정확히 원하는 지점에 이르는 장치를 본능적으로 만듭니다."

버그를 수정하거나 기능을 개발하는 중인데 문득 똑같은 동작을 반복하고 있다는 것을 깨달았다면 잠시 멈춰라. 그리고 테스트 과정을 더 짧게 만들 수 없을지 잠시 생각할 시간을 가져라. 이렇게 하면 장기적으로 시간이 절약될 것이다.

프로그래밍 환경을 마스터하라

개발자로 일하는 동안 어떤 종류의 소프트웨어를 만들든지 일상적으로 사용하는 기본 도구는 대체로 그대로 유지된다. 텍스트 에디터, 통합 개발 환경Integrated Development Environment, IDE, 웹 브라우저, 모바일 기기에서 수많은 시간을 보낸다. 버전 관리와 명령줄을 사용한다. 게다가 코드 탐색, 코드 검색, 문서 조회, 코드 형식 정리 등의 프로그래밍 기술에는 특정한 기본 기술이 필요하다. 프로그래밍 환경에서 보내는 시간이 많으므로 여기에서 더 큰 효율을 추구할수록 개발자로서의 효율도 높아진다.

함께 일한 구글 개발자 이야기를 해보겠다. 그는 코드 파일을 찾을 때 맥Mac 파인더Finder의 폴더 구조를 마우스로 훑어보며 찾았다. 파일 하나를 찾는 데 12초가 걸렸는데 하루에 파일을 60번 찾는다고 치면 매일 12분을 파일 찾는 데 소비하는 셈이었다. 텍스트 에디터 키보드 단축키를 사용하면 12초가 아니라 2초면 파일을 찾아 이동할 수 있으니 하루에 10분이 절약됐을 것이다. 이는 매년 40시간, 즉 일주일 분량의 근무 시간에 해당한다.

사람마다 소요 시간이 다를 법한, 간단하고 평범한 작업은 이 외에도 수도 없이 많다. 예를 들면 다음과 같다.

- 버전 관리 변경사항 추적하기
- 코드를 컴파일하거나 빌드하기
- 단위 테스트나 프로그램 실행하기
- 새로운 변경사항 적용 후 개발 서버에서 웹 페이지 다시 로딩하기
- 표현식 동작 테스트하기
- 특정 함수에 관한 문서 찾아보기
- 함수 정의로 바로가기
- 텍스트 에디터에서 코드나 데이터의 형식 변경하기

- 함수 호출자 찾기
- 데스크톱 창 재배열하기
- 파일 내의 특정 위치로 이동하기

언뜻 생각하면 간단한 동작의 효율을 섬세하게 조정하고 여기저기서 1초씩 절약하는 것이 과연 가치가 있는지 의심스러울 것이다. 게다가 이렇게 하려면 사전 투자가 필요하기 때문에 새롭고 낯선 작업 흐름을 시도하는 초반에는 작업 속도가 평소보다 더 느릴 수 있다. 하지만 개발자로 일하는 동안 그 동작을 적어도 수만 번 반복할 것이고, 시간이 쌓이는 동안 이런 작은 발전이 복리 계산될 것이다. 키보드를 보지 않고 입력하는 법을 처음 익혔던 무렵을 떠올려보라. 처음에는 입력 속도가 느렸겠지만, 장기적으로 생산성이 엄청나게 높아지는 것을 고려하면 투자할 가치가 충분했을 것이다. 또한, 이러한 여러 기술을 하룻밤 새 습득하는 사람은 없다. 숙달은 단번에 이루어지는 것이 아니라 과정이 필요하고 어느 정도 익숙해져야 시간이 절약되기 시작한다. 작업을 지연시키는 평범하고 일상적인 동작이 무엇인지 의식하고, 그 동작을 더 효율적으로 수행할 방법을 알아내는 것이 핵심이다. 다행히 우리보다 앞선 소프트웨어 개발자들이 지난 수십 년간 일반적으로 작업 흐름 속도를 높이는 데 필요한 도구를 이미 만들어 두었다. 따라서 우리는 우리의 시간을, 도구를 만드는 것이 아니라 만들어진 도구를 잘 배우는 데 투자하기만 해도 충분하다.

프로그래밍 기본기를 숙달하기 위한 몇 가지 방법을 소개한다.

- **좋아하는 텍스트 에디터와 IDE를 능숙하게 다뤄라.**

    이맥스Emacs, 빔Vim, 텍스트메이트TextMate, 서브라임Sublime 등 어떤 텍스트 에디터가 최고인지 갑론을박이 끝없이 이어진다. 그러나 가장 중요한 것은 자신이 가장 비중 있게 사용하는 도구를 능숙하게 다루는 것이다. 구글에서 프로그래밍 환경에 관한 생산성 팁을 검색해보라. 더 효과적으로 일하는 친구나 동료에게 코딩하는 모습을 잠시 지켜봐도 되는지 물어보라. 파일 탐색, 검색, 치환, 자동 완성 등 텍스트와 파일을 조작할 때 쓰는 일상적인 작업의 효율성을 높일 방법을 파악해서 익히고 연습하라.

- **생산적이고 수준 높은 프로그래밍 언어를 적어도 하나는 배워라.**

  스크립트 언어는 컴파일된 언어에 비해 작업을 빨리 끝내야 할 때 훨씬 효과적이다. 경험상 C, C++, 자바 같은 언어는 파이썬, 루비 같은 언어에 비해 코드 줄 수 면에서 2~3배 더 많은 경향이 있다. 게다가 고수준 언어higher-level languages에는 더 강력한 목록 작성 표기법list comprehensions, 함수 인자functional arguments, 구조 분해 할당destructuring assignment과 같은 더 강력한 기본 기능이 내장되어 있다.[22] 실수나 버그를 복구하는 데 드는 추가 시간까지 고려한다면 절대적인 시간의 차이가 복리 계산되기 시작한다. 덜 생산적인 언어를 위한 상용구 코드boilerplate code를 작성하는 데 드는 시간은 문제의 핵심 측면을 처리하는 시간이라고 볼 수 없다.

- **유닉스나 윈도우의 셸 명령(shell command)에 익숙해져라.**

  파이썬이나 자바 프로그램을 작성하지 않고 기본 유닉스 도구로 데이터를 조작하고 처리하면 작업을 완료하는 시간을 몇 분에서 몇 초로 줄일 수 있다. grep, sort, uniq, wc, awk, sed, xargs, find 등 기본 명령어를 배워라. 모든 명령어를 서로 연결해서 쓰면 원하는 형태로 데이터를 변형할 수 있다. 각 명령어가 어떤 역할을 하는지 확실히 모를 때는 유닉스 매뉴얼 페이지man page에 있는 유익한 설명을 읽어보라. 유용한 글은 메모나 즐겨찾기 해두는 것이 좋다.[23]

- **마우스보다 키보드를 우선 사용하라.**

숙련된 프로그래머는 파일 탐색, 애플리케이션 시작, 그리고 웹 브라우징조차 가능한 한 마우스나 트랙패드가 아닌 키보드로 할 수 있게 연습한다. 손이 키보드와 마우스 사이에서 왔다갔다하는 시간과 횟수를 생각해보면 최적화할 여지가 상당히 많다. 많은 애플리케이션이 일상적인 작업을 위한 키보드 단축키를 제공하며 대부분의 텍스트 에디터와 IDE도 이와 같은 목적으로 사용자 정의 키 조합을 통해 특별한 동작을 실행하는 방법을 제공한다.

- **수동 작업 흐름을 자동화하라.**

셸 스크립트를 사용하든 브라우저 확장 기능을 사용하든, 자동화하는 기술을 개발하는 데는 시간이 든다. 그러나 기술을 익히는 경험이 늘어나고 실력이 발전할수록 이러한 기술을 숙달하는 데 드는 비용은 점점 줄어든다. 나는 일반적으로 어떤 작업을 수동으로 3~4번 정도 수행했다면 자동화할 가치가 있는지 고민한다. 웹 개발을 해본 사람이라면 웹 페이지의 HTML이나 CSS를 편집하고 웹 브라우저로 전환해서 페이지를 다시 로드해 변경사항을 확인하는 흐름을 경험했을 것이다. 변경사항을 저장할 때 웹 페이지를 다시 실시간으로 자동 렌더링해주는 도구를 설정해두면 훨씬 더 효율적이지 않겠는가?[24, 25]

- **인터랙티브 인터프리터(interactive interpreter)로 아이디어를 테스트하라.**

C, C++, 자바 같은 많은 전통적인 언어에서는 작은 표현식이라도 동작을 테스트하려면 프로그램을 컴파일해서 실행해야 했다. 하지만 파

이썬, 루비, 자바스크립트 같은 언어에는 표현식을 평가하고 테스트해 볼 수 있는 인터프리터가 있다. 인터프리터를 통해 프로그램이 예상대로 동작한다는 확신을 얻으면 개발 속도가 크게 향상될 것이다.

- **변경사항과 관련 있는 단위 테스트를 빠르고 쉽게 실행할 수 있게 하라.**

  자신이 작성한 코드가 영향을 미치는 테스트 일부만 실행해주는 테스트 도구를 사용하라. 텍스트 에디터나 IDE에 그 도구를 통합해서 키를 몇 번만 입력해도 호출할 수 있으면 더 좋다. 일반적으로 테스트 호출 시간과 실행 시간이 둘 다 빨라져야 개발할 때 테스트를 더 일상적으로 활용하게 되고, 시간도 더 절약된다.

프로그래밍 환경에서 얼마나 많은 시간을 보내는지 생각하면 하루에도 몇 번씩 사용하는 기본 도구를 숙달하는 것은 레버리지가 높은 투자다. 이렇게 하면 제한된 시간을 프로그래밍 메커니즘이 아닌 더 중요한 문제에 쏟을 수 있다.

엔지니어링 외적인 병목을 무시하지 마라

개발 주기 반복 속도를 최적화하는 최고의 전략은 시스템의 성능을 최적화하는 전략과 똑같다. 가장 큰 병목을 파악해서 이를 제거할 방법을 알아내는 것이다. 이것이 어려운 이유는 작업 속도를 늦추는 병목이 도구, 디버깅 작업 흐름, 프로그래밍 환경처럼 개발자가 직접 통제할 수 있는 영역 바깥에서도 발생하기 때문이다.

엔지니어링 외적인 제약이 개발 속도를 지연시킨다. 고객지원 팀이 버그 리포트 세부사항을 수집하는 데 시간이 걸릴 때가 있다. 고객에게 특정 수준의 가동 시간을 보장한다는 서비스 수준 계약을 맺어두어서 새로운 소프트웨어를 배포하는 주기에 제한이 있을 때도 있다. 아니면 회사에 반드시 따라야 하는 프로세스가 있을 수 있다. 이펙티브 엔지니어는 가장 큰 병목이 코드 작성과 관련이 없거나 안전지대를 벗어난 영역에 있더라도 이를 찾아내서 해결한다. 자신의 권한 내에 있는 프로세스는 사전에 고치려 하고, 자신의 통제를 벗어나는 영역에 속하는 문제는 가능한 한 회피하려 노력한다(다시 말해 통제할 수 없는 영역에서 최선을 다하다가는 의미 없이 시간이 낭비될 것이므로 이러한 영역을 최대한 피해가기 위해 최선을 다한다).

병목이 흔히 발생하는 지점은 타인에게 의존하는 부분이다. 제품 관리자가 필요한 고객 요구사항을 느리게 취합할 때가 있다. 디자이너에게 핵심 작업 흐름을 위한 목업mockup을 받지 못할 때도 있다. 다른 엔지니어링 팀이 약속한 기능을 완성하지 못해서 개발에 방해를 받는 경우도 있다. 게으르거나 무능력해서 그럴 때도 있지만, 나쁜 의도가 없어도 우선순위가 일치하지 않아서 그럴 때가 많다. 프런트엔드 팀은 이번 분기에 백엔드 팀의 중요한 기능에 의존하는 사용자 대상 기능을 제공하려고 했는데, 백엔드 팀의 우선순위 목록에는 이 기능이 확장성, 안정성을 다루는 다른 수많은 프로젝트에 밀려 맨 아래에 있는 것이다. 이렇게 우선순위가 일치하지 않으면 프로젝트를 성공시키기 어렵다. 이 병목을 본인이 직접 해결해야 한다는 것을 빨리 깨달아야 목표를 조정하거나 기능의 우선순위에 대한 공감대를 형성하여 합의를 도출할 수 있다.

소통communication은 사람과 관련 있는 병목을 개선할 때 대단히 중요하다. 회의나 데일리 스탠드업 미팅에서 팀원들에게 업데이트나 일정에 대해 약속해 달라고 부탁하라. 필요한 항목이 누락되지 않았는지 제품 관리자에게 정기적으로 확인하라. 대면 회의에서 결정한 주요 실행 과제와 날짜를 이메일, 회의록 등 서면으로도 공유하라. 프로젝트는 소통이 지나칠 때가 아니라 부족할 때 실패한다. 자원 제약으로 인해 최대한 빨리 받아야 하는 선행 작업을 전달받지 못하는 상황이라도 우선순위와 기대치를 명확히 하면 미리 계획을 세우며 대안을 모색할 수 있다. 예를 들어 시간이 들긴 하겠지만, 프로젝트의 선행 작업을 직접 처리할 방법을 배운다면 기능을 더 빨리 출시할 수 있다. 상대방과 정기적으로 소통하지 않는다면 이런 결정을 쉽게 내릴 수 없다.

또 흔한 병목 중 하나로 주요 의사 결정권자(회사의 임원진 같은)의 승인이 있다. 일례로 구글에서 근무할 당시 검색 결과 UI에 변화를 주려면 아무리 사소한 변경이어도 당시 부사장이었던 마리사 메이어가 참석하는 주간 UI 리뷰에서 승인을 받아야 했다. 주 1회 열리는 이 회의에서 리뷰를 받을 기회는 제한적이라 받고 싶어 하는 이들이 많았고, 때로는 하나의 변경사항으로 여러 차례 리뷰를 거쳐야 했다.

이런 병목은 일반적으로 개발자가 통제할 수 없으므로 때로는 돌아가는 것이 최선이다. 최대한 빨리 승인을 받는 데 집중하라. 의사 결정권자는 간혹 비정기적으로 상담 시간을 내주는데[26] 이러한 비공식 회의를 활용해 초기에 자주, 빠르게 피드백을 얻어 업무를 제때 마무리하는 팀이 있었다. 엔지니어링에만 엄청난 시간을 투자하고, 프로젝트 최종 승인은 미뤄두지 마라. 프로젝트 사전 승인을 얻는 데 필요한 것이라면 프로토타입 제작, 초기 데이터 수집, 사용자 연구 수행 등 무엇이든 우선시하라. 가장 신경 쓰는 부분이 무엇인지 의사 결정권자에게 분명히 물어보고, 관련 세부사항을 제대로 파악하고 구현하라. 의사 결정권자와 만날 수 없다면 업무적으로 긴밀한 관계에 있어서 이들의 사고방식에 관한 통찰을 제공해줄 만한 제품 관리자, 디자이너, 또는 다른 책임자와 대화를 나눠라. 출시 준비를 다 마친 마지막 순간에 주요 의사 결정권자가 중요한 피드백, 즉 몇 주간의 노력을 허사로 만들 만큼 크게 바뀌는 피드백을 했다는 이야기를 수없이 들었다. 이런 일이 일어나서는 안 된다. 승인을 마지막으로 미루지 마라. 초기 피드백이라는 주제는 6장 앞부분에서 다시 살펴보겠다.

세 번째 병목 유형은 리뷰 프로세스로, QA 팀의 검증, 성능 팀의 확장성이나 안정성 리뷰, 보안 팀의 감사 등 어떤 프로젝트에나 수반된다. 기능을 작동시키는 데 집중하느라 리뷰는 마지막으로 미루기 쉽다. 막상 리뷰를 받으려 하면 승인 권한이 있는 팀이 출시 계획을 몰랐기 때문에 2주 후에야 리뷰를 받을 수 있다고 한다. 미리 계획을 세우고, 리뷰 일정을 조금 더 신경 써서 조율하라. 이런 부분을 잘 챙기지 않으면 개발 주기 반복 속도가 크게 떨어질 수 있다. 출시 체크리스트 요구사항을 충실히 지키고 리뷰 일정을 마지막까지 미루지 마라. 다시 말하지만 리뷰 프로세스가 병목이 되지 않게 막는 열쇠는 소통이다.

큰 기업에서는 자신의 권한 밖에 있는 병목을 발견했을 때 피하는 것이 최선이다. 작은 스타트업에서는 직접 병목을 해결할 수도 있다. 쿼라의 사용자 그로스 팀에 합류할 당시 실시간 트래픽 실험은 대부분 설계 승인을 받아야 했다. 이 승인 회의가 병목이었다. 하지만 시간이 지나자 상호 신뢰가 쌓이면서 병목이 제거됐다. 창업자들은 우리 팀이 현명한 판단을 내리고 논란이 될 만한 실험에 대해서는 피드백을 요청하리라고 믿었다. 모든 실험을 명시적으로 승인받을 필요가 없어지자 우리 팀의 개발 속도가 훨씬 더 빨라지면서 더 많은 아이디어를 시도해볼 수 있었다.

병목이 다양한 형태를 띨 수 있다는 점을 고려할 때 자주 인용되는 도널드 커누스Donald Knuth의 말, "너무 이른 최적화는 만악의 근원이다."는 좋은 휴리스틱이다. 예를 들어 구글에서는 주간 UI 리뷰가 매우 중대한 병목이었기 때문에 검색 인터페이스에 지속적 배포 시스템을 적용해도 개발 주기 반복 속도가 크게 향상되지 않았을 것이다. 승인 프로세스 속도를 높이는 것이 훨씬 더 큰 효과를 냈을 것이다.

자신의 개발 주기에서 가장 중대한 병목이 어디인지 알아내라. 엔지니어링 도구인가, 다른 팀에 대한 의존성인가, 의사 결정권자의 승인인가? 알아내서 그 부분을 최적화하라.

핵심 요약

- **개발 주기 반복 속도가 빨라질수록 더 많은 것을 배울 수 있다.** 반대로 실수를 피하려고 너무 느리게 움직이면 기회를 놓칠 수 있다.

- **도구 제작에 투자하라.** 컴파일 시간, 배포 주기, 개발 소요 시간을 줄이면 시간을 절약할 수 있다. 시간을 절약해주는 도구를 사용하면 할수록 혜택이 복리 계산된다.

- **디버깅 작업 흐름을 최적화하라.** 코드가 정상 작동하는지 확인하는 데 소요되는 시간을 과소평가하지 마라. 작업 흐름을 단축시키는 데 충분한 시간을 투자하라.

- **자신이 사용하는 기술의 기본을 마스터하라.** 매일 사용하는 개발 환경을 편하게 효율적으로 쓸 수 있게 노력하라. 이러한 투자는 개발자로 일하는 내내 배당 수익을 낼 것이다.

- **개발 주기 반복 과정을 전체론적인 시각(holistic view)[*]으로 보라.** 자신의 권한 범위 내에 있는 회사 또는 팀과 관련한 병목을 간과하지 마라.

---

[*] `역주` 전체를 단순한 부분의 합이 아니라 이를 초월하는 것으로 보고 전체성을 강조하는 관점.

5

개선하려는 사항을 측정하라

구글의 검색 품질 팀에 입사하고 얼마 후 사용자 만족도 향상에 주력하는 개발자 팀과 함께 일하기 시작했다. 사용자가 구글 검색창에 쿼리를 입력할 때마다 정교한 알고리즘이 수십억 개의 웹 페이지, 이미지, 비디오를 샅샅이 훑어보았다. 알고리즘은 페이지랭크PageRank, 앵커 텍스트anchor text 일치, 웹사이트 신선도, 키워드 일치 근접도, 쿼리 동의어, 지리적 위치[1] 등 200개 이상의 신호를 평가하고 수백 밀리 초 만에 상위 10개 결과를 반환했다.[2] 하지만 사용자가 원하는 검색 결과였는지, 검색 결과에 만족했는지는 어떻게 알 수 있을까? 두 UI 중 어느 쪽이 더 나은지, 신호에 대한 가중치의 특정한 조합이 최적인지 직관적인 느낌은 받았지만 검색 결과 페이지를 수정해서 실제로 더 나아졌는지 판단하려면 사용자 만족도를 측정할 수 있는, 신뢰할 만한 방법이 필요했다.

사용자 만족도를 평가하는 한 가지 방법은 사용자에게 경험해보니 어땠는지 직접 물어보는 것이다. 구글에서 검색 결과와 사용자 만족도를 담당하고 있는 기술 책임자 댄 러셀Dan Russell은 현장 연구에서 이 방법을 사용했다. 그는 사용자가 왜 그런 검색을 했는지, 무엇이 그들을 움직이는지 알아보기 위해 인터뷰를 진행했다.[3] 러셀은 강연을 통해 사용자 만족도는 검색에 성공했을 때 느끼는 '쾌감'과 연관이 있다고 설명했다. 날씨를 검색했을 때 그 주의 기상예보가 담긴 도표가 나온다거나 '28 euro to usd'라고 입력했는데 자동으로 통화가 변환될 때처럼 말이다.[4] 사용자의 쾌감을 높이는 것은 훌륭하고 중요한 개념이지만, 정량화하기는 어렵다. 이를 수집하고 모니터링해서 매일 일상적인 결정을 내릴 때 참고하는 운영 지침으로 사용하기에는 무리가 있다. 1억 명 이상의 구글 월간 활성 사용자의 행동에 기반한 지표를 사용하는 것이 훨씬 더 낫다.[5]

구글은 사람들이 검색할 때 무엇을 클릭하는지, 쿼리를 어떻게 수정하는지, 결과의 다음 페이지를 언제 클릭하는지[6, 7] 등 귀중한 가치가 있는 데이터를 기록한다. 이 중에서 검색 품질의 지침이 될 만한 가장 명확한 지표는 아마도 검색 결과 클릭일 것이다. 그러나 클릭률은 지표로 쓰기에는 결점이 있다. 사용자가 괜찮은 정보인 줄 알고 클릭했는데 자신의 의도와는 다른 수준 낮은 웹 페이지일 때가 있다. 자신이 구하는 정보를 찾기까지 (또는 검색을 포기하기까지) 쿼리를 여러 가지로 바꿔가며 여러 검색 결과를 훑어보고 확인하기를 반복해야 할 수도 있다. 클릭률이 중요한 것은 분명하지만, 충분한 것은 아니다.

구글은 십 년 넘게 검색 품질 실험의 지침으로 사용한 주요 지표를 공개하지 않았다. 하지만 2011년 미국 언론인 스티븐 레비Steven Levy가 『In The Plex 인 더 플렉스 0과 1로 세상을 바꾸는 구글, 그 모든 이야기In The Plex』에서 마침내 이 주제에 관한 약간의 단서를 제공했다. 그가 밝힌 바에 따르면 구글이 사용자 만족도를 측정하는 최고의 지표는 롱 클릭long click이다. 롱 클릭이란 사용자가 검색 결과를 클릭한 뒤 다시 검색 페이지로 돌아오지 않거나 결과 페이지에 오래 머무는 것을 말한다. 롱 클릭은 사용자가 찾는 결과를 구글이 성공적으로 제시했다는 의미다. 반대로 숏 클릭short click은 사용자가 링크로 이동했다가 다른 링크를 확인하기 위해 즉시 결과 페이지로 되돌아오는 것을 말한다. 즉, 결과가 불만족스럽다는 의미다. 만족하지 못한 사용자는 쿼리를 바꾸거나 검색 결과의 다음 페이지로 이동하는 경향을 보였다.

롱 클릭 비율이 높은 검색 결과는 다른 검색 결과에 비해 사용자에게 만족감을 주었다.[8] 알고 보니 롱 클릭률이라는 지표는 놀랍도록 다재다능한 지표였다.

일례로 이름 감지 시스템을 만드는 데 몇 년간 매달린 팀의 이야기를 들려주겠다. 구글 랭킹 팀을 이끌던 아미트 싱할Amit Singhal은 초기에 'audrey fino'라는 쿼리가 여배우 오드리 헵번Audrey Hepburn에 관한 이탈리아 페이지(이탈리아어 'fino'는 '섬세하다'는 뜻)를 한 무더기로 반환할 뿐 몰타를 기반으로 활동하는 변호사 오드리 피노Audrey Fino에 관한 정보는 하나도 반환하지 않는다는 것을 발견했다. 구글 쿼리의 8%가 이름인 것을 감안하면 이 사례를 통해 드러난 문제는 꽤 심각했다. 분류자를 훈련시키기 위해 인명별 전화번호에 실린 수백만 개의 이름을 허용했다. 하지만 이렇게 많은 이름 데이터로도 사용자가 'houston baker'*를 검색할 때 텍사스에 있는 제빵사를 찾는 것인지 아니면 그런 이름을 지닌 사람을 찾는 것인지의 문제에는 답할 수 없었다. 싱할의 팀은 어떤 결과가 사용자의 의도와 일치하는지 알아내기 위해 롱 클릭과 숏 클릭 수백만 개를 활용했다. 그리고 이 메커니즘을 통해 사용자가 텍사스에서 검색하는지에 따라 사용자의 의도를 파악하도록 이름 분류자를 가르치는 데 성공했다.[9]

---

* 역주 'Houston'은 텍사스의 가장 큰 도시 이름인 동시에 인명으로 많이 쓰인다. 'Baker' 또한 제빵사라는 뜻의 단어로도, 인명으로도 많이 쓰인다.

또 다른 개발자인 데이비드 베일리David Bailey도 이와 비슷한 난제에 봉착했다. 구글의 말뭉치(이미지, 비디오, 뉴스, 위치, 제품 등) 전체를 하나의 쿼리로 검색할 수 있게 해주는 범용 검색 작업에 돌입할 무렵 '여러 검색 결과 유형의 상대적 중요성을 어떻게 평가할 것인가'라는 문제를 맞닥뜨린 것이다. 'cute puppies(귀여운 강아지)'를 검색한 사용자는 이미지와 비디오를, 'us china relations(미중 관계)'를 검색한 사용자는 뉴스 결과를, 'palo alto restaurants(팰로앨토 식당)'를 검색한 사용자는 리뷰와 지도를 보고 싶을지 모른다. 어떤 유형의 결과에 더 높은 순위를 매길지는 상황에 따라 달라지는, 답하기 어려운 문제다. 이번에도 롱 클릭 데이터 분석이 쿼리의 의도를 해독하는 데 어느 정도 해결의 실마리가 되었다. 'cute puppies'를 검색한 사용자가 과거에 이미지나 웹 결과를 본 적 있는가? 베일리의 팀은 롱 클릭을 비롯한 여러 신호를 바탕으로 다양한 말뭉치에서 나온 결과를 합리적이고 데이터 주도적인 랭킹과 정확하게 결합할 수 있었다.[10] 오늘날 우리는 모든 것을 검색하는 구글의 능력을 당연하게 여기지만, 회사 설립 후 10년이 지나도록 그렇지 못했던 시절이 있었다.

내가 구글에서 겪은 경험이 시사하는 바는 이것이다. 지표를 잘 선택하면 다양한 문제가 해결된다. 구글은 매년 실시간 트래픽 검색 실험을 수천 번씩 실행한다.[11] 지표에 대한 의존성은 검색 품질을 보장하고 시장 점유율을 높이는 데 핵심적인 역할을 한다.

이 장에서는 이펙티브 엔지니어에게 지표가 진행 상황을 측정하는 도구이자, 진행 상황을 주도하는 중요한 도구인 이유를 알아본다. 사용할 (그리고 사용하지 않을!) 주요 지표 선택이 업무의 우선순위 설정 작업을 어떻게 완전히 바꾸는지 살펴볼 것이다. 현재 상황을 더 정확히 이해할 수 있게 시스템을 계측하는 것이 왜 중요한지, 몇몇 유용한 수치를 알아두는 것이 많은 결정을 단축시키는 데 어떻게 도움이 되는지 검토하겠다. 마지막으로 데이터 무결성을 의심해야 하는 이유와 나쁜 데이터로부터 우리를 보호하는 방법에 관해 논의하며 마무리하겠다.

지표를 활용해서 발전을 주도하라

진척 상황과 성과를 측정하는 것은 관리자의 업무라고 생각하겠지만, 사실은 자신의 효과성을 측정하고 업무의 우선순위를 매기는 강력한 도구다. 피터 드러커Peter Drucker가 『피터 드러커 자기경영노트The Effective Executive』에서 지적했듯이 "측정할 수 없으면 개선할 수 없다."[12] 제품을 개발할 때 관리자가 새로운 기능을 구상하고, 개발자가 만들어서 배포하고, 팀 전체가 이를 축하하는 일은 흔한 일이다. 물론 이 새로운 기능이 제품 경험을 실제로 개선했는지 측정할 메커니즘은 구현하지 않은 채 말이다.

좋은 지표는 여러 면에서 도움이 된다. 첫째, 올바른 대상에 집중하게 해준다. 변경사항과 이를 위해 쏟아부은 모든 노력이 목표 달성에 실제로 도움이 되는지 확인해준다. 제품에 추가한 멋진 새 위젯이 사용자 참여를 높였는가? 속도 최적화를 통해 성능 병목을 해결했는가? 새로운 추천 알고리즘이 더 나은 추천을 생성하는가? 이 질문들에 항상 자신 있게 답할 수 있는 유일한 방법은 목표와 관련한 지표(주간 활성 비율, 응답 시간, 클릭률 등)를 정의하고, 변경사항이 미친 영향을 측정하는 것이다. 측정하지 않으면 오로지 자신의 직감에 의존할 수밖에 없고, 직감이 맞는지 확인할 방법은 거의 없다.

둘째, 좋은 지표를 시간 경과에 따라 시각화하면 향후 발생할 회귀 버그를 방지하는 데 도움이 된다. 개발자라면 회귀 테스트 작성이 얼마나 중요한지 알 것이다. 회귀 테스트는 패치가 실제로 버그를 수정했는지 확인하고 앞으로 그 버그가 다시 나타나는 것을 감지한다. 좋은 지표도 비슷한 역할을 한다. 다른 점은 그 범위가 시스템 전체에 이른다는 점이다. 예를 들어 가입률이 떨어졌다고 해보자. 여러분은 조사를 통해 최근에 수정한 자바스크립트 라이브러리가 평소 자주 테스트하지 않는 인터넷 익스플로러 브라우저에서 버그를 일으킨 것이 원인임을 알아낼 수 있다. 또는 애플리케이션 지연 시간이 치솟는 것을 보고 새로 추가한 기능이 데이터베이스에 너무 많은 부하를 가하고 있다는 것을 알아낼 수 있다. 가입률, 애플리케이션 지연 시간과 같은 유용한 지표에 대한 대시보드가 없다면 이런 회귀 버그를 식별하기 어려울 것이다.

셋째, 좋은 지표는 발전을 주도한다. 기업용 시장을 위한 협업 소프트웨어를 만드는 회사인 박스의 개발자들은 애플리케이션의 지연 시간을 매우 중요하게 생각한다. 이를 전담하는 성능 팀이 3개월간 열심히 노력한 끝에 메인 페이지 속도를 몇 초가량 줄이는 데 성공했다. 그런데 다른 애플리케이션 팀이 배포한 새로운 기능에서 몇 초가 추가되면서 페이지 속도가 다시 제자리로 돌아왔다. 박스의 엔지니어링 부사장인 샘 쉴리스Sam Schillace는 나와 대화를 나누면서, 박스에서 이러한 문제를 해결하고 하위 부서에 성능 지표에 관한 압박을 줄 때 사용하는 성능 래칭performance ratcheting이라는 기법을 소개했다. 래칫ratchet은 기계공학에서 가장자리에 톱니가 달린 바퀴가 반대 방향으로 움직이는 것을 방지하고 한 방향으로만 회전하도록 만든 장치를 말한다. 박스에서는 지표를 활용해서 성능 래칭이라고 부르는 임곗값을 설정해둔다. 새로운 변경사항이 지연 시간을 비롯한 다른 주요 지표에 영향을 미쳐 래칭을 넘어서게 만든다면 최적화하거나 다른 기능으로 이를 벌충하지 않는 한 배포할 수 없다. 또한, 성능 팀이 시스템 수준의 개선을 실시할 때마다 래칭을 더욱 낮게 설정한다. 이 기법을 활용하면 성능이 올바른 방향으로 나아가고 있음을 보장할 수 있다.

넷째, 좋은 지표는 시간이 흐르는 동안 효율성을 측정하고, 현재 하는 활동과 그 대신 할 수 있었던 활동을 비교할 수 있게 해준다. 지금까지 성능 지표 또는 사용자 참여 지표를 매주 1%씩 개선해 왔다면 이 수치를 향후 목표를 설정하는 기준으로 활용할 수 있다. 지표는 자신이 세운 계획에서 아이디어의 우선순위를 정하는 데도 도움이 된다. 업무별로 시간 투자 대비 영향력을 추산해서 과거 기록과 비교해볼 수 있기 때문이다. 일주일 정도 노력해서 지표를 1% 이상 개선할 수 있는 업무는 레버리지가 높은 활동이다. 반대로 영향력이 낮다고 예상되는 업무는 우선순위를 낮게 설정한다.

지표로 목표를 정량화하는 것이 항상 쉽지는 않다. 예를 들어 버그 하나를 수정하는 건 제품에서는 눈에 띨지 몰라도 핵심 지표에는 큰 흔적을 남기지 못할 수 있다. 하지만 버그를 꾸준히 수정하면 고객의 불만이 줄어들거나 앱스토어 사용자 평점이 높아지거나 제품 품질이 좋아지는 등 어딘가에 반영될 수 있다. 이렇게 주관적으로 보이는 개념조차도 시간이 흐르면 사용자 설문조사를 통해 정량화할 수 있다. 또한, 목표를 측정하기 어렵다는 것이 측정할 가치가 없다는 뜻은 아니다. 직감적으로 가치가 있다는 것은 알겠는데 정량화하기 어렵거나 측정하기 너무 수고로워서 곤란한 상황도 종종 생긴다.

그렇더라도 좋은 지표가 제공하는 혜택을 고려할 때 다음과 같이 자문해볼 가치가 있다.

- 현재 내가 하는 일의 진행 상황을 측정할 방법이 있을까?
- 만약 내가 하는 일이 핵심 지표에 영향을 미치지 못한다면 할 가치가 있을까? 또는 내가 놓치고 있는 핵심 지표가 있을까?

그렇다면 실제로 좋은 지표는 어떻게 고를 수 있을까? 이제 그 방법을 알아보자.

원하는 행동을 장려하려면 올바른 지표를 골라라

측정할 대상을 선택하는 건 측정 자체만큼이나 중요하다. 개발자가 팀을 위한 지표와 목표를 설정하거나 주어진 지표를 개선하기 위해 노력할 때도 있긴 하지만, 대체로 문제를 해결하고 이미 설정된 지표를 최적화하는 데 더 뛰어난 편이다. 하지만 어떤 지표를 선택하느냐가 어떤 작업을 할지에 큰 영향을 미친다는 것을 명심하자. 올바른 지표는 팀의 노력을 공통의 목표에 맞추는 북극성 역할을 한다. 지표를 잘못 설정하면 노력이 효과를 내지 못하거나 심지어 역효과를 내기도 한다.

선택한 지표에 따라 팀의 행동이 어떻게 달라지는지 몇 가지 예를 살펴보자.

● 주당 근무 시간 vs. 주당 생산성

스타트업에서 일한 처음 5년간 엔지니어링 관리자가 제품을 더 빨리 출시하려는 마음에 주당 70시간 근무를 밀어붙이는 상황을 몇 번 경험했다. 이러한 경험이 팀을 위한 올바른 결정이었다고 생각한 적은 한 번도 없다. 주당 근무 시간이 그 정도로 늘어나면 추가 근무 시간당 한계 생산력이 급격하게 떨어진다. 시간당 평균 생산성이 감소하고 오류와 버그 비율이 높아지고 번아웃과 이직률이 늘어나면서 각각에 따르는 측정하기 어려운 추가 비용이 발생했다. 또 초과 근무에 희생된 일상을 벌충하기 위해 대체로 초과 근무 시간만큼의 '미달 근무 시간'이 뒤따랐다.[13] 주당 근무 시간을 늘려서 생산량을 늘리려는 시도는 지속 가능하지 않다. 관심 영역에서의 생산성을 제품 품질, 사이트 속도, 사용자 성장 같은 요소로 측정하고, 주당 생산성에 맞춰서 지표를 정하는 것이 훨씬 더 합리적이다.

• 클릭률 vs. 롱 클릭률

일반적으로 클릭률은 검색이나 추천 랭킹 작업을 할 때 검색 품질을 측정하기 위해 활용한다. 하지만 앞서 언급한 바와 같이 '숏 클릭(겉으로 보기에는 관련 있는 링크로 보여서 클릭했다가 다른 링크를 찾기 위해 검색 페이지로 되돌아오는 것)'이 결과를 왜곡할 경우 클릭률로 최적화하는 것은 문제가 될 수 있다. 숏 클릭은 클릭률 지표를 개선하는 것처럼 보이지만, 실제로는 관련이 없는 페이지였다는 뜻이다. 구글이 숏 클릭 대신 '롱 클릭'을 측정하는 이유도 여기에 있다. 스티븐 레비는 『In the Plex 0과 1로 세상을 바꾸는 구글, 그 모든 이야기』에서 다음과 같이 말했다. "사용자가 검색 결과 중 첫 번째 링크를 클릭하고 돌아오지 않을 때만 구글이 쿼리를 성공적으로 수행했다는 의미다."[14]

• 평균 응답 시간 vs. 95 또는 99 백분위수 응답 시간

구글, 야후, 아마존, 페이스북은 수많은 연구를 수행했고, 이를 통해 사용자가 웹사이트 응답 시간 속도를 중요하게 생각한다는 것을 알았다.[15, 16, 17, 18] 그런데 속도는 어떻게 측정해야 할까? 평균 응답 시간에 집중할지, 아니면 상위 95 또는 99 백분위수 응답 시간*에 집중할지에 따라 우선순위가 매우 달라진다. 평균을 낮추려면 모든 요청의 응답 시간을 1,000분의 1초 단축하도록 일반적인 인프라 개선에 더 집

---

* 역주 응답 시간을 기준으로 느린 순서. %와 달리 순위가 강조되는 개념이라 100으로 나눴을 때 하위 1위 또는 5위에 해당하는 수를 가리킨다고 보면 된다.

중해야 한다. 전체 연산 시간을 줄여서 서버 비용을 낮추는 것이 목표라면 평균이 적절한 지표다. 그러나 95 또는 99 백분위수 응답을 줄이려면 가장 나쁜 동작을 시스템에서 찾아내야 한다. 즉, 이 경우에는 가장 느린 응답에 집중해야 한다. 가장 느린 응답은 파워 유저(데이터와 활동이 가장 많으며 더 많은 연산 비용을 들여서 지원해야 하는 사용자)의 경험을 반영하는 경향이 있기 때문이다.

수정한 버그 vs. 수정하지 않은 버그

어도비Adobe의 QA 팀에서 일했던 한 친구는 과거에 팀에서 버그 수정에 대한 보상을 제공하려다가 만 경험을 들려주었다. 사실 이렇게 하면 새로운 기능을 만들 때 덜 엄격하게 테스트하라고 부추기는 것이나 다름없다. 개발자들은 쉬운 버그를 남겨 두었다가 나중에 수정해서 점수를 획득하려 할 것이다. 수정한 버그 대신에 수정하지 않은 버그의 수를 추적한다면 이런 행위를 막을 수 있다.

등록한 사용자 수 vs. 등록한 사용자 수의 주간 성장률

제품의 사용자 기반을 키워나갈 때 등록한 전체 사용자의 수를 추적하며 그 지표가 우상향하고 있다는 사실에 만족하고 싶다는 유혹을 느낄 수 있다. 하지만 그 수치로는 성장이 지속 가능한 상태로 이루어지고 있는지 확인할 수 없다. 언론에 좋은 기사가 떠서 성장률 수치가 한 차례 치솟을 수는 있으나 장기적인 효과를 내지는 못한다. 반면 주간 성장률(예를 들면 등록한 전체 사용자 대비 일주일 간 새로 등록한 사용자 비율)로 성장을 측정하면 성장 속도가 둔화되고 있는지 여부를 확인할 수 있다.

- **주간 활성 사용자 vs. 가입 기간별 주간 활성 사용자**

사용자 참여를 추적할 때 주간 활성 사용자 수는 전체 그림을 보여주지 못한다. 제품이 변하면서 장기적으로 볼 때 사용자 참여가 감소 중인 상황에서도 주간 활성 사용자는 일시적으로 증가할 수 있다. 이 가입률은 과거에 있었던 변경사항의 영향으로, 새로운 변경사항의 장기적 효과가 아직 전체 수치에 반영되기 전이기 때문이다. 또한, 가입 후 이탈하고 포기하는 사용자가 전보다 늘어날 수도 있다. 대안으로 삼을 수 있는 더 정확한 지표는 가입 기간별 주간 활성 사용자다. 다시 말해 가입 후 n주차에도 여전히 활성화된 사용자를 주 단위로 측정하는 것이다. 이 지표는 제품의 변화가 기존 사용자 집단에 비해 새로운 사용자 집단의 참여에 어떤 영향을 미쳤는지, 보다 실행 가능한 통찰을 제공한다.

위 예에서 알 수 있듯이, 어떤 목표를 설정하든 진행 상황을 측정하는 방법은 여러 가지다. 그리고 지표에 대한 목표를 구체적으로 세우는 것도 중요하다. 예를 들어 웹사이트 지연 시간을 줄이겠다는 막연한 목표를 세운다면 자잘한 점진적 발전에 만족할지 모른다. 하지만 현재 렌더링에 수 초가 걸리는 웹사이트의 지연 시간을 0.4초 이하로 크게 줄이겠다는 구체적인 목표를 세운다면 이를 달성하기 위해 기능을 줄이고 시스템을 재설계하고 더 빠른 언어로 병목 구간을 다시 작성해야 할 것이다. 공격적인 목표를 세워놓고 작은 성취를 이루는 것은 의미가 없다. 어떤 지표를 선택하느냐에 따라 여러분의 결정과 행동이 달라진다.

측정하지 **않을** 지표를 정하는 것도 중요하다. 자포스 CEO 토니 셰이는 『딜리버링 해피니스』에서 '무엇을 측정하지 않을지'에 대한 중대한 결정을 내림으로써 훌륭한 고객 서비스 문화를 구축한 이야기를 들려준다. 대부분의 콜센터는 고객 서비스 담당 직원의 성과를 '평균 처리 시간'을 기준으로 평가한다. 이는 고객의 전화를 처리하는 데 걸린 평균 시간(분)을 측정한 것이다. 이 지표를 줄이면 직원이 하루에 더 많은 전화 통화를 처리할 수 있으므로 비용이 줄어들겠지만, 셰이는 이를 최적화의 기준으로 삼고 싶지 않았다. "이런 지표가 있으면 상담원들은 초조해하며 통화를 최대한 빨리 끊으려 할 것이고, 곧 고객에게 훌륭한 서비스를 제공할 수 없을 것이다. 그래서 자포스에서는 통화 시간을 측정하지 않았다. (가장 긴 통화 시간은 거의 6시간에 달했다!) … 우리는 상담원이 모든 고객과의 통화에 최선을 다했는지를 중요시했다."[19] 이러한 결정 덕분에 자포스는 훌륭한 고객 서비스로 이름을 알렸다. 그 결과 1999년에는 전무하던 회사의 연 매출이 2009년 아마존에 인수될 당시에는 10억 달러까지 성장했다.

올바른 지표를 선택하는 건 직업적 목표뿐 아니라 개인적 목표를 달성하는 데도 중요하다. 나는 이 책의 집필이 길고 도전적인 프로젝트가 될 것을 예상하고, 매일 글 쓰는 습관을 길렀다. 초기에는 매일 적어도 3시간 이상 쓴다는 목표를 세우고 진행 상황을 추적했다. 그런데 몇 주가 지나자 3시간 중 많은 시간을 문장을 완벽하게 다듬기 위해 다시 읽고 수정하는 데 쓴다는 것을 깨달았다. 수정 후 며칠이 지나면 작성한 분량이 처음보다 더 줄어들었다. 스티븐 킹Stephen King, 마크 트웨인Mark Twain 같은 대문호들이 퇴고의 중요성을 강조한 것은 사실이나, 내가 너무 많은 분량을 너무 빨리 퇴고하고 있다는 것을 깨닫고, 작성하는 초고의 분량을 늘리는 것이 낫겠다는 결론에 이르렀다. 그래서 지표를 바꿨다. 하루에 3시간 쓰기가 아닌 하루에 1,000 단어 쓰기에 집중하기로 했다. 어떤 날은 2시간이 걸렸고 어떤 날은 4~5시간이 걸렸다. 새로운 지표는 문장의 품질보다 새로운 콘텐츠 초안에 집중하게 했다. 퇴고는 나중에 할 수 있는 일이었다. 이 간단한 변화만으로 집필 속도를 크게 높일 수 있었다.

제품과 목표가 복잡할수록 무엇을 측정하고 무엇을 측정하지 말아야 할지 선택지가 늘어나고, 어디에 노력을 기울일지 어떤 결과를 생산할지 고민할 범위가 넓어진다. 지표는 1) **가장 큰 효과를 내고** 2) **실행하기 좋으며** 3) **즉각 반응하되 견고한 것**으로 정해야 한다.

그 지표에 맞춰 최적화했을 때 팀에 **가장 큰 효과를 내는** 지표를 찾아라. 『좋은 기업을 넘어 위대한 기업으로Good to Great』의 저자 짐 콜린스Jim Collins는 그가 **경제적 분모**economic denominator라고 부른 하나의 핵심 지표를 전 직원이 따르느냐가 위대한 기업과 좋은 기업을 가르는 차이라고 주장한다. 여기서 경제적 분모란 다음과 같은 질문의 답이다. "시간 경과에 따라 체계적으로 증가할 단 하나의 비율, x당 이익profit per x을 고른다면 x에 무엇을 넣을 때 여러분의 경제적 엔진에 가장 크고 지속 가능한 효과를 내겠는가?"[20] 엔지니어링이라는 맥락에서는 시간 경과에 따라 체계적으로 증가할 때 자신을 포함한 팀 전체에 가장 크고 지속 가능한 효과를 내는 것을 핵심 지표로 삼아야 한다. 판매하거나 대여한 제품이든 제작한 콘텐츠든, 하나의 통합된 지표가 있으면 이질적인 프로젝트의 결과를 비교하고 외부 효과에 대응하는 방법을 정하는 데 도움이 된다. 예컨대 성능 팀이 페이지 로딩 시간을 개선할 수 있게 제품의 기능을 줄여야 할까? 사이트 속도라는 지표가 최적화의 유일한 기준이라면 답은 '네'일 것이다. 그러나 더 높은 수준의 제품 지표가 기준이라면 회사가 내고자 하는 효과에 초점을 맞추어 답이 미묘하게 달라질 것이다.

실행 지표란 지표의 움직임이 팀의 노력에 의해 인과적으로 설명될 수 있어야 한다. 반대로 **허무** 지표란 에릭 리스Eric Ries가 『린 스타트업The Lean Startup』에서 설명했듯이 월간 페이지 조회 수, 전체 등록 사용자, 전체 유료 고객 같은 전체적인 수치를 추적한다. 허무 지표가 증가하면 제품이 발전했다는 뜻일 수는 있으나 그렇다고 해서 팀이 꼭 일을 잘했다는 뜻은 아니다. 예를 들어 과거에 이루어진 언론 보도나 출시에 영향을 받아서 증가한 자연 검색 트래픽 때문에 제품에 소소한 변화를 준 이후에 페이지 조회 수가 (적어도 처음에는) 꾸준히 증가하는 경우도 있다.[21] 반면 실행 지표는 가입 전환율이나 주간 활성 등록 사용자 비율의 추이 같은 것이다. 실행 지표의 움직임은 (6장에서 다룰 예정인) A/B 테스트를 통해 가입 페이지, 기능 출시 같은 제품 변화까지 거슬러 올라가 출처를 밝힐 수 있다.

지표가 **반응성이 뛰어나 즉각 반응할 경우** 변화가 긍정적이었는지 부정적이었는지 피드백을 빨리 얻을 수 있으므로 앞으로 무엇을 위해 노력해야 할지 알아내는 데 도움이 된다. 이는 팀이 현재 어떻게 하고 있는지 보여주는 선행 지표다. 지난주 활성 사용자를 측정하는 지표는 지난달 활성 사용자를 추적하는 지표보다 반응성이 더 뛰어나다. 후자는 어떤 변화의 효과든 제대로 포착하기까지 한 달이 걸리기 때문이다. 한편 지표는 팀의 통제를 벗어난 외부 요인이 심각한 잡음을 일으키지 못하게 막을 정도로 견고해야 한다. 분당 응답 시간은 변동성이 높아서 이를 통해 성능 개선을 추적하기는 어렵다. 하지만 1시간 또는 1일 평균 응답 시간을 추적한다면 잡음에는 더 견고해지고 추세는 더 쉽게 감지할 것이다. 반응성은 견고성과 균형을 이루어야 한다.

지표의 선택은 이와 같이 행동에 큰 영향을 미칠 수 있는 강력한 레버리지 포인트다. 자신과 팀을 위해 시간을 들여서 올바른 지표를 선택하라.

현재 상황을 파악하려면 모든 것을 계측하라

목표를 세울 때는 어떤 핵심 지표를 측정하고 (또는 측정하지 않고) 최적화할지 신중하게 고르는 것이 중요하다. 그러나 일상적인 업무에 관해서라면 대상을 가리지 않고 최대한 많이 측정하고 계측하는 것이 좋다. 이 두 가지 원칙이 서로 모순되는 것처럼 보일지 모르나 실제로는 서로를 보완하는 역할을 한다. 첫 번째 원칙은 높은 수준에서 전체 활동을 설명하는 데 필요하고, 두 번째 원칙은 자신이 만든 시스템의 현재 상황을 통찰하는 데 필요하다.

항공기 조종사의 목표는 목적지까지의 거리를 측정하고 승객을 A 지점에서 B 지점으로 비행시키는 것이다. 하지만 아무 정보 없이 비행하는 것이 아니라 계기 세트를 갖추고 비행기의 상태를 이해하고 모니터링하며 비행한다. 고도계는 기압 차를 측정하여 비행기의 해발고도를 보여준다. 자세계는 비행기의 자세를 수평선과 비교하여 날개가 수평인지 보여준다. 승강계는 상승률, 하강률을 측정한다.[22] 조종사는 이를 비롯한 수백 가지 조종실 계기를 이용해 항공기의 복잡성을 이해하고 항공기의 상태를 대조 검토한다.[23]

주의하지 않으면 아무 정보 없이 비행하듯이 소프트웨어를 만들고, 그 대가를 치른다. 트위터의 공동 창업자이자 모바일 결제 회사인 스퀘어의 설립자 겸 CEO 잭 도시Jack Dorsey는 스탠퍼드대학의 한 기업가 정신 강의에서 이를 되풀이하며 강조했다. 그는 트위터에서 계측의 중요성을 깨우친 것이 아주 값진 교훈이었다며 이렇게 이야기했다. "우리는 처음 2년간 트위터를 눈 가리고 비행하듯 운영했습니다. 네트워크가 어떤 상황인지 전혀 몰랐습니다. 시스템이 어떤 상황인지, 사람들이 어떻게 사용하는지도 몰랐습니다. (…) 시스템이 수시로 중단된 것도 어떤 일이 벌어지고 있는지 볼 수 없어서였죠." 사이트에 과부하가 자주 일어난 까닭에 트위터 사용자들은 새 떼가 고래를 들어올리고 있는 '실패 고래' 그래픽을 보는 데 익숙해졌다. 트위터 개발자들이 시스템을 모니터링하고 계측하기 시작한 후에야 문제를 식별하고 매달 2억 4천만 명 이상의 사람들이 사용하는 훨씬 더 안정적인 서비스를 구축할 수 있었다.

소프트웨어 내부를 볼 수 없을 때는 무엇이 문제인지 추측하는 수밖에 없다. 이것이 2013년 HealthCare.gov 출시가 그토록 철저히 실패한 주된 이유다. 이 웹사이트는 '오바마케어'라고 알려진 미국의 건강보험 개혁법의 핵심 장치였다. 정부와 계약한 업체들이 거의 2억 9,200만 달러를 들여서 웹사이트를 완성했지만 웹사이트는 기술적 문제로 가득 차 있었다.[24] 첫째 주에 등록을 시도한 370만 명 중 실제 성공한 사람은 단 1%로 추정됐다. 나머지 사람들은 오류 메시지를 마주하거나 시간 초과 또는 로그인 문제로 사이트를 로딩하지 못했다.[25] 오바마는 인정했다. "듣기 좋은 말로 꾸미지 않겠습니다. 웹사이트는 너무 느리고 사람들은 신청 절차 중간에 꼼짝없이 멈춰 있습니다. 이 때문에 가장 답답한 건 저라고 말해도 무리는 아니겠군요."[26] 심지어 한 기자가 보도한 바와 같이 계약한 개발자들은 "마치 여러분이나 내가 노트북을 재부팅하거나 가지고 놀듯이 대충 이것저것 해보면서 '사이트를 고칠 수 있나 볼까'하는 것처럼" 이 사이트를 고치려 했다.[27] 이들은 눈 가린 채 비행하면서 수리할 방법을 추측하고 있었다. 비행 관련 정보를 측정해 알려줄 계기판이 없었기 때문이다.

사이트를 수정하는 것을 돕기 위해 실리콘밸리의 베테랑 팀이 워싱턴으로 날아왔다. 이들은 먼저 시스템의 주요 부분을 계측하고 사이트 사용자 수와 응답 시간은 얼마인지, 트래픽이 어디로 가는지를 보여줄 대시보드를 만들었다. 일단 어느 정도 현재 상황을 파악하자 캐시를 추가하여 로딩 시간을 8초에서 2초로 줄이고, 버그를 수정해 터무니없이 높은 6%의 오류율을 0.5%로 줄였으며, 동시 사용자를 83,000명 이상 지원할 수 있게 사이트 규모를 확장했다.[27] 중증외상 팀이 투입되어서 모니터링을 추가한 지 6주 후 마침내 사이트가 제대로 작동하기 시작했다. 베테랑 팀의 노력 덕분에 800만 명 이상의 미국인이 민영 의료보험에 가입할 수 있었다.[28]

트위터와 오바마케어 사례는 문제를 진단할 때 계측이 매우 중요하다는 것을 보여준다. 사용자 로그인 오류율이 급증한다고 가정해보자. 새로운 버그가 생겼나? 인증용 백엔드에 네트워크 결함이 생긴 걸까? 악의적인 사용자가 프로그램을 이용해서 비밀번호를 알아내는 중일까? 무언가 완전히 다른 문제가 발생한 걸까? 이런 질문에 효과적으로 답하려면 오류가 시작된 시점, 마지막으로 코드를 배포한 시점, 인증 서비스의 네트워크 트래픽, 여러 시간대에 걸쳐 계정당 최대 인증 시도 횟수 등 더 많은 정보를 알아야 한다. 이러한 지표가 없으면 추측만 해야 하고, 문제가 없는 부분에서 헛수고하게 될 수도 있다.

아니면 웹 애플리케이션이 갑자기 프로덕션에서 로딩되지 않는다고 가정해보자. 레딧발 트래픽이 급증하면서 서버에 과부하가 온 걸까? 멤캐시드 Memcached 캐싱 계층이나 MySQL 데이터베이스 계층에 저장 공간이 부족해서 오류가 마구 발생하기 시작했을까? 우리 팀에서 실수로 망가진 모듈을 배포했을까? 데이터 저장용 성능 그래프, 애플리케이션용 오류 그래프, 상위 리퍼러 테이블이 있는 대시보드는 이러한 가설 목록을 좁히는 데 도움이 된다.

마찬가지로 핵심 지표를 효과적으로 최적화하려면 이를 뒷받침하는 다른 많은 지표를 체계적으로 측정해야 한다. 전체 가입률을 최적화하려면 가입률을 리퍼럴 유형(사용자가 페이스북, 트위터, 검색, 직접 탐색, 홍보 이메일 등 어디에서 왔는지), 랜딩 페이지 등 다른 여러 측면에서 측정해야 한다. 웹 애플리케이션의 응답 시간을 최적화하려면 지표를 나누어 데이터베이스 계층, 캐싱 계층, 서버 측 렌더링 로직, 네트워크상에서의 데이터 전송, 클라이언트 측 렌더링 코드에 들어간 시간을 측정해야 한다. 검색 결과를 최적화하려면 클릭률, 결과 개수, 세션별 검색, 결과를 처음 클릭한 시간 등을 측정해야 한다. 뒷받침하는 지표를 통해 핵심 지표 이면에서 펼쳐지는 상황을 파악하는 것이다.

계측 마인드셋을 갖춘다는 것은 주요 상태 지표를 표시할 대시보드 세트를 갖추고 관련 데이터를 드릴 다운drill down*할 수 있게 된다는 뜻이다. 그러나 무엇을 측정하고 싶은지 항상 미리 알 수 있는 것은 아니기 때문에, 우리가 답을 찾는 많은 질문들은 탐색적이고 탐구적인 경향이 있다. 그러므로 추가 지표를 쉽게 추적할 수 있게 도구와 추상화를 유연하게 만들어야 한다.

수공예품을 온라인으로 판매하는 회사 엣시는 이 부분에서 매우 뛰어나다. 엔지니어링 팀은 '무엇이든 측정하고 모든 것을 측정하라.'라는 회사의 철학에 따라 웹 애플리케이션을 계측한다.[29] 코드와 애플리케이션 설정을 하루에 25회 배포하고 서버, 애플리케이션 동작, 네트워크 성능 등 엣시 플랫폼을 움직이는 수많은 입력 정보를 위한 지표를 모으는 데 시간을 투자하며 빠르게 작업을 수행한다. 이를 효과적으로 수행하기 위해 유연한 실시간 그래프를 지원하는 'Graphite'[30]라는 시스템을 사용하고, 'StatsD'[31]라는 라이브러리로 지표를 종합한다. 코드 한 줄만 작성하면 새로운 카운터나 타이머를 바로 정의할 수 있고, 코드가 실행될 때마다 통계를 추적하고, 여러 다른 지표로 변환하거나 조합할 수 있는 시계열 그래프를 자동으로 생성할

---

* 역주 높은 수준의 데이터에서 낮은 수준의 데이터로 이동하며 더 자세히 분석하는 것.

수도 있다. 엔지니어링 팀은 '새로 등록한 사용자 수, 장바구니, 판매된 제품, 업로드한 이미지, 포럼 게시글, 애플리케이션 오류'를 포함한 모든 것을 측정한다.[32] 이러한 지표와 코드 배포 시간의 연관성을 그래픽으로 확인하면 문제를 일으킨 배포를 신속하게 찾아낼 수 있다.

성공한 IT 기업들은 개발자가 시스템 동작을 쉽게 측정, 모니터링, 시각화할 수 있게 조종사의 비행 계측기에 해당하는 장치를 만든다. 특정 동작의 근본 원인을 빨리 파악할수록 문제를 더 빠르게 처리하며 발전할 수 있다. 구글에서 사이트 안정성을 담당하는 개발자들은 'Borgmon'이라는 모니터링 시스템을 사용해서 지표를 수집, 집계하여 그래프로 만들고 이상이 감지되면 경고를 보낸다.[33] 트위터는 분당 1억 7천만 개 분량의 지표를 수집하고 저장하고 제공하기 위해 'Observability'라는 분산 플랫폼을 만들었다.[34] 링크드인은 개발자들이 몇 줄만 설정하면 사이트 대시보드를 확인하고 시간 경과에 따라 지표를 비교하고 임곗값을 기반으로 경고를 설정할 수 있는 'inGraphs'라는 그래프, 분석 시스템을 개발했다.[35]

대규모로 운영되는 엔지니어링 팀이 아니더라도 시스템 계측을 시작할 수 있다. Graphite, StatsD, InfluxDB, Ganglia, Nagios, Munin 같은 오픈 소스 도구를 활용하면 간편하게, 거의 실시간에 가깝게 시스템을 모니터링할 수 있다. 관리형 엔터프라이즈 솔루션을 원하는 팀이라면 다양한 표준 플랫폼에서 코드의 성능을 빠르게 확인할 수 있는 뉴 렐릭New Relic, 앱다이나믹스AppDynamics 같은 서비스를 이용할 수 있다. 계측이 얼마나 많은 통찰을 제공하는지 생각하면 이를 우선시하지 않을 수 없다.

유용한 수치를 체득하라

페르코나Percona라는 회사는 MySQL 관련 컨설팅 서비스를 제공한다.[36] 여러분이 MySQL 데이터베이스 성능을 최적화하고 싶다면 페르코나 컨설턴트가 설정, 운영체제, 하드웨어부터 아키텍처, 테이블 설계까지 모든 것을 검사하고 1~2일 이내에 데이터베이스 성능이 어떤지 평가해줄 것이다.[37] 정상보다 느리게 실행되는 쿼리가 무엇이고 얼마나 더 빨라질 수 있는지, 접속이 너무 많은지, 하나의 마스터 데이터베이스가 데이터를 여러 기기로 분할하지 않고 얼마나 많은 쿼리를 한 번에 실행할 수 있는지, 만약 HDD에서 SSD로 전환하면 어떤 면에서 성능이 개선될지 빠르게 판단할 수 있다. 이들의 전문성은 MySQL 내부 구조를 잘 안다는 것에서 나오지만, 훨씬 더 중요한 것은 고객 수천 명의 MySQL을 함께 설치하고 작업한 경험이 있다는 점이다.

페르코나의 컨설턴트 배런 슈워츠Baron Schwartz는 다음과 같이 설명한다. "우리는 일반적으로 사람들이 데이터베이스에 던져 넣는 것은 거의 다 봤습니다. 태그, 친구, 쿼리, 클릭 추적, 검색, 페이지 탐색 표시 등을 비롯해 그 외에 수십 개의 일반적인 패턴이 수백 가지 다른 방식으로 수행되는 것을 보았습니다."[38] 그 결과 이들은 시스템 성능의 기준으로 삼을 수 있는 유용한 수치를 체득했다. 특정 변경사항을 적용한 이후에 시스템 동작이 얼마나 더 좋아질지는 정확히 알지 못하더라도 성능을 예상 수치와 비교해서 잘 작동하고 있는 부분, 개선의 여지가 충분한 부분을 알려줄 수 있다. 반면 이런 지식이 없다면 다양한 MySQL 설정이나 아키텍처를 테스트하고 변경사항을 적용했을 때 어떤 차이가 나는지 측정해야 할 것이다. 물론 이렇게 하는 데는 훨씬 더 많은 시간이 든다. 유용한 수치에 관한 지식은 이익을 극대화하기 위해 어떤 노력을 해야 할지 소중한 지름길로 안내해준다.

지금까지 달성하려는 목표를 측정하고, 이해하려는 시스템을 계측하는 것이 레버리지가 높은 활동이라는 것을 확인했다. 두 가지 다 선행 작업이 필요하지만, 장기적으로 큰 보상을 제공한다. 하지만 때로는 정확한 수치가 아닌 그저 대략적인 적정 수준의 수치만 알아도 효과적인 결정을 내릴 수 있다. 몇 가지 유용한 수치를 이용하여 진행 상황을 대략적으로 예측하고 성능의 기준으로 삼는 것은 레버리지가 높은 투자다. 이러한 수치는 훨씬 저렴한 비용으로 지표로서의 혜택을 제공한다.

각자에게 중요한 수치는 관심 영역과 제품에 따라 달라진다. 일례로 구글의 제프 딘(구글에서 오랜 시간 프로토콜 버퍼, 맵리듀스, 빅테이블 같은 코어 추상화뿐 아니라 검색, 색인, 광고, 언어 번역[39] 같은 핵심 시스템을 구축하는 데 중추적인 역할을 했다)이 공유한, 소프트웨어 시스템을 만드는 모든 개발자가 알아야 할 13가지 수치 목록을 다음과 같이 표 5-1에 정리했다.[40, 41]

표 5-1 일반적인 지연 시간

접근 유형	지연 시간
L1 캐시 참조	0.5ns
분기 예측 오류	5ns
L2 캐시 참조	7ns
뮤텍스 잠금/잠금 해제	100ns
메인 메모리 참조	100ns
스내피(Snappy)로 1KB 압축	10,000ns = 10μs
1Gbps 네트워크를 통한 2KB 전송	20,000ns = 20μs
메모리에서 순차적으로 1MB 읽기	250,000ns = 250μs
같은 데이터 센터 내 왕복	500,000ns = 500μs

◑ 계속

접근 유형	지연 시간
디스크 탐색	10,000,000ns = 10ms
네트워크에서 순차적으로 1MB 읽기	10,000,000ns = 10ms
디스크에서 순차적으로 1MB 읽기	30,000,000ns = 30ms
패킷 전송 CA → 네덜란드 → CA	150,000,000ns = 150ms

이 수치는 일반적인 동작과 관련이 있는 지연 시간에 대해 알려주며 수치의 규모를 상대적으로 비교할 수 있게 해준다. 예를 들어 메모리에서 1MB 데이터에 접근하는 것은 디스크에서 똑같은 데이터에 접근하는 것보다 120배 빠르고, 1Gbps 네트워크에서 읽는 것보다 40배 빠르다. 또한, 데이터를 2배로 압축할 수 있는 스내피처럼 저렴한 압축 알고리즘을 활용하면 지연 시간은 50%만 늘어나는데 네트워크 트래픽은 절반으로 줄일 수 있다.[42]

이처럼 유용한 수치를 알면 직접 만들지 않아도 몇 번의 간단한 계산만으로 성능 지표를 빠르게 예측할 수 있다. 성능이 중요한 데이터 스토리지 시스템, 메시징 시스템 또는 영구 스토리지를 갖춘 그 외 다른 애플리케이션을 만드는 중이었다고 가정해보자. 이런 시스템에서는 쓰기 작업 데이터를 디스크에 보존해야 하지만, 읽기 성능 개선을 위해 종종 메모리에 데이터를 캐싱하기도 한다. 그렇다면 이럴 때 기대할 수 있는 읽기, 쓰기 처리량은 얼마나 될까? 다음과 같이 추론할 수 있다.

- 쓰기는 디스크에 행해지고, 각 디스크 탐색이 10ms가 걸리므로 초당 최대 100번 쓰기를 수행할 수 있다.

- 읽기는 메모리 내 캐시를 사용하고 메모리에서 1MB를 읽는 데 $250\mu s$가 걸리므로 초당 4GB를 읽을 수 있다.

- 만약 메모리 내 객체의 크기가 1MB 이하라면 메모리에서 초당 최소 4,000개의 객체를 읽을 수 있다.

즉, 위 표준 설계에서는 쓰기보다 읽기를 약 40배 빠르게 처리할 수 있다. 쓰기는 병목이 되기 십상이다. 여러분의 시스템도 마찬가지여서 쓰기를 확장하도록 시스템을 설계하려면 쓰기 작업이 더 많은 기기에서 이루어지도록 병렬화하거나 디스크에 작성하는 여러 쓰기 작업을 일괄 처리해야 할 수도 있다.

유용한 수치를 체득해두면 데이터 측정에서 이상을 발견하는 데도 도움이 된다. 예컨대 루비 온 레일즈Ruby on Rails 같은 표준 소프트웨어 스택 위에 웹 애플리케이션을 만드는 중이라고 가정해보자. 이럴 때는 데이터베이스 행 읽기, 집계 쿼리 수행, 두 개의 데이터베이스 테이블 조인, 캐시 계층에서 데이터 검색하기 등의 작업에 드는 시간 같은 수치가 중요할 것이다. 사용 중인 개발 웹 서버가 간단한 정적 페이지를 400ms 정도의 속도로 느리게 로딩한다면 이미지, CSS, 자바스크립트 같은 모든 정적 자산이 캐시가 아닌 디스크에서 온다는 뜻일 수 있다. 동적 페이지 로딩이 너무 오래 걸리고 데이터베이스에서 1초 이상의 시간이 소요된다면 애플리케이션 모델에 있는 일부 코드가 예상보다 테이블 조인을 너무 많이 수행하고 있을지 모른다. 물론 이는 가설일 뿐이지만, 정상적인 성능에 관한 기본 수치를 알고 있다면 이러한 가설을 빠르고 쉽게 세울 수 있다.

마지막으로, 유용한 수치에 관한 지식을 갖추면 개선할 영역과 범위를 명확히 할 수 있다. 여러분이 SNS 제품의 사용자 참여 개선을 담당하는 개발자라고 가정해보자. 사용자에게 제품 홍보 이메일을 보낼 때 업계 평균 이메일 오픈율, 클릭률을 알고 있으면 큰 도움이 된다. 일례로 이메일 마케팅 서비스 메일침프MailChimp는 이메일 수억 통의 전송 데이터를 공개하고 업계별로 오픈율, 클릭률을 계산했다. SNS나 온라인 커뮤니티로 보낸 이메일은 대략 오픈율 22%, 클릭률 3.9%였다. 이러한 수치를 통해 자신이 보낸 이메일이 올린 성과가 형편없는지 만족스러운지 엄청나게 훌륭한지 알 수 있다.[43] 성과가 형편없다면 이를 개선하기 위한 투자가 레버리지가 높은 활동일 가능성, 큰 보상을 얻을 가능성이 있는 것이다. 유사한 제품의 일반적인 랜딩 페이지 전환율, 초대 이메일 수락율, 일간, 주간, 월간 활성 비율 유형을 안다면 어느 부분에 투자해야 할지 알아낼 수 있다.

이러한 수치를 모두 종합하면 레버리지를 최대로 높이기 위해 어떤 부분에 노력을 기울여야 하는지 직감을 키울 수 있다. 이러한 수치가 있으면 암산이나 간단한 계산을 통해 빠르게 추론하고 결정을 내릴 수 있다. 체득하거나 쉽게 접근할 수 있게 해두면 좋은 그 외의 수치를 소개하면 다음과 같다.

- 등록된 사용자 수, 주간 활성 사용자 수, 월간 사용자 수
- 초당 요청 수
- 저장된 데이터의 양과 수용 가능한 총 용량
- 매일 기록되고 접근되는 데이터양
- 해당 서비스를 지원하는 데 필요한 서버 개수
- 다른 서비스나 종단점의 처리량
- 트래픽 증가율
- 평균 페이지 로딩 시간
- 제품 여러 부분에 걸친 트래픽 분포
- 웹 브라우저, 모바일 기기, 운영 체제 버전별 트래픽 분포

이 정보들은 모두 약간의 선행 작업만으로도 모을 수 있는데, 이를 통해 앞으로 활용할 수 있는 귀중한 경험 법칙을 얻는다. 필요한 데이터를 수집하는 작은 벤치마크를 작성하면 성능 관련 수치를 얻을 수 있다. 예컨대 주요 구성 요소와 하위 시스템의 공통 작업을 프로파일링하는 간단한 프로그램을 작성하는 것이다. 그 외 수치를 얻으려면 (설사 다른 회사라 할지라도) 관심 영역이 유사한 팀에서 일하는 직원과 대화를 나눈다거나 자신이 가지고 있는 기존 데이터를 뒤져 본다거나 데이터 일부를 직접 측정하는 등 더 많은 조사가 필요할 수도 있다.

몇 가지 설계 중에서 어떤 것이 성능이 더 좋은지, 수치가 적절한지, 기능을 얼마나 더 발전시킬 수 있는지, 지표가 정상적으로 작동하는지 궁금하다면 잠시 멈춰라. 그리고 이런 질문을 반복해 왔는지, 어떤 수치나 벤치마크가 그 질문에 답하는 데 도움이 될지 생각해보고, 그 데이터를 수집하고 체득하는 데 시간을 투자하라.

데이터 무결성을 의심하라

데이터가 뒷받침된 주장은 강력하다. 올바른 지표는 사내 정치, 철학적 편견, 제품 관련 논의를 관통하여 논쟁을 신속하게 잠재운다. 안타깝게도 잘못된 지표 또한 똑같은 역할을 하여 처참한 결과를 낼 수 있다. 그러므로 데이터는 주의해서 사용해야 한다.

박스로 가기 전 구글 앱스Google Apps에서 엔지니어링을 담당했던 샘 쉴리스는 이렇게 경고했다. "구글에서 일하는 동안 얻은 반직관적인 교훈은 어떤 데이터든 오용될 수 있다는 겁니다. (…) 사람들은 데이터를 해석하고 싶은 대로 해석하거든요." 우리는 간혹 측정하기 쉬운 지표나 살짝 무관하거나 어긋나는 지표를 골라 이를 토대로 현재 상황을 틀리게 설명한다. 어떤 때는 상관관계를 인과관계로 착각한다. 새롭게 재설계한 기능에서 사용자가 더 오랜 시간을 보내는 것을 보고 참여도가 증가했다고 낙관하기도 한다. 실제로는 헷갈리는 인터페이스를 이해하려 고군분투하는 중일지 모르는데 말이다. 검색 결과 개선을 위해 변경사항을 적용한 후에 클릭률이 높아진 것을 보고 기뻐했는데 실제로는 검색 품질이 떨어져서 사용자들이 광고를 클릭하는 것일 수도 있다. 아니면 페이지 조회 수가 꾸준히 계속 증가하는 것을 보고 회사가 유기적으로 성장하고 있다고 좋아했는데 알고 보면 새로운 요청 대부분이 한 사용자가 제품 데이터를 자동으로 스크랩하는 봇을 배포한 데서 비롯된 것일 수 있다.

쉴리스에게 데이터 오용으로부터 우리 스스로를 보호할 방법을 묻자, 그는 최선의 방책은 의심이라고 했다. 수학자로 길러진 쉴리스는 데이터를 분석할 때마다 숫자를 계산한다. "수학자가 될 자질이 부족한 학생은 문제를 다 풀면 그냥 거기서 끝이에요. 수학자가 될 뛰어난 자질을 지닌 학생은 문제를 다 풀면 자신이 낸 답을 보며 '이게 대략적으로 타당할까?'라고 자문하죠." 지표에 관한 한 자신의 직감이 수치와 일치하는지 비교하라. 다른 방향에서도 똑같은 데이터에 이를 수 있는지 시도해보고 그때도 그 지표가 여전히 타당한지 확인하라. 지표에서 다른 속성이 엿보인다면 해당 속성을 측정해서 결론에 일관성이 있는지 확인하라. 앞에서 언급한 유용한 수치들은 이런 기초적인 확인 절차에도 유용하게 쓰인다.

그렇지 않으면 데이터가 완전히 틀리거나 잘못 해석되어서 잘못된 결론에 도달할 수 있다. 개발자들은 대체로 단위 테스트 작성이 코드 정확성을 보장하는 데 도움이 된다는 것은 금방 깨닫는데, 데이터 정확성을 신중하게 검증해야 한다는 것을 깨닫기까지는 시간이 걸리는 편이다. 일반적인 시나리오는 이렇다. 제품이나 실험을 시작한 후 다양한 지표를 수집하기 위해 사용자 인터랙션을 기록한다. 처음에는 데이터에 별문제가 없어 보여서 (아예 확인조차 안 하는 경우도 있다) 다른 곳에 집중한다. 1~2주 후 데이터를 분석하기 시작할 때쯤이 되어야만 기록이 부정확하거나 중요한 동작이 추적되지 않았다는 것을 깨닫는다. 기록을 수정할 여유가 생길 무렵에는 이미 개발에 쏟은 몇 주의 시간이 헛되이 낭비된 것이나 다름없다. 모두 사전에 데이터 정확성을 신경 쓰지 않았기 때문이다.

의사 결정 프로세스에 신뢰할 수 없는 데이터가 편입되면 부정적인 영향을 미친다. 이는 잘못된 결정으로 이어지거나 사후 비판에 인지 능력을 낭비하는 원인이 되기도 한다. 안타깝게도 개발자가 데이터 무결성에 무신경한 경우는 매우 흔하다. 그렇게 되는 몇 가지 이유는 이러하다.

1. 빠듯한 기한에 맞춰 일할 때가 많아서 출시 이후에나 중요성이 대두되는 지표는 우선순위에서 밀릴 수 있다.

2. 새로운 제품이나 기능을 만들 때 페이지 조회 수처럼 그럴싸해 보이는 지표가 실제 정확한지 확인하기보다는 해당 제품이나 기능의 인터랙션을 테스트하고 검증하기가 훨씬 더 쉽다.

3. 시스템 수준의 오류나 부정확한 가정이 있을 수 있는데도 개발자들은 자신이 작성한 지표와 관련한 코드가 단위 테스트를 잘 통과한다면 지표 자체도 정확할 것이라고 추론한다.

그 결과 지표와 관련한 코드는 다른 기능의 코드에 비해 견고하지 못할 가능성이 높다. 데이터 수집이나 처리 파이프라인 어디에서든 오류가 발생할 수 있다. 진입점이 여러 개일 때는 일부 코드 경로를 측정하는 것을 깜빡하기 쉽다. 네트워크 전송 도중 발생할 수 있는 누락 데이터는 기반 데이터ground truth data의 정확도를 떨어뜨리기도 한다. 각기 출처가 다른 데이터가 병합될 때 기록해야 할 내용에 대한 정의, 단위, 표준을 여러 다른 팀이 어떻게 해석하는지에 주의하지 않으면 일관성이 훼손될 수 있다. 데이터 처리 및 전송 파이프라인에서 버그가 발생할 수 있다. 데이터 시각화는 단위 테스트하기가 어렵기 때문에 대시보드에 종종 오류가 나타난다. 보다시피 페이지 조회 수 1,023이 정확한지, 전환율이 3.1%라고 주장하는 지표가 과연 정확한지 육안으로 확인하기 어려운 이유는 무수히 많다.

지표가 중요하다는 것을 고려하면 데이터의 정확성을 기하려는 노력은 레버리지가 높은 투자다. 데이터 무결성에 대한 신뢰도를 높이는 데 쓸 수 있는 몇 가지 전략을 소개하면 다음과 같다.

- **나중에 유용하게 쓰일 수 있으니 데이터를 자유롭게 기록하라.**

  넷플릭스Netflix의 전 데이터 사이언스와 엔지니어링 부사장이었던 에릭 콜슨Eric Colson은 넷플릭스에서는 카산드라Cassandra라고 부르는 확장 가능한 데이터 저장소에 반정형 로그를 잔뜩 던져 놓고 해당 데이터가 분석에 유용할지는 나중에 고민한다고 한다.

- **데이터 정확성을 곧장 확인할 수 있는 도구를 만들라.**

  개발 중에 수집한 데이터를 시각화하는 도구와 마찬가지로 이 문제는 실시간 분석이 해결한다. 내가 쿼라에서 실험 및 분석 프레임워크 작업을 하던 당시 우리는 인터랙션마다 기록되는 내용을 쉽게 검사할 수 있는 도구를 만들었다.[44] 이 조치는 나중에 엄청난 배당 수익을 냈다.

- **종단 간(end-to-end) 통합 테스트를 작성해 전체 분석 파이프라인을 검증하라.**

  이러한 테스트를 작성하려면 시간이 많이 들지 모른다. 하지만 궁극적으로 데이터 무결성에 대한 신뢰도를 높이고 나중에 있을 변경사항이 부정확한 데이터를 만드는 걸 막는 데 도움이 된다.

- **수집한 데이터는 곧바로 검사하라.**

  유의미한 분석을 할 정도로 충분한 데이터를 모으기까지 몇 주에서 몇 달 정도 더 기다려야 한다고 할지라도, 데이터를 곧바로 검사하여 충분한 양이 정확하게 기록되고 있는지 확인하라. 데이터 측정과 분석을 나중에 할 추가 활동으로 보지 말고 제품 개발 작업 흐름의 일부라고 생각하라.

- **한 지표를 여러 방법으로 연산하여 데이터 정확성을 교차 검증하라.**

  수치가 대략 적정한 수준인지 기초적인 부분을 확인하기에 좋은 방법이다.

- **이상해 보이는 수치가 있으면 빨리 조사하라.**

  상황이 어떤지 이해하고 문제가 무엇인지 알아내라. 버그 때문인지 해석이 잘못된 것인지, 그것도 아니면 다른 원인이 있는지 파악하라.

데이터를 신뢰할 수 있게 만들라. 데이터가 없는 것보다 데이터가 올바르다는 착각이 더 나쁘다.

핵심 요약

- **진행 상황을 측정하라.** 측정하지 않은 것은 개선하기 어렵다. 측정하지 않으면 어떤 노력이 가치가 있었는지 어떻게 알겠는가?

- **최고 수준의 지표를 신중하게 선택하라.** 측정 지표가 달라지면 가치 있는 행동도 달라진다. 어떤 행동을 해야 할지 신중히 파악하라.

- **시스템을 계측하라.** 시스템이 복잡할수록 더 많이 계측해야 아무 정보 없이 장님처럼 비행하지 않을 수 있다. 더 많은 지표를 더 쉽게 계측하게 만들면 더 자주 계측할 수 있다.

- **유용한 수치를 익혀라.** 진행 상황의 기준으로 삼거나 간단한 계산에 도움이 되는 수치를 외우거나 쉽게 확인할 수 있게 하라.

- **데이터 무결성을 우선시하라.** 나쁜 데이터는 데이터가 없는 것보다 더 나쁘다. 자신이 옳다고 생각하며 잘못된 결정을 내리기 때문이다.

CHAPTER

6

아이디어는 일찍 그리고 자주 검증하라

조수아 레비Joshua Levy는 며칠간 잠을 거의 못 잤다. 그는 20명으로 구성된 팀과 함께 구글의 대항마로 큰 기대를 받은 스텔스 검색 엔진* 쿨Cuil을 막 공개한 참이었다.[1] 쿨은 웹 색인에 1,200억 개 이상의 페이지가 있으며 구글에 비해 비용이 1/10밖에 들지 않는 인프라 위에 3배가량의 색인을 크롤링해 두었다고 주장했다.[2, 3] 2008년 7월 28일 드디어 레비가 이끄는 팀은 지난 몇 년간 만든 제품을 수백만 명의 사용자가 사용할 수 있게 공개했다.[4] 그러나 엔지니어링 책임자는 샴페인을 터뜨리는 대신 인정사정없이 밀려드는 트래픽의 맹공격에 맞서 간신히 장애를 제거하며 모든 것이 정상 작동되게 하느라 바빴다.

크롤링, 색인 생성, 데이터 제공 인프라를 실행하는 1,000대 이상의 기기는 심각한 부하에 시달렸다.[5] 쿨은 아마존 웹 서비스가 클라우드 컴퓨팅을 대중화하기 전, 자체적으로 연산 하드웨어를 만들었기 때문에 엔지니어링 팀에 여유 자원이 있는 추가 기기가 많지 않았다. 사용자들은 자신의 이름

---

* 역주 쿠키, IP, 검색 결과 등 사용자의 개인 정보를 저장하지 않는 검색 엔진. duck.com 등이 대표적이다.

같은 고유한 쿼리를 입력했고, 다양한 검색은 일반적인 쿼리 결과의 메모리 내 캐시를 압도하여 과부하를 초래하고 검색 엔진 속도를 저하시켰다.[6] 색인의 일부 샤드*가 강제 종료되면서 검색 결과에 구멍이 생겼고 페타바이트 수준의 데이터를 다루는 엄청난 규모의 연산 때문에 추적하기 어려운 버그가 발생했다. 버그 수정이나 업그레이드는 고사하고 서비스를 안정적으로 유지하기조차 무척 어려웠다. 레비는 당시 경험을 이렇게 회상했다. "낭떠러지를 향해 달리는 자동차 안에 타고 있는 기분이었어요. '가속 페달을 세게 밟으면 어쩌면 건너편에 닿을 수 있을 거야.'라고 생각했죠."

설상가상으로 사용자들이 서비스에 만족하지 못하는 것이 분명했다. PC 매거진PC Magazine의 한 편집자는 쿨이 '버그가 많고 느리고 한심하다'라고 썼다.[7] 씨넷CNet은 쿨의 검색 결과가 '불완전하고 이상하고 누락되는 것이 많다'고 했다.[8] 타임지Time Magazine는 '제구실을 못 한다'고 했고[9] 허핑턴 포스트Huffington Post는 '멍청하다'고 했다.[10] 사용자들은 형편없는 검색 결과를 비판하고, 검색 엔진이 맞춤법 교정 같은 기초적인 기능을 갖추지 못했다고 불평했다. 최악은 더 방대한 색인에도 불구하고 쿼리 대부분이 구글보다 더 적은 결과를 반환한다는 지적이었다. 출시와 동시에 홍보 면에서 대참사가 벌어진 것이다.

쿨은 3,300만 달러의 벤처 캐피털, 수십 년 규모의 엔지니어링 인년person-year†을 투입했음에도 결국 실패한 실험이었다. 레비는 말했다. "그렇게 열심히 노력했는데 모든 것이 수포로 돌아가는 것을 보는 건, 분명 좌절하고 겸손해질 수밖에 없는 경험이었어요." 레비는 쿨의 초창기에 합류한 개발자였고 더 나은 구글을 만들자는 창업자들의 혁신적인 비전을 받아들

---

* 역주 데이터베이스나 검색 엔진의 부하 분산을 위한 데이터의 수평 분할.
† 역주 개발자 한 사람이 1년간 할 수 있는 업무량을 나타내는 단위.

였다. "같이 근무한 개발자들은 아주 믿음직했어요." 창업자 중 두 명은 구글 검색 팀 출신으로 혈통마저 훌륭했다. 무엇이 문제였을까? 그렇게 많은 기술 블로거가 찾은 명백한 단점을 쿨은 왜 놓쳤을까?

레비는 이 경험에서 배운 핵심 교훈이 '제품 조기 검증의 중요성'이라고 했다. 쿨은 출시와 동시에 큰 성공을 거두려는 마음에 언론에 세부사항이 새어 나가는 것이 두려워, 제품을 시험해볼 알파 테스터를 한 명도 고용하지 않았다. 검색 품질이 원하는 수준에 이르지 못하고, 검색 엔진이 반환하는 결과가 충분치 않으며, 실제 더 훌륭한 검색 결과로 이어지지 않는 한 색인의 크기는 사용자에게 중요치 않다는 것을 알려줄 외부 피드백을 출시 전에는 받은 적이 없었다. 심지어 쿨에는 스팸 관련 작업을 전담하는 직원도 없었다. 구글에는 웹 스팸과 싸우는 데 전념하는 엔지니어링 팀이 있고, 조직 전체가 검색 품질에 집중한다. 제품을 일찍 검증하지 않은 바람에 비용 대비 효율성이 높은 색인에 과도하게 투자하고 검색 품질에 충분히 투자하지 못했다. 혹독한 경험으로 얻은 교훈이었다.

레비는 쿨을 떠나 스타트업인 블룸리치BloomReach에 채용될 당시 이 교훈을 마음에 새겼다. 블룸리치는 전자상거래 사이트가 검색 트래픽을 최적화하고 온라인 수익을 최대화하도록 돕는 마케팅 플랫폼을 만들었다. 제품을 어떤 모습으로 만들어야 할지, 효과가 있는 부분은 무엇이고 없는 부분은 무엇인지 모르는 것이 많았다. 몇 년간 아무도 원치 않는 제품을 만들었던 쿨에서의 치명적인 실수를 되풀이하지 않기 위해 레비가 이끄는 팀은 완전히 다른 접근법을 썼다. 4개월 이내에 아주 작지만, 기능하는 시스템을 만들어서 베타 고객을 대상으로 출시했다. 고객들은 마음에 드는 부분과 들지 않는 부분, 중요하게 생각하는 부분에 관한 의견을 공유했고, 이 피드백은 팀이 다음에 무엇을 만들지 우선순위를 정하는 데 도움이 되었다.

최대한 빨리 피드백에 맞춰 최적화하는 것, 즉 고객이 실제 원하는 것을 이해하고 고객의 피드백에 따라 개발 주기를 반복하는 것이 블룸리치의 성장에 중요한 역할을 했다. 블룸리치에는 현재 135명 이상의 직원이 근무 중이며 고객 포트폴리오에는 니먼 마커스Nieman Marcus, 크레이트 & 배럴 Crate & Barrel 같은 일류 브랜드도 들어 있다. 블룸리치는 브랜드 검색이 아닌 자연 검색 트래픽을 평균적으로 80% 증가시켜서 온라인 브랜드의 수익을 크게 높이는 데 기여한다.[11, 12] 결국 레비는 블룸리치 운영 책임자가 되었고, 다음과 같이 말했다. "지체하지 말고 (...) 피드백을 받으세요. 어떤 부분이 효과가 있는지 알아내세요. 그렇게 하는 것이 무턱대고 만들고 전부 제대로 했을 거라 착각하는 것보다 훨씬 나아요. 왜냐하면 전부 제대로 만드는 것은 불가능하니까요."

4장에서는 개발 주기 반복 속도에 투자하면 더 많은 작업을 할 수 있다는 것을 배웠다. 이 장에서는 아이디어를 일찍 그리고 자주 검증하는 것이 **올바르게** 작업하는 데 어떻게 도움이 되는지 알아본다. 올바른 경로로 가고 있는지 검증하고 필요 없는 일에 노력하지 않기 위해, 노력이 많이 들지 않는 반복적인 방법을 찾는 일의 중요성에 관해 설명한다. A/B 테스트를 통해 정량적인 데이터로 제품의 변화를 꾸준히 검증하는 방법을 배우고 이 테스트가 얼마나 큰 효과를 내는지 살펴본다. 피드백 수집을 방해하는, 1인 팀이라는 일반적인 안티패턴*에 관해 알아보고 이런 상황에 대처할 방법을 찾아본다. 마지막으로 피드백, 검증 루프 구축이라는 주제가 우리가 내리는 모든 결정에 어떻게 적용되는지 살펴보겠다.

---

* 역주 자주 사용되지만 효율이나 생산성이 떨어지는 패턴.

자신의 작업을 적은 노력으로 검증할 방법을 찾아라

MIT 3학년 때 친구 3명과 함께 MAS랩MASLab 로봇 대회에 출전했다. 우리는 경기장을 탐색하며 빨간 공을 모으는 30cm 크기의 자율주행 로봇을 만들어야 했다.[13] 로봇에게 첫 번째로 가르친 기술은 목표를 향해 전진하는 방법이었다. 아주 간단한 일이라고 생각했다. 초기 프로그램은 로봇에 달린 카메라로 빨간 공을 스캔하고 로봇을 목표 지점으로 향하게 한 후 거기에 도달할 때까지 모터에 전력을 공급했다. 안타깝게도 앞뒤 차축의 모터 속도의 사소한 변화, 타이어 트레드의 차이, 살짝 튀어나온 경기장 표면 등의 요인이 우리의 둔한 로봇을 경로에서 이탈시켰다. 경로가 길어질수록 이런 작은 오류들이 복잡하게 얽히면서 공에 도달할 확률이 낮아졌다. 우리는 로봇이 조금 전진한 후 다시 카메라를 확인하고 다시 모터의 방향 오류를 조절하는 과정을 목표 지점에 도달할 때까지 반복하는 것이 더 안정적인 방법임을 금세 깨달았다.

로봇이 전진하는 과정은 우리가 일을 진행하는 방법과 그리 다르지 않다. 반복적인 접근법은 손실이 큰 오류를 줄이고 반복 주기 사이에 데이터를 모으고 경로를 수정할 기회를 제공한다. 각 반복 주기가 짧을수록 실수에서 더 빨리 배울 수 있다. 반대로 반복 주기가 길수록 부정확한 가정과 오류가 개입할 확률이 높아진다. 이는 경로를 이탈하고 시간과 노력을 낭비하는 원인이 된다. 바로 이것이 4장에서 이야기한 것처럼 개발 주기 반복 속도에 투자하는 것이 중요한 핵심 이유다.

제품을 만들고 목표를 설정하다가 때로 윤곽이 뚜렷하지 않은 경로로 들어서기도 한다. 어디로 가는지는 대략 알더라도 목적지에 도달하는 가장 좋은 방법은 알지 못할 때도 있다. 아니면 데이터에 입각한 결정을 내리기에는 데이터가 부족할 때도 있다. 발전을 방해하는 위험한 문제를 더 일찍 제대로 파악할수록 더 빨리 문제를 해결해서 성공 가능성을 높이거나 조금 더 유망한 경로로 방향을 전환할 수 있다. 스퀘어의 엔지니어링 관리자인 잭 브록Zach Brock은 직원들에게 다음과 같은 조언을 자주 한다. "이 프로젝트 에서 가장 두려운 부분이 무엇인가요? 그 부분이 가장 모르는 것이 많은, 가장 위험한 부분입니다. 그 부분부터 하세요."[14] 가장 위험한 부분을 먼저 이해하면 사전에 계획을 업데이트해서 모든 노력이 허사가 될 위험을 피할 수 있다. 위험을 조기에 제거한다는 이 주제는 7장에서 프로젝트 평가 기술 을 발전시키는 방법에 관해 이야기할 때 다시 살펴보겠다.

프로젝트를 작업할 때, 특히 큰 프로젝트를 할 때는 끊임없이 이렇게 자 문해야 한다. **'노력을 일부 할애해서 지금 내가 하는 작업이 효과가 있을지 데이터를 모으고 검증할 수 있을까?'** 작업 마무리를 서두르느라, 아니면 구현 계획에 대 한 지나친 자신감 때문에 간접 비용을 10% 추가하는 것조차 망설일 때가 많다. 이 10%의 비용이 꼭 유용한 통찰이나 재사용 가능한 작업을 산출하 리란 보장이 없는 것도 사실이다. 그러나 계획상 큰 결함이 발견되면 나머 지 90%의 노력이 낭비되는 것을 막아준다.

스타트업 기업가나 개발자는 특히 '최소 기능 제품Minimum Viable Product, MVP'을 만들 때, 이에 대해 고민한다. 『린 스타트업』의 저자 에릭 리스는 MVP를 '최소한의 노력으로 고객에 관해 검증된 교훈을 최대한 모을 수 있 게 해주는 신제품 버전'이라고 정의한다.[15] 이 정의가 앞서 언급한 레버리 지의 정의와 닮았다고 느꼈다면 정확하다. MVP를 만들 때는 최소의 노력 으로 제품의 성공 가능성을 최대로 높일 수 있게 사용자에 관한 가정을 가 능한 한 많이 검증할 수 있는, 레버리지가 높은 활동에 집중해야 한다.

MVP를 제작할 때는 때로 창의력이 필요하다. 드류 휴스턴Drew Houston이 사용하기 쉬운 파일 공유 도구인 드롭박스 제작에 착수할 당시, 시장에는 이미 수없이 많은 파일 공유 애플리케이션이 존재했다. 휴스턴은 드롭박스가 제공하는, 매끄럽게 이어지는 사용자 경험을 사용자들이 선호할 거라고 믿었다. 하지만 이러한 믿음을 어떻게 입증할 수 있을까? 휴스턴은 MVP로 4분짜리 짧은 비디오를 제작했다.[16, 17] 일부 기능만 구현한 버전을 시연하며 파일이 맥, 윈도우 PC, 웹에서 매끄럽게 동기화되는 것을 보여주었다. 드롭박스 베타 메일링 리스트 등록자가 하룻밤 새 5,000명에서 75,000명으로 늘어난 것을 보고 휴스턴은 이 프로젝트가 될성부른 떡잎임을 깨달았다. 드롭박스는 MVP를 활용해서 과도한 노력을 들이지 않고도 자신감을 쌓고 제품의 전제를 검증했다. 2014년 2월에 드롭박스의 사용자는 2억 명을 넘었고 100억 달러의 가치가 있다고 평가받으며[18] 여전히 성장 중이다.

우리 모두가 스타트업 제품을 만드는 것은 아니지만, 적은 노력으로 작업을 검증한다는 원칙은 많은 엔지니어링 프로젝트에서 유효하다. 다른 소프트웨어 아키텍처로 마이그레이션할까 고민 중인 상황이라고 가정해보자. MySQL 데이터베이스의 확장성 한계에 부딪혔거나 더 확장성이 뛰어난, 더 새로운 NoSQL 아키텍처로 전환하고 싶을 수 있다. 아니면 코드 유지 보수 단순화, 성능 향상, 개발 주기 반복 속도 향상을 목표로 서비스를 다른 언어로 재작성하는 중일 수도 있다. 마이그레이션은 상당히 수고로운 작업인데, 그 작업이 시간 낭비가 아니라 실제 목표 달성에 도움이 될지 어떻게 확신할 것인가?

이럴 때 아이디어를 검증할 한 가지 방법은 10%의 노력을 할애해서 작고 유익한 프로토타입을 만드는 것이다. 프로토타입은 대표적인 작업의 성능 측정하기부터 기존 모듈과 재작성한 모듈의 코드 용량 비교하기, 새로운 기능을 추가하는 편의성 평가하기까지 프로젝트 목표에 따라 다양하게 활용할 수 있다. 빠르게 프로토타입을 만드는 데 드는 비용은 대규모 프로젝트에 투입되는 비용에 비해 적은 편이다. 하지만 여기서 생산되는 데이터를 통해 문제를 일찍 발견하거나 대규모 마이그레이션을 감행할 가치가 없다는 것을 확인한다면 상당한 양의 고통과 수고를 덜 수 있다.

아니면 제품의 UI를 더 빠르고 사용하기 편하게 만들기 위해 재설계하는 중이었다고 가정해보자. 전면적인 재설계를 진행하기에 앞서 새로운 UI가 사용자 지표를 높여준다는 확신을 어떻게 얻을 것인가? 이는 사무실 임대, 상업용 부동산 목록 검색 엔진을 만드는 42플로어42Floors가 직면한 문제였다. 이들이 만든 제품은 사용자가 사무실 공간을 검색하면 구글 지도 인터페이스에 매물 목록을 표시했다. 안타깝게도 매물이 많으면 전부 로딩하는 데 12초 이상이 걸리기도 했다. 42플로어 개발자들은 이를 고치기 위해 3개월에 걸쳐 큰 사진, 무한 스크롤, 미니 지도가 포함된 사무실 목록을 더 빨리 볼 수 있는 뷰를 개발했다. 그리고 목록을 클릭하여 사무실 투어를 요청하는 방문자의 전환율이 올라가리라 예상했다. 그러나 이 버전을 배포한 후에도 모든 지표는 전혀 변동이 없었다.

실행해볼 만한 다른 아이디어도 있었으나 또 한 번 재설계에 많은 노력을 투자했다가 실패하고 싶지 않았다. 어떻게 하면 아이디어를 더 짧은 시간 안에 검증할 수 있을까? 팀에서는 가짜 재설계라는 기발하고 영리한 해결책을 생각해냈다. 8개의 포토샵 목업을 설계한 후 사람을 고용해서 이를 HTML로 변환한 뒤 '뉴욕 사무실 공간'을 검색한 사용자 중 일부를 이러한 가짜 페이지로 보내는 구글 애드워즈AdWords* 광고를 진행했다. 처음 방문하는 사람들에게는 정적인 데이터로 채워진 이 페이지가 진짜처럼 보였다. 그 후 사무실 투어를 요청한 방문자의 비율을 측정했다. 첫 번째 재설계에 투자한 노력의 일부만 할애했을 뿐인데 전환율 데이터를 활용해서 8개의

---

* 역주 현재는 구글 애즈(Google Ads)로 명칭이 바뀌었다.

잠재적 재설계를 검증할 수 있었다. 8개 중 가장 우수한 버전을 구현해서 프로덕션에 배포했고 결국 원하던 수준의 전환율을 달성했다.

아이디어의 효과를 검증하기 위해 가짜 버전을 활용하는 전략은 굉장히 강력하다. 협업 및 업무 관리 소프트웨어를 만드는 회사 아사나도 홈페이지에 '구글로 가입하기' 버튼을 넣을지 고민하고 있었다. 이를 통해 가입을 늘리는 것이 목표였다. 이들은 전체 가입 흐름을 구현하지 않고 가짜 버튼을 추가하는 방법으로 이 아이디어를 검증했다. 방문자가 가짜 버튼을 클릭하면 '관심에 감사드립니다. 본 기능은 곧 출시될 예정입니다.'라는 팝업 메시지가 표시됐다. 아사나 개발자들은 며칠간 클릭률을 측정했고, 수집한 데이터를 통해 이 버튼이 가입을 늘리는 데 도움이 된다는 것을 확인한 후에 전체 흐름을 구현하는 작업에 착수했다.[19]

소규모 검증으로 시간을 절약한 사례는 끝도 없이 많다. 뉴스 피드의 랭킹을 개선할 것으로 기대되는 평가 알고리즘에 관한 아이디어가 있다고 생각해보자. 프로덕션 수준의 시스템을 만들고 모든 데이터에 대해 실행하는 데 몇 주를 투자하기보다 새로운 점수 지표를 일부 데이터에만 적용해서 평가하는 것이 좋다. 멋진 제품 설계 아이디어가 있을 때도 바로 코딩에 돌입하기보다 종이 프로토타입이나 완성도가 낮은 목업을 제작해서 팀원이나 사용자 연구 참가자에게 보여주는 것이 좋다. 또는 누군가에게 의욕적인 10주 일정에 맞춰 새 기능을 배포할 수 있겠냐는 질문을 받았다고 상상해보자. 대략적인 타임라인을 계획해서 일주일이 지난 시점에 일정이 지켜지고 있는지 검증한 후 이 데이터를 바탕으로 원래의 일정이 실현 가능한지 평가하는 것이 좋다. 아니면 지독한 버그를 해결할 방법을 고민하고 있다고 상상해보자. 수정에 돌입하기 전에 로그 데이터를 활용해서 해당 버그가 실제로 자원을 소비할 가치가 있을 정도로 많은 사용자에게 영향을 미치는지부터 검증하는 것이 좋다.

이 예시에는 적은 노력을 투자해서 프로젝트 가정과 목표를 검증할 데이터를 모으라는 공통된 교훈이 담겨 있다. 장기적으로 볼 때 낭비되는 많은 수고를 절약할 수 있을 것이다.

A/B 테스트로 제품 변경사항을 꾸준히 검증하라

2012년 6월 버락 오바마 대통령의 재선 운동에는 추가 자금이 절실히 필요했다. 오바마 측 디지털 팀은 기부 메일링 리스트에 등록한 사람들에게 지지자들이 단결해서 지원 자금을 모으지 못하면 상대인 밋 롬니Mitt Romney 측이 더 많은 자금을 동원할 위험에 처했다고 설명하는 이메일을 보내기로 했다. 처음에는 이메일 제목을 '마감시간: 미셸 그리고 저와 함께해요.'라고 하려고 했다. 이 제목도 충분히 합리적이었다. 하지만 디지털 팀은 '변화', '미셸을 위해', '우리를 믿는다면' 등등 기부자의 주의를 더 잘 끌 수 있는 다른 제목 후보를 브레인스토밍하기 시작했다.[20]

결국 440만 가입자의 받은 편지함으로 발송된 이메일의 제목은 처음과는 완전히 다른 '그들이 더 많은 자금을 동원할 겁니다.'였다. 신중하게 기획한 제목이었다. 가입자 일부를 대상으로 샘플 제목 17개를 테스트한 결과 이 제목이 다른 제목보다 약 6배 많은, 200만 달러 이상의 기부금을 모을 것이라고 나타났다. 그리고 실제로 이 이메일 캠페인만으로 260만 달러라는 놀라운 액수를 모금했다. 제목 몇 단어를 수정한 것치고는 엄청난 보상이었다.

오바마의 선거 운동 이메일 테스트는 완벽히 합리적으로 보이는 아이디어라 하더라도 데이터를 활용해서 검증할 때 얼마나 높은 레버리지가 발생하는지 보여주는 아주 적절한 예다. 더 중요한 점은 일회성 테스트가 아니었다는 점이다. 이메일 테스트는 직감에 의존하지 않고 실제 데이터를 바탕으로 모든 선거 운동 이메일을 검증하고 최적화하기 위해 디지털 팀이 확립한 체계적인 프로세스의 일부였다. 디지털 팀은 테스트가 매우 효과적임을 깨닫고는 이메일 유효성을 측정하고 개선할 도구를 만들 엔지니어링 팀을 고용하고, 브레인스토밍을 거쳐서 이메일 초안을 여러 버전으로 작성하는 업무를 전담할 작가를 20명 고용했다.[21]

2012년, 전국적으로 400통 이상의 모금 이메일을 발송했고 이메일 제목, 본문, 기부 금액, 서식, 강조, 글꼴 크기, 버튼 등을 10,000여 가지로 다양하게 변형해서 테스트했다.[22] 오바마 선거 캠프에서 작성한 각 이메일은 18개의 소규모 그룹에서 테스트했고 그 중 최고로 꼽힌 버전은 최악의 버전에 비해 5~7배 많은 기부금을 모금했다.[23] 20개월이 넘는 기간에 걸쳐 오바마 선거 캠프가 온라인 기부로 모금한 6억 9,000만 달러 대부분은 이렇게 철저한 테스트를 거쳐서 완성한 이메일을 통해 모은 것으로, 시간을 투자한 만큼 충분한 가치를 냈다고 볼 수 있다.[24, 25]

데이터로 아이디어를 테스트한다는 개념은 이메일뿐 아니라 제품 개발에도 적용된다. 테스트를 충분히 거쳐서 깔끔하게 설계된 확장성 좋은 소프트웨어 제품이라고 해도 사용자 참여도가 떨어지거나 고객이 구매하지 않으면 큰 가치를 전달하지 못한다. (목표에 맞는 지표를 **이미** 선택했다는 가정하에) 제품 변경 시 흔히 제기되는 문제는 지표에 변화가 관찰되더라도 제품 출시가 지표의 상승(또는 하락)에 얼마나 영향을 준 것인지 확신할 수 없다는 것이다. 요일, 언론 보도, 지속적인 제품 변경, 성능 문제, 눈에 띄는 버그 등 다른 요인 때문에 트래픽이 변동되어 생긴 변화는 아닐까? A/B 테스트라는 실험은 이러한 효과를 구분하고 효과를 낸 요인이 무엇인지 검증하는 강력한 도구다.

A/B 테스트에서는 변경사항이나 새로운 기능을 임의의 일부 사용자에게만 노출하고 대조군에 속하는 다른 모든 사용자에게는 노출하지 않는다. A/B 테스트 프레임워크는 일반적으로 사용자에게 그들의 브라우저 쿠키, 사용자 ID, 또는 무작위 숫자에 따라 버킷을 할당하고, 그들이 볼 변형된 제품을 버킷이 정하게 한다. 버킷 할당이 편향되지 않았다는 가정하에 모든 버킷은 트래픽 변동에 똑같은 영향을 받는다. 그러므로 실험군과 대조군의 지표를 비교했을 때 통계적으로 유의미한 차이가 있다면 이는 모두 변경사항의 차이에서 기인한다고 볼 수 있다. 다른 여러 변형을 통제한 상태에서 변경사항의 효과를 측정하는 과학적인 방법인 A/B 테스트를 활용하면 해당 버전을 전체 사용자에게 출시했을 때 거둘 효과를 평가할 수 있다.

A/B 테스트는 출시할 변경사항을 정할 때만 도움이 되는 것이 아니다. 특정 변경사항이 지표를 개선할 거라고 절대적으로 확신하는 상황에서도 유용하다. 그 변형이 실제 얼마나 더 나은지 알려주기 때문이다. 얼마나 개선될지 정량화하면 같은 분야에 계속 투자하는 것이 합리적인지 확인할 수 있다. 예를 들어 대규모 투자가 유지율을 단 1% 상승시키는 데 그친다면 레버리지가 더 높은 다른 투자처를 찾는 것이 나을 수 있고, 반대로 10%의 개선 효과를 내는 분야를 찾았다면 해당 분야에 투자를 2배로 늘려도 좋다. 그러나 효과를 측정하지 않는 한 자신이 어느 상황에 처해 있는지 알 수 없다.

A/B 테스트는 이론을 검증하고 개발 주기를 반복하면서 효과를 내는 변경사항을 찾아가는 반복적인 제품 개발 방식을 장려한다. 5장에서 언급한 수공예품 온라인 마켓플레이스인 엣시는 지표 중심의 문화에 힘입어 그들만의 고유한 A/B 테스트 프레임워크를 만들었다. 덕분에 제품을 끊임없이 실험하고 그 실험의 효과를 측정할 수 있었다. 엣시의 전 제품 개발 및 엔

지니어링 수석 부사장이었던 마크 헤드런드Marc Hedlund가 판매자의 상품을 보여주는 제품 목록 페이지를 재설계하던 당시의 이야기를 들어보자. 제품 목록 페이지란 제품의 큰 사진, 상세 정보, 판매자 정보, 장바구니에 추가할 수 있는 버튼을 보여주는 페이지다. 엣시 마켓플레이스의 수공예 제품, 빈티지 제품을 위한 목록 페이지는 매일 거의 1,500만 조회 수를 기록했고 이 페이지로 엣시를 처음 접하는 사용자도 꽤 있었다. 재설계하기 전에는 방문자의 약 22%가 보통 구글 검색 결과를 클릭해서 목록 페이지를 통해 사이트에 들어왔고 그 중 53%가 즉시 사이트를 떠났다.[26] 엣시 개발자들은 재설계를 통해 이탈률을 낮추고 독립적으로 일하는 디자이너, 제조자, 큐레이터가 판매하는 물건을 구입한다는 점을 구매자에게 명확히 알려주어 고객이 더 쉽고 빠르게 쇼핑하고 결제할 수 있는 페이지를 만들길 원했다.

이 지점에서 엣시는 비전통적인 접근법을 취했다. 다른 많은 엔지니어링 팀, 제품 팀은 사용자에게 출시하기 전에 제품이나 기능을 설계하고 제작을 완료한다. 몇 개월 수고해서 완성한 결과물이 핵심 지표에 원하는 만큼 변화를 일으키지 못한다는 것을 출시 이후에 깨달을 때도 있다. 엣시 목록 페이지 팀은 재설계를 훨씬 더 점진적으로 진행했다. 이들은 명확한 가설을 세우고 가설을 검증할 A/B 테스트를 만들고 테스트에서 배운 교훈을 적용하며 개발 주기를 반복해 나갔다. 예를 들어 '방문자에게 마켓플레이스에 있는 더 많은 제품을 보여주면 이탈률이 떨어질 것이다.'라는 가설을 세우고 목록 페이지 상단에 유사한 제품 이미지를 보여주는 실험을 진행한 후 지표가 이 가설을 지지하는지 분석했다(실제 이탈률이 약 10%나 감소했다). 그리고 이 실험을 통해 최종 설계에 마켓플레이스의 더 많은 제품 이미지를 넣어야 한다는 것을 배웠다.

엣시 개발자들은 오바마 선거 캠프에서 이메일 업무를 맡았던 팀처럼 데이터를 바탕으로 최종 설계에서 효과를 낼 요소를 직감적으로 구분할 수 있을 때까지 피드백 과정을 활용해서 여러 가정을 반복적으로 테스트했다. 헤드런드는 이렇게 설명했다. "당시 재설계에 8개월 정도가 걸렸어요. 철저하게 A/B 테스트에 의존해서 진행했죠. 재설계가 완성됐을 때 터무니없이 좋은 수치가 나왔어요. 성능 면에서 저희가 배포한 모든 프로젝트 중 단연 최고였습니다. 게다가 정량화되어 있었어요. 저희는 어떤 효과가 날지 알고 있었어요." 엣시는 2013년에 10억 달러 매출을 돌파했다.[27] 실험 주도적인 문화는 회사의 성장에 큰 역할을 했다.

쿼라는 이와 비슷하게 사내 A/B 테스트 프레임워크를 제작했는데 이 또한 레버리지가 아주 높은 투자였다. 실험을 정의하기 위해 간단한 추상화를 만들고, 개발 도중에 다양한 변형을 검증할 수 있게 도구를 작성하고, 버튼 하나만 누르면 테스트를 배포할 수 있게 하고, 실시간 분석을 자동으로 수집하게 했다. 이 모든 것이 반복 개발 주기를 최적화해서 현장에서 새로운 아이디어를 얻는 데 도움이 되었다.[28] 이 프레임워크 덕분에 수백 건의 사용자 실험을 진행할 수 있었다. 뿐만 아니라 새로운 가입 과정, 새로운 인터페이스 기능, 보이지 않는 곳에서 이루어진 랭킹 조정 등과 같은 변경사항의 효과도 측정할 수 있었다. A/B 테스트 프레임워크가 없었다면 제품 개선에 무엇이 도움이 될지 과학적으로 접근하지 못하고 추측에 의존했을 것이다.

고유한 A/B 테스트 프레임워크를 제작하는 것은 부담스러울 수 있다. 다행히 제품 가설을 테스트하는 데 쓸 수 있는 기존 도구가 많다. 무료 또는 오픈 소스 A/B 테스트 프레임워크로는 엣시의 'Feature-flagging API'[29], 'Vanity'[30], 'Genetify'[31], 구글의 'Content Experiments'[32]가 있다. 더 다양한 도구와 지원을 원한다면 월정액 비용을 지불하는 'Optimizely'[33], 'Apptimize'[34], 'Unbounce'[35], 'Visual Website Optimizer'[36] 같은 소프트웨어도 있다. A/B 테스트로 얼마나 많은 것을 배울지 생각하면 이 정도는 투자할 가치가 있다.

A/B 테스트 대상을 정할 때는 시간이 가장 제한적인 자원이라는 점을 기억하라. 레버리지가 높고 실질적으로 큰 의미를 지니며, 자기 회사에 실제로 중요한 차이를 내는지 파악하라. 구글이라면 아주 사소한 세부사항도 테스트할 여유가 있다. 구글은 검색 결과 링크에 41가지 파란색 중에 어떤 색을 쓸지 분석하여 가장 적합한 색상을 골랐고, 그 결과 구글의 광고 수익은 연간 2억 달러가 증가했다.[37] 구글은 적절한 시간을 들인다면 통계적으로 유의미한 차이를 알아낼 정도로 충분한 트래픽이 있는 회사일 뿐 아니라, 얼핏 미세하게 느껴지는 0.01%의 수익 개선이 310만 달러의 추가 수익으로 연결되는, 연 매출 310억 달러를 올리는 회사이기도 하다.[38] 하지만 대부분의 회사에서 이런 테스트는 시간과 트래픽 면에서 엄두도 못 낼 만큼 큰 비용이 든다. 또 그런 차이를 알아낸다고 하더라도 수익 차이는 무의미한 수준일 것이다. 처음에는 실제로 무엇이 중요한지 판별하기 어렵다. 하지만 여러 차례에 걸쳐 실험하다 보면 우선순위를 정하는 실력이 발전하고 큰 보상을 얻을 만한 테스트가 어떤 것인지 더 잘 판단하게 될 것이다.

A/B 테스트는 제대로 수행하면 제품 아이디어를 검증하고, 있는 그대로는 이해할 수 없는 사용자 행동 데이터라는 블랙박스를 이해하고 실행할 수 있는 지식으로 변환하는 데 도움이 된다. 제품 변경사항을 반복해서 검증하게 해줄 뿐 아니라 시간과 노력을 효과적으로 소비하며 목표 달성을 향해 올바른 경로로 가고 있는지도 확인시켜 준다. 때로 A/B 테스트를 통해 정량적인 데이터라는 사치재를 얻을 수 없는 경우라도 정성적인 피드백을 통해 아이디어를 검증할 수 있다. 그 방법에 대해서는 다음 절에서 알아보자.

1인 팀을 주의하라

일찍 그리고 자주 검증하기의 중요성을 고려할 때 주의해야 할 일반적인 안티패턴은 1인 팀이다. 실리콘밸리의 단면을 그대로 보여주는 한 상징적인 이야기가 있다. 주인공은 혼자 야심 차게 시스템을 설계하고 제작한 개발자다. 그는 자신의 프로젝트가 곧 출시될 것을 기대하며 팀원들에게 거대한 코드 리뷰를 보낸다. 하지만 그에게 돌아온 것은 자신이 놓친 중요한 설계 결함에 관한 지적과 시스템을 완전히 다른 방식으로 제작했어야 한다는 말뿐이다.

나는 구글에서 인턴으로 일하던 어느 여름, 오르컷orkut(구글의 초창기 SNS 중 하나) 검색 기능을 제작했다. 검색 결과에 표시되는 사용자 프로필의 색인, 랭킹, 필터링을 조절하는 프로젝트를 성실하게 수행했다. 다른 개발자들과 함께 초기 설계에 대한 기초적인 확인 절차도 마쳤다. 하지만 작업하는 부분이 계속 늘어나는 데다 코드 리뷰 경험도 별로 없었기에 실제 코드를 꼭 보여줄 필요는 없으리라 생각했다. 인턴십 마지막 주에 여름 내내 작업한 내용을 수천 줄짜리 코드 리뷰로 묶었다. 구글은 변경된 코드 줄 수를 기준으로 코드 커밋을 분류한다. 내 멘토의 받은 편지함에는 '에드먼드가 어마어마하게 방대한 코드 리뷰를 당신에게 보냈습니다.'라는 라벨이 붙은 이메일이 들어 있었다.

그리고 다른 인턴들과 점심을 먹으며 별생각 없이 이 코드 폭탄을 이야기했다. 나는 그 해 여름 내가 성취한 것에 대해 약간 우쭐한 기분이었으나 듣는 이들은 경악했다. "뭘 어쨌다고요?!? 멘토가 설계에서 두드러지는 문제라도 찾아내면 어쩌려고요? 멘토가 그걸 전부 리뷰할 시간은 있어요? 멘토가 무언가를 **찾는다**면 전부 고칠 시간은 있어요? 어마어마하게 방대한 코드 커밋을 허용하지 않으면요?" 심장이 내려앉는 느낌이었다. 여름 내내 한 일이 모두 허사가 되면 어쩌지? 나는 인턴십의 마지막 주를 이 일이 어떻게 될지 전전긍긍하며 보냈다.

다행히 배려심이 넘치는 내 멘토가 인턴십을 마친 후에 발생하는 모든 문제를 처리해 주겠다고 했다. 덕분에 코드를 커밋할 수 있었고, 그 기능은 내가 회사를 떠난 후 몇 개월 이내에 출시됐다. 하지만 너무 많은 부분이 운에 좌우됐다. 내 프로젝트는 전체가 폐기될 수도 있었다. 돌이켜보건대 코드를 조금 더 반복적으로 나눠서 커밋했더라면 작업이 고립된 상태로 그렇게 오래 유지되지 않았을 것이고, 위험도 상당히 줄었을 것이다. 멘토가 코드 리뷰하기도 훨씬 더 쉬웠을 것이고 그 과정에서 앞으로 코드에 적용할 소중한 피드백도 받았을 것이다. 1인 프로젝트에 관한 교훈을 경력 초반에 적은 비용으로 얻을 수 있었으니 따지고 보면 운이 좋았다.

많은 경우 혼자 프로젝트를 진행해야 할 것이다. 간혹 소통에 드는 간접 비용을 제거하려고 관리자나 기술 책임자가 1인 프로젝트를 진행하기도 한다. 아니면 각자 작은 업무를 독립적으로 처리하고 팀 업무를 쉽게 조율하려고 팀을 1인 서브 팀으로 나누는 경우도 있다. 또 어떤 조직은 개발자가 프로젝트에 대해 주인의식을 갖는 것을 승진 심사에서 중요하게 보기도 한다. 그런 조직에서는 승진 가능성을 최대한 높이기 위해 개발자들이 혼자 하는 작업을 선호하게 된다. 아니면 그냥 독립적으로 일하는 것을 더 선호하는 개발자도 있다.

1인 프로젝트 작업이 본질적으로 문제가 되는 것은 아니지만, 잘 진행하지 못하면 성공 가능성을 떨어뜨릴 위험 요인이 늘어난다. 다른 무엇보다 피드백을 받는 절차에 마찰이 생기는 것이 문제다. 자신이 작업한 내용이 제대로 작동할지 검증하려면 피드백이 필요하다. 그런데 리뷰어가 한 팀에 있어서 프로젝트의 맥락을 이해하고 있지 않은 한 코드 리뷰에서 좋은 피드백을 받기 어렵다. 피드백 과정을 만들어두지 않으면 거의 완벽하다고 생각하는 수준에 이르기 전까지 피드백 받기를 미루고 싶은 유혹이 들 수 있다. 그리고 잘못된 방향으로 온 것을 마지막에야 알아챈다면 많은 수고를 낭비하게 될 것이다.

1인 프로젝트에는 다른 위험도 존재한다. 혼자 일할 때 프로젝트가 잘 풀리지 않으면 사기가 더 저하된다. 고통을 분담할 누군가가 있다면 안간힘을 써서 탈출해야 하는 모래 구덩이, 따분하게 이어가야 하는 단조로운 작업, 모든 이해를 거부하는 듯한 버그에 조금 덜 진이 빠지고 조금 더 견딜 만하다. 작동이 한 번만 중단되어도 마감을 놓쳐서(이 문제는 7장에서 살펴보겠다) 프로젝트가 중단될 수 있다. 나도 그런 상황에 처해봤고, 다른 개발자들이 같은 일을 경험하는 것도 보았다. 그러나 프로젝트에 참여하는 사람이 두 명만 되어도 한 명이 막혔을 때 전체적인 추진력과 사기를 유지할 수 있다.

반대로 프로젝트가 잘 풀려도 혼자 일하면 동기 부여가 덜 하다. 팀원들과 함께 성취를 축하하고 기념하는 것은 사기를 높이는 훌륭한 방법이다. 혼자 일한다면 답답하던 데이터 손상 버그를 마침내 해결해냈을 때 누가 하이파이브해 주겠는가? 게다가 팀원들이 자신에게 의존한다는 것을 알면 책임감이 커진다. 팀의 성공을 도우려는 열의가 있으면 누구나 가끔 경험하는 의욕 저하를 뛰어넘을 수 있다.

그러나 만약 1인 프로젝트를 하는 중이라 하더라도 절망하지 마라. 이러한 위험은 극복할 수 있다. 스티브 워즈니악Steve Wozniak은 혼자 하드웨어, 소프트웨어를 설계해서 애플 IApple I, 애플 IIApple II 컴퓨터를 발명했다. 처음에는 집에서, 나중에는 스티브 잡스Steve Jobs의 차고에서 했다. 그의 발명품은 어떻게 홈브루 컴퓨터 클럽Homebrew Computer Club을 위한 취미용 장난

감에서 PC 혁명의 대들보로 변신했을까? 그렇게 될 수 있던 핵심 요소 중하나는 잡스가 균형을 맞추고 워즈니악의 아이디어를 검증할 피드백 루프를 제공했다는 것이다. 워즈니악이 내향적이고 표면상으로는 자기 세계에빠져 사는 것처럼 보였을지 모르나 실제로는 자신을 고립시키고 외부와 단절된 상태에서 일하지 않았다. 잡스의 비전과 야망에 자극을 받아서 두 사람은 결국 애플을 탄생시켰다.[39]

여러분도 워즈니악처럼 프로젝트의 성공 가능성을 높이는 데 필요한 피드백 채널을 만들 수 있다. 이를 위한 몇 가지 전략을 소개하면 다음과 같다.

- **피드백을 개방적으로 수용하라.**

  업무에 대해 방어적인 마인드셋을 고수하면 사람들이 피드백을 꺼리게되므로 피드백을 듣기 어려워진다. 그런 마인드셋을 버리고 학습을 위해 최적화하라. 피드백과 비판을 개인적인 공격이 아닌 발전의 기회로보라.

- **코드를 일찍, 자주 커밋하라.**

  대규모 코드 변경은 리뷰하기 어렵고 피드백받는 데 시간이 오래 걸리며 설계 결함이 발견됐을 때 시간과 수고가 크게 낭비된다. 반복적인진전에 집중하고 반복적인 커밋을 피드백받기 위한 유도 장치로 활용하라. 어마어마하게 많은 코드 리뷰를 보내는 사람이 되지 마라.

- **코드 리뷰를 철저한 비평가에게 부탁하라.**

  사람마다 코드 리뷰를 어느 정도로 엄격하게 하는지 큰 차이를 보인다.제품을 급하게 배포해야 할 때는 대충 훑어보고 승인해줄 개발자에게코드 리뷰를 부탁하고 싶을 수 있다. 하지만 품질을 최적화하거나 자신의 접근법이 제대로 작동하는지 확인하고 싶다면 철저한 비평가에게 코드 리뷰를 부탁하는 것이 훨씬 더 레버리지가 높다. 무언가 제대로 작동하지 않는다는 혹독한 비평은 사용자보다 동료에게 미리 받는 것이 낫다.

- **팀원들에게 아이디어에 대한 반응을 요청하라.**

  피드백을 받는 가장 직접적인 경로는 피드백을 요청하는 것이다. 정수기 주변에서 어슬렁거리는 팀원에게 화이트보드에 있는 몇몇 아이디어에 관해 이야기할 시간을 몇 분 내줄 수 있는지 물어보라. 연구에 따르면 다른 사람에게 아이디어를 설명하는 것이 스스로 배우는 훌륭한 방법이라고 한다.[40] 더욱이 설명하다가 자신의 이해에 존재하는 빈틈을 발견할 때도 있다. 대부분의 사람은 남을 돕고 싶어 하고 새롭고 어쩌면 흥미로운 문제에 관해 고민하며 잠시 휴식을 취할 기회를 얻는 것을 고마워한다. 그 대신 앞으로도 그 피드백 채널을 유지하고 싶다면 동료의 시간을 존중하라. 해결하려는 문제와 지금까지 이미 시도해본 방법을 명확히 설명하라. 이야기를 나눈 후 그에 대한 보답으로 그들의 아이디어 역시 열린 마음으로 논의하겠다고 이야기하라.

- **새로운 시스템의 인터페이스나 API부터 설계하라.**

  인터페이스를 설계한 후 기능이 완성되면 프로토타입을 제작해서 클라이언트 코드가 어떻게 보일지 확인하라. 인터랙션을 구체적인 그림으로 표현해보면 불충분한 가정이나 누락된 요구 조건을 파악할 수 있어서 장기적으로 볼 때 시간이 절약된다.

- **코드에 에너지를 쏟기 전에 설계 문서를 공유하라.**

  간접 비용이 추가되는 것처럼 보일지 모르나, 하려는 작업의 나머지 90%를 검증하기 위해 10%의 수고를 투자하는 셈이다. 문서 형식을 제대로 갖출 필요는 없다. 자세한 설명을 담은 이메일 정도면 충분한데, 여러분이 어떤 일을 하려고 하는지 상대방이 이해하고 이해한 바를 명확히 하기 위해 질문할 수 있을 정도로 포괄적으로 작성하면 된다.

- **최대한 팀원들과 맥락을 공유할 수 있게 프로젝트를 구조화하라.**

  팀원들이 병렬로 각자의 프로젝트를 진행하기보다 한 프로젝트씩 차례로 함께 진행하는 것을 고려해보라. 아니면 팀원들과 동일한 관심 영역 내에서 작업하는 방법도 좋다. 그러면 맥락이 공유되므로 토론이나 코드 리뷰 시 마찰이 줄어든다. 여러 프로젝트를 병렬로 각자 진행하지 않고 협업을 늘릴 수 있게 팀 프로젝트를 연속으로 진행하면 학습 면에서도 유리하다. 각 프로젝트를 완료하는 데 일정이 짧아지므로 주어진 기간 내에 더 다양한 프로젝트에 노출되기 때문이다.

- **논란의 여지가 있는 기능이라면 너무 많은 시간을 투자하기 전에 승인을 요청하라.**

  대화 중에 아이디어를 넌지시 제시하거나 이해관계자를 설득하는 데 도움이 될 프로토타입을 만드는 것도 도움이 될 것이다. 개발자들은 때로 이런 영업이나 마케팅을 사내 정치라 오해하고 무시하지만, 레버리지의 관점에서 보면 꽤 논리적인 결정이다. 아이디어를 구현하는 데 드는 시간은 몇 주인데, 단 몇 시간의 대화로 피드백을 얻을 수 있다면 이런 지름길을 통해 일찍 얻는 피드백에는 큰 가치가 있다. 해당 도메인을 이해하고 있는 사람들에게 승인을 얻지 못한다면 잘못된 경로로 가고 있다는 뜻일지 모른다. 혹시 피드백이 틀렸다고 생각되더라도 이런 대화를 통해 적어도 다른 이들은 어떤 문제를 신경 쓰는지 알 수 있다. 계속 진행할 생각이라면 그런 문제를 해결하는 것이 좋다.

이 모든 전략의 목표는 혼자 일할 때 피드백 수집을 방해하는 마찰을 극복하고 자신의 아이디어를 더 일찍 더 자주 검증하는 것이다. 1인 프로젝트를 하는 중이라면 사전에 방책을 강구하지 않는 한 기본적으로 고립된 상태에서 일하기 때문에 이 부분이 특히 중요하다. 하지만 이러한 전략은 팀으로 일할 때도 도움이 된다. 구글 시카고 엔지니어링 사무실을 창업한 두 구글 직원, 브라이언 피츠패트릭Brian Fitzpatrick, 벤 콜린스-서스먼Ben Collins-Sussman은 『협업의 기술Team Geek』에서 이러한 정신을 다음과 같이 잘 표현했다. "소프트웨어 개발은 단체 경기다."[41] 독립적으로 일하는 것을 선호하는 사람이라고 하더라도 자신의 작업을 팀 활동으로 정의하고 피드백 과정을 만들어두면 더욱 효과적으로 일할 수 있을 것이다.

의사 결정을 위한 피드백 과정을 구축하라

대규모 구현 작업에 참여 중이든 제품 개발 중이든 팀에서 일하는 중이든, 자신의 아이디어를 검증할 피드백 과정을 구축하는 것이 중요하다. 하지만 검증의 원칙은 여러분이 내리는 모든 의사 결정에 더 광범위하게 보편적으로 적용된다.

검증은 간혹 어렵다. 데이터 포인트가 많지 않을 수도 있고 정성적인 데이터만 있을 수도 있다. 새로운 서비스를 작성할 때 어떤 프로그래밍 언어를 사용하는 것이 좋을까? 추상화나 인터페이스는 어떤 형태여야 할까? 원하는 일을 할 수 있을 만큼 설계가 단순한가? 지금 당장 엔지니어링 비용을 들여서 더 많은 확장성을 확보할 가치가 있을까?

또한, 개발자의 직급이 올라갈수록 (특히 관리직을 맡을수록) 의사 결정이 점점 더 어려워지고 모호해진다. 팀의 업무를 어떻게 조직해야 할까? 팀의 기술 부채를 줄이기 위해 기능 개발을 잠시 멈출 (또는 멈추지 않을) 여력이 있을까? 업무 평가와 피드백은 어떻게 이루어져야 할까? 익명으로, 직접적으로, 아니면 공개적으로? 직원 채용이나 유지를 개선하려면 보상 구조를 어떻게 조절해야 할까?

페이스북의 엔지니어링 책임자인 님로드 후피엔은 인터뷰 중, 업무의 모든 측면에 피드백 과정을 만들어야 한다는 이야기를 꺼냈다. "이는 채용에도 해당됩니다. 팀 설계에도 적용됩니다. 문화를 어떻게 형성할 것인지에도 적용됩니다. 보상 구조에도 적용됩니다. 어떤 의사 결정을 내리든 이를 위한 피드백 과정이 있어야 합니다. 피드백 과정이 없으면 그냥… 추측하는 겁니다."

후피엔은 과거 우얄라의 엔지니어링 수석 부사장으로 있을 당시 효과적인 엔지니어링 팀을 구축하는 다양한 측면을 실험하고, 그러한 실험으로부터 교훈을 얻기 위해 피드백 과정을 만들었다. 예컨대 그는 효과성을 극대화하는 최적의 팀원 수를 알아내기 위해 팀을 다양한 규모로 조직하고 두드러지는 역기능을 찾았다. "가장 흔한 역기능은 한 팀이 두 팀처럼 행동하기 시작하는 것이었습니다. 두 그룹은 각자 자기 그룹의 일만 했습니다." 또 다른 실험에서는 안정성과 같은 엔지니어링 전반에 걸친 지표를 보상에 긴밀하게 반영했다. 보상 공식이 명확해서 처음에는 긍정적인 반응이 압도적이었으나 지표를 마음껏 제어하지 못한다는 이유로 개발자들이 분노하기 시작하면서 1분기 후에는 다시 제자리로 돌아왔다.

후피엔은 우얄라에서 효과적인 팀 구조에 관한 기본적인 의문에 관해 조사할 때도 유사한 실험을 진행했다. 기술 책임자가 관리자도 되어야 할까? (그렇다) 사이트 안정성 개발자, 디자이너, 제품 관리자 같은 직군은 개발 팀에 속해야 할까? (제품 관리자는 그래야 한다) 팀이 어떤 상황에서 스크럼Scrum 같은 방법론을 택해야 할까? (상황에 따라 다르다) 후피엔은 효과가 있는 것과 없는 것을 알아내기 위해 이러한 실험을 몇 주간 진행하고 데이터를 수집했다. 그냥 대화를 통해 답을 얻을 때도 있었다. 그러나 '슈퍼스타 팀을 만들 수 있게 최고의 개발자에게 2배의 연봉을 주자'는 급진적인 아이디어에 대해서는 사고 실험을 진행했다. 엔지니어링 기술 책임자를 모아서 어떤 결과가 나올지를 논의했다(이들은 최고의 성과를 내지 못하는 이들이 우르르 퇴사할 것이고 그 자리를 대체할 훌륭한 사람을 찾는 데 너무 오랜 시간이 걸릴 거라고 예상했다).

검증의 원칙은 당연하게 여기는 결정, 다른 사람을 무작정 따르는 결정 등 업무에 관한 많은 의사 결정이 사실상 테스트할 수 있는 가설이라는 것을 보여준다. 어떤 결정이 가장 효과적일지 알아내는 방법은 처한 상황, 관련된 사람에 따라 다르고 팀 구성에 관해 후피엔이 얻은 교훈이 여러분이 얻은 교훈과 다를 수도 있다. 하지만 코드를 작성하든 제품을 만들든 팀을 관리하든, 의사 결정을 내리는 방법론은 그대로다. 핵심은 실험을 실행하려는 의지가 과학적 방법을 적용하고 있음을 입증한다는 것이다.

검증이란 효과가 있을 수 있는 것에 대한 가설을 세우고, 가설을 테스트할 실험을 설계하고, 좋은 결과와 나쁜 결과에 대해 이해하고, 실험을 실행하고, 결과로부터 배운다는 뜻이다. 아이디어를 A/B 테스트와 충분한 트래픽으로 엄격하게 테스트하지는 못하더라도, 검증하지 않았다면 추측에 지나지 않았을 아이디어를 데이터에 입각한 결정으로 변신시키는 것은 가능하다. 올바른 마인드셋, 즉 아이디어를 테스트하려는 의지를 갖춘다면 피드백 과정으로 검증할 수 없는 것은 거의 없다.

핵심 요약

- **반복적인 방식으로 문제에 접근하여 노력의 낭비를 줄여라.** 매 개발 주기는 새로운 아이디어를 검증할 기회다. 빠르게 반복하고 빠르게 배워라.

- **소규모 검증으로 대규모 구현의 위험을 줄여라.** 노력의 일부를 투자해서 계획의 나머지 부분이 실행할 가치가 있는지 알아내라.

- **A/B 테스트를 활용해서 제품 가설을 끊임없이 검증하라.** 제품을 점진적으로 개발하고 효과가 없는 요소를 구별해 나가다 보면 여러분의 노력이 사용자가 실제로 원하는 결과로 이어질 가능성이 커진다.

- **1인 프로젝트를 할 때는 정기적으로 피드백을 구할 방법을 찾아라.** 고립된 상태에서 일하는 것이 쉽고 편할 수 있지만, 미리 발견했더라면 엄청난 노력의 낭비를 막을 수 있었을 무언가를 간과할 위험이 크다.

- **자신의 의사 결정을 검증하는 자세를 갖춰라.** 중요한 의사 결정을 내린 후 그냥 넘어가지 말고 데이터를 수집하고 작업의 가치와 효과를 평가할 피드백 과정을 만들어라.

프로젝트 추정 기술을 향상시켜라

2008년 8월 내가 우얄라에 합류한 지 2개월이 될 무렵 엔지니어링 팀은 플래시Falsh 기반의 비디오 플레이어를 완전히 재작성하는 작업에 착수했다. 온라인 비디오 스타트업인 우얄라는 TV 가이드TV Guide, 프로 테니스 협회Association of Tennis Professionals, 아르마니Armarni, 테크크런치TechCrunch 같은 고객이 웹사이트에서 수천 개의 비디오를 관리하고 제공하도록 도왔다. 콘텐츠 관리 시스템, 비디오 트랜스코딩 서비스, 웹 페이지에 삽입하는 비디오 플레이어를 제공했다.

최상위 고객들은 비디오 성능을 중요하게 생각했다. 이들은 빠르게 로딩되고, 가용 네트워크 대역폭에 따라 시청자의 동영상 품질을 빠르게 조절하며, 추가적인 맞춤 기능을 지원하는 플레이어를 원했고, 우리는 이들을 만족시키고 싶었다. 그러나 회사 창립 후 18개월간 플레이어 코드베이스에 기술 부채가 많이 쌓이면서 새로운 기능 개발이 점점 느려지고 오류가 발생하기 쉬운 환경이 되었다. 변경사항이 회귀 버그를 유발하지 않는지 확인할 자동화 테스트가 없었다. 안정적인 기반을 다져두지 않으면 현재 그리고 미래에 고객의 요구 조건에 맞는 제품을 제공할 수 없으리라는 것을 알았다. 그래서 더 모듈화되고 성능이 뛰어난 제품을 완성하고 더 깨끗하고 테스트를 제대로 거친 코드베이스를 만들기 위해 플레이어를 다시 작성하기로 했다.

CTO와 제품 관리자는 주간 회의에서 8명으로 구성된 엔지니어링 팀에 재작성 계획과 일정을 공개했다. 간트 차트에 업무를 배정하고, 업무별로 소요 시간을 보여주고, 각 업무 간의 종속성을 설계했다. 비디오 재생, 분석, 광고, UI를 비롯한 여러 모듈 작업을 병렬로 진행한 후 마지막 한 주 동안 모든 것을 통합할 예정이었다. 3명의 선임 개발자로 구성된 팀은 팀 전체가 이 프로젝트를 진행하는 데 4개월이 소요되고 크리스마스 휴가에 맞춰 프로젝트를 완료하리라 예상했다. 새로운 기능 개발은 앞으로 4개월간 잠시 멈추고, 계정 관리자에게 그사이 들어오는 고객의 요청을 보류시키도록 했다.

나는 이 야심 찬 프로젝트에 기대가 컸다. 지난 1년 반 동안 우리 팀이 이룬 많은 성과에 감동했지만, 제품을 빨리 만들려고 전력 질주하는 동안 코드베이스는 누더기가 되었다. 기능을 빠르게 개발할 수 있는, 잘 테스트된 구글의 코드베이스에서 작업하는 데 익숙했던 나에게는 재작성 작업이 우얄라의 코드베이스를 구글의 코드베이스에 더 가깝게 만들 기회로 보였다. 일정에 겹치는 부분이 있고 똑같은 개발자를 두 프로젝트에 동시에 배정한 것을 발견했을 때는 눈살이 찌푸려졌지만, 새로운 기능 개발을 4개월 이상 연기할 여력이 없었기에 걱정은 묻어두고 예상보다 빨리 끝내는 부분이 생기길 바랐다.

진행 중, 만약 경험이 더 있었다면 위험 신호로 받아들였을 만한 몇 가지 문제가 발생했다. 페이스북이 오픈 소스로 만든 새 프로토콜인 쓰리프트Thrift에서 분석 데이터를 인코딩해서 분석 모듈을 더 확장성 있게 만들고 싶었으나 여기에 쓸 수 있는 시간이 며칠밖에 없었다. 쓰리프트가 플래시용 프로그래밍 언어인 액션스크립트를 지원하지 않았기 때문에, 우리에게 필요한 액션스크립트 코드를 자동 생성하는 쓰리프트용 C++ 컴파일러 확장 기능을 작성해야 했다. 이 작업에만 일주일이 걸렸다. 새로운 플레이어에 새로운 서드파티 광고 모듈을 통합하고 싶었으나 알고 보니 이 모듈에는 버그가 많았다. 꽤 정상적인 환경에서조차 비디오 플레이어가 끼익 하는 거슬리는 소리를 냈다. 비디오 재생 모듈을 만드는 동안 더 나은 성능을 위해 어도비 코어의 저수준 인터페이스 중 하나를 사용하려고 했는데, 이 코어가 비디오가 버퍼링 중인지 재생 중인지 안정적으로 보고하지 않는다는 것을 한 팀원이 발견했다. 결국 우회적으로 해당 상태를 알아내는 방법을 힘들게 개발해야 했다.

12월 마감 기한이 다가올수록 일정에 뒤처지고 있다는 것을 느꼈다. 출시 담당 관리자에게 조심하지 않으면 출시가 1월로 미뤄질 수 있다고 언질을 주면서 어쨌든 강행했다. 그때까지도 실제로 일정보다 얼마나 뒤처질지 팀원 중 누구도 눈치채지 못했던 것 같다.

역설적이게도 이름을 '스위프트Swift*'라고 지은 새 플레이어가 완전히 출시된 것은 그로부터 5개월 뒤, 프로젝트를 시작한 지 거의 9개월이 지난 2009년 5월이었다. 우리의 여정은 우리의 성장에 꼭 필요했고 경이롭긴 했으나 결코 빠르지는 않았다. 프로젝트가 4개월이 아니라 9개월이 걸릴 줄 알았다면 프로젝트 범위를 좁히거나 조금 더 점진적인 재작성을 시도하거나 고객에 대한 다른 의무를 줄이는 등의 대안을 철저히 검토했을 것이다. 그렇게 하지 못한 탓에 지연된 일정 속에서 이 작은 스타트업이 살아남

---

* 역주 'swift'는 '빠르다'는 뜻이다.

을 수 있을지 걱정하며 한 달 한 달을 보내야 했다. 2009년 우리는 불황의 한가운데 있었다. 고객들의 예산은 빠듯했고 벤처 투자자들은 자금 지원을 꺼렸다. 다행히 우리 회사는 파산하지 않고 살아남았고, 출시 이후 많은 사업적 기회가 열렸다. 오늘날 우얄라는 매달 전 세계 2억 명에 달하는 시청자에게 10억 개 이상의 동영상을 제공하고 있다.

그 이후 나는 다른 경험을 하고, 다른 개발자들과 이야기하면서 많은 사람이 우얄라와 비슷한 경험을 한다는 것을 알게 되었다. 예를 들어 윈도우 비스타의 출시는 일정보다 3년 이상 늦어졌다.[1] 넷스케이프Netscape 5.0은 출시가 2년 늦어지면서 브라우저 시장에서의 점유율이 80%에서 20%로 곤두박질쳤다.[2, 3] 의욕적으로 7개월 이내에 출시할 계획이었던 게임 다이카타나Daikatana는 여러 차례 지연을 거듭한 끝에 애초 일정에서 2년 반이 지난 시점까지 출시하지 못했고, 수백만 달러의 예산 초과와 함께 회사가 종말을 맞았다. 2009년 50,000개 이상의 소프트웨어 프로젝트를 연구한 스탠디시 그룹Standish Group은 44%의 프로젝트가 출시 지연, 예산 초과, 요구 조건 미달을 경험했고 24%는 마무리하지 못했으며 지연된 프로젝트가 평균적으로 초과해서 사용한 시간 예산은 79%였다고 결론지었다.[4]

프로젝트 추정은 이펙티브 엔지니어가 익혀야 할 어려운 기술 중 하나다. 그러나 숙달하는 것이 중요하다. 기업이 제품에 대해 장기적인 계획을 세우려면 정확한 추정이 필요하다. 언제 자원을 확보하여 다음 기능 작업에 돌입할 수 있는지 또는 요청받은 기능의 완료 계획을 고객에게 언제 알려줄 수 있는지 알아야 한다. 기한에 맞춰 배포해야 한다는 압박이 없을 때도 프로젝트에 얼마의 시간이 들어가느냐는 어떤 작업을 할지 결정하는 데 영향을 미친다.

우리는 항상 불완전한 정보에 기대어 움직인다. 그러므로 프로젝트 추정의 정확성을 높이고 변화하는 요구 조건에 적응하는 능력을 키워야 프로젝트 계획을 성공적으로 세울 수 있다. 이 두 가지 목표는 대규모 프로젝트에서 특히 중요하다. 절대적인 차원에서 볼 때 단기 프로젝트는 많이 지연되지 않는 편이다. 몇 시간 걸릴 것으로 추정되는 프로젝트는 며칠 지연될 수 있고 며칠 걸릴 것으로 추정되는 프로젝트는 1~2주 지연될 수 있다. 이 정도 단기적인 지연은 심지어 티가 나지 않을 때도 있다. 하지만 몇 주, 몇 개월이 걸리는 프로젝트는 몇 개월이나 심지어 몇 년이 지연되기도 한다. 이때는 전쟁 같은 상황이 벌어질 수 있다.

이 장에서는 비현실적인 일정에 맞설 수 있는 프로젝트 계획을 책임질 도구로 여러분을 무장시켜 주겠다. 정확도를 높이기 위해 프로젝트 추정을 분해하는 방법을 알아보자. 미지수에 잘 대처할 방법도 살펴보자. 프로젝트 범위를 명확히 정의하고 측정할 수 있는 마일스톤을 세우는 방법을 설명하고, 위험을 최대한 일찍 감소시키고 더 빨리 적응할 방법도 알려주겠다. 마지막으로 일정에 뒤처졌을 때 기한에 맞추기 위해 초과 근무하지 않도록 주의해야 하는 이유(사실 우리가 아직 마라톤의 중간을 뛰고 있을지도 모르기 때문이다)에 대해 논의하며 이 장을 마무리하겠다.

정확한 추정치를 활용하여 프로젝트 계획을 추진하라

"이 프로젝트를 마치는 데 시간이 얼마나 걸릴까요?" 소프트웨어 프로젝트를 진행할 때 자주 듣는 질문이다. 그리고 우리가 한 추정이 설사 부정확하더라도 다른 사업적 결정에 반영된다. 추정이 형편없으면 큰 대가를 치러야 할 수도 있다. 어떻게 하면 더 정확히 추정할 수 있을까?

스티브 맥코넬Steve McConnell은 『소프트웨어 추정Software Estimation』에서 좋은 추정에 관해 그럴듯한 정의를 제시했다. "좋은 추정이란 프로젝트 현실을 명확히 보여주는 추정으로 프로젝트 리더가 프로젝트를 통제하고 목표를 달성하는 좋은 방법을 결정할 수 있게 한다."[5] 그는 정의에서 프로젝트에 드는 시간과 작업량에 관한 최선의 추측을 반영하는 **추정**의 개념과 사업적 지향점을 나타내는 **목표**를 구분한다. 개발자는 추정하고 관리자와 경영자는 목표를 설정한다. 이 장에서는 추정과 목표 사이의 간극을 효과적으로 다루는 방법에 집중할 것이다.

목표에 맞춰 추정을 수정하다가 프로젝트 일정이 지연되기도 한다. 예를 들어 경영자가 프로젝트 기한을 3개월로 설정했다고 가정해보자. 개발자는 해당 기능의 요구 조건을 구현하려면 4개월이 걸릴 거라고 추정한다. 일정 수정이 불가능한 이유에 관한 열띤 토론 끝에 (영업 팀이 고객에게 이미 해당 프로젝트를 약속했기 때문일지도 모른다) 개발자는 해야 할 업무를 비현실적인 3개월 프로젝트 계획에 억지로 집어넣어 추정을 조작한다. 마감일이 다가오면 현실이 드러나고, 기존 약속을 재조정할 수밖에 없다.

프로젝트 계획을 세울 때 추정을 활용하는 것은 그 반대로 하는 것보다 더 생산적이다. 모든 기능을 목표 기한에 모두 완성하는 것이 불가능한 상황이라면 기한을 그대로 유지하면서 가능한 만큼 완성하는 것, 아니면 기능 집합은 그대로 유지하면서 모든 기능을 완성할 때까지 일정을 미루는 것, 둘 중 어떤 것이 더 중요할까? 사업적 우선순위를 이해하면 조금 더 생산적인 대화를 통해 더 나은 프로젝트 계획을 고안할 수 있다. 그렇게 하려면 정확한 추정치가 필요하다.

그렇다면 유연성을 보장하는 정확한 추정치는 어떻게 도출할 수 있을까? 몇 가지 구체적인 전략을 소개하면 다음과 같다.

- **프로젝트를 더 작은 작업으로 분해하라.**

대규모 프로젝트를 추정할 때는 작은 작업으로 분해한 뒤 각 작업을 추정하라. 작업에 이틀 이상이 걸린다면 더 작게 분해하라. 긴 추정치에는 예상 밖의 문제가 숨어든다. 이를 어떤 내용이 포함되는지 제대로 이해할 만큼 작업을 철저히 검토하지 않았다는 경고로 받아들여라. 작업을 더 잘게 나눌수록 예상치 못한 하위 작업이 나중에 슬그머니 나타날 가능성이 줄어든다.

- **자신 또는 다른 누군가가 원하는 작업 시간 말고, 작업에 실제로 드는 시간을 기준으로 추정하라.**

관리자는 대개 '작업은 주어진 기한을 채울 만큼 늘어난다.'라는 파킨슨의 법칙을 믿는 경향이 있다.[6] 그래서 추정치에 이의를 제기하고 작업을 그보다 더 빨리 마치도록 밀어붙인다. 추정치를 더 잘게 세분화하면 이럴 때 더 수월하게 방어할 수 있다. 나는 공개적인 목표를 설정할 때 추정치를 활용하고, 도전적인 내부 목표를 설정할 때 관리자의 요구를 활용하는 방식으로 타협하는 절충안도 본 적이 있다.

- **추정을 최상의 시나리오가 아닌 확률 분포로 생각하라.**

톰 드마르코Tom DeMarco는 『Controlling Software Projects(소프트웨어 프로젝트 통제하기)』에서 우리가 추정을 종종 '실현 가능성이 0이 아닌, 가장 낙관적인 예측'으로 생각한다고 썼다. 그러면 추정이 "끝내지 못한다는 것을 증명할 수 없는 가장 이른 날짜가 언제인가?"를 맞추는 게임이 되어버린다.[7] 우리가 의존하는 정보는 불완전하므로 추정을 최상의 시나리오부터 최악의 시나리오까지 아우르는, 결과 범위에 대한 확률 분포라고 생각해야 한다. 제품 관리자를 비롯한 다른 이해관계자에게 어떤 기능을 6주 이내에 완성하겠다고 말하기보다 "이 기능을 지금부터 4주 이내에 완성할 가능성이 50%이고, 8주 이내에 완성할 가능성은 90%입니다."라고 말하는 것이 좋다.

- **실제 업무 담당자가 추정하게 하라.**

사람마다 기술적 역량이나 코드베이스에 익숙한 정도가 다르다. 여러분이 1시간 이내에 완료하는 일을 다른 사람이 맡았을 때는 3시간이 걸릴 수 있다. 그러므로 추정은 가능한 한 해당 업무를 맡을 사람에게 맡겨라. 소수의 사람이 팀 전체가 할 업무를 추정한 것이 우얄라 플레이어 재작성 프로젝트 추정을 비현실적으로 만든 이유 중 하나였다. 추정 업무를 분배하면 더 많은 팀원이 추정 기술을 연습할 수 있고 팀원들이 각자의 업무를 어떻게 과대평가 또는 과소평가하는지 팀 전체가 알 수 있다(대부분의 사람들은 과소평가한다). 나는 프로젝트 목표를 설정해야 할 때 팀원들과 함께 추정 작업에 할애할 시간을 일정으로 잡아둔다.

- **기준점 편향에 주의하라.**

행동 경제학을 연구하는 듀크대 교수 댄 애리얼리Dan Ariely는 학생들에게 사회보장번호 마지막 두 자리 숫자를 적고 와인 한 병의 가격을 추정하게 하는 실험을 진행했다. 사회보장번호 숫자가 높은 학생은 와인 가격을 눈에 띄게 높게 추정했다. 2배 이상 높게 추정한 학생도 있었다. 임의의 숫자가 잠재의식 속에서 기준점이 되어서 추정에 영향을 미친 것이다.[8] 관리자가 소프트웨어 프로젝트에 필요한 업무의 양을 대충 추측하거나(다시 말하지만 보통 과소평가한다) 여러분에게 빨리 대략 추정하게 시킬 때도 비슷한 효과가 일어난다. 낮은 추정치가 초기에 기준점으로 자리 잡으면 나중에 더 정확한 추정치를 설정하기 어려우므로 관련 작업의 윤곽을 짜기 전에는 수치를 이야기하지 마라.

- **하나의 업무를 여러 방법을 사용해 추정하라.**

이렇게 하면 자신의 접근법이 적절한지 확신을 높일 수 있다. 예를 들어 새 기능을 만드는 중이라고 가정해보자. 이럴 때는 다음 세 가지 방법을 쓸 수 있다.

(1) 프로젝트를 더 작은 작업으로 분해해서 각 작업을 추정한 후 상향식으로 추정치를 산출한다.

(2) 과거에 비슷한 기능을 만드는 데 얼마나 걸렸는지 데이터를 수집한다.

(3) 만들어야 하는 서브시스템의 개수를 계산하고 각 시스템을 만드는 데 필요한 평균 시간을 추정한다.

- **이상적인 인월을 조심하라.**

엔지니어링 분야에서는 프로젝트 기간을 보통 인시person-hour, 인일person-day, 인주person-week, 인월person-month, 즉 평범한 개발자 한 사람이 프로젝트를 끝내는 데 드는 시간, 일, 주, 개월 수로 측정한다. 안타깝게도 이렇게 계산하면 사람과 시간을 호환할 수 있다는 근거 없는 믿음이 생긴다. 한 여성이 아홉 달 안에 아이를 낳을 수 있다고 해서 9명의 여성이 한 달 안에 아이를 낳을 수 있는 것은 아니다. 프레더릭 브룩스Frederick Brooks는 『맨먼스 미신The Mythical Man-Month』에서 팀원이 추가되면 회의, 이메일, 1:1 대화, 논의 등의 소통 간접 비용이 팀의 크기에 따라 2차식으로 증가한다고 설명한다.[9, 10] 게다가 새로운 팀원이 프로젝트에 적응해서 생산성을 내기까지는 시간이 걸리므로 인원을 추가한다고 해서 프로젝트 타임라인이 단축된다고 생각하지 마라.

- **기존 데이터로 추정치를 검증하라.**

  스택 익스체인지Stack Exchange의 공동 창업자인 조엘 스폴스키Joel Spolsky는 과거 증거를 기반 삼아 데이터 주도적으로 추정하라고 주장한다.[11] 지금까지 20% 과소평가하는 경향이 있었다면 전체 추정을 25% 높여볼 만하다. 또는 지난 분기에 사용자 성장률이나 매출이 25% 증가했다면 이번 분기에도 지난 분기와 비슷한 성과를 내겠다고 주장할 수 있을 것이다.

- **범위가 커질 수 있는 작업을 타임 박스(time box)로 제한하라.**

  새 기능에 어떤 데이터베이스 기술을, 어떤 자바스크립트 라이브러리를 사용할지 조사하는 데 시간을 더 쓸 수 있지만, 계속 그렇게 하다가는 투자한 시간 대비 수익은 줄고 일정에 따른 비용은 증가할 것이다. 시간 제약이 없는 활동에 정해진 양의 시간, 즉 타임 박스를 배정하라. 조사에 3일 정도 걸린다고 추정하지 말고, 3일 이내에 찾은 데이터를 기반으로 최선의 결정을 내리려고 노력하라.

- **다른 이들이 추정에 이의를 제기하도록 허용하라.**

  추정은 어려우므로 원칙을 무시하거나 감시의 눈길을 피하려는 경향이 생긴다. 팀 회의에서 추정치를 검토하면 약간의 간접 비용만 추가해도 정확도를 높이고 공감대를 형성할 수 있다. 다른 팀원들이 추정에서 부족하거나 불완전한 부분을 찾아낼 지식이나 경험을 갖추고 있을지 모른다.

6장에서 아이디어를 반복해서 검증하면 엔지니어링 결과물이 좋아질 수 있다는 것을 배웠다. 마찬가지로 추정을 반복해서 수정하면 프로젝트 결과물이 나아질 수 있다. 프로젝트 초반에는 추정에 불확실한 부분이 많지만,

세부사항이 구체화될수록 변화의 여지가 줄어든다. 유입되는 데이터를 기존 추정치와 프로젝트 계획을 수정하는 데 활용하라. 그렇지 않으면 추정치가 계속 오래된 정보를 기반으로 유지될 것이다.

업무 수행에 실제로 걸리는 시간을 측정하고 추정한 시간과 비교하면 과거 추정을 수정하거나 앞으로 추정할 때 오차 범위를 줄이는 데 도움이 된다. 시간이 지나면 자신이 과소평가하는지 과대평가하는지, 아니면 대체로 목표를 잘 달성하는지 증거를 통해 알 수 있다. 예컨대 과소평가한 작업의 엔지니어링 추정치에 데이터를 기반으로 2배를 곱하는 경험 법칙을 도입할 수 있다. 5장에서 이야기한 대로 발전시키고 싶은 부분은 측정해야 한다. 이 경우에는 프로젝트 추정 기술이 그 대상이다. 소규모 작업 일정이 자꾸 지연된다면 잠시 멈춰서 앞으로 할 작업 또한 이렇게 지연될지 생각해보라.

간단한 측정이 큰 도움이 될 때가 있다. 파이썬 애플리케이션을 스칼라로 포팅해야 했던 한 프로젝트에서 나는 간단한 스프레드시트를 만들어서 팀원들이 예상한 작업 시간과 실제 작업 시간을 추적할 수 있게 했다. 팀원 대부분이 처음에는 종종 2배를 곱해야 할 정도로 업무를 과소평가했다. 1~2주 정도 지나자 시트를 참고해서 한 주 동안 마이그레이션할 수 있는 코드 줄 수에 대해 조금 더 정확히 파악하게 되었다. 나중에는 이 스프레드시트가 향후 마일스톤에 관련한 시간도 더 정확하게 추정하는 데 도움이 되어서 수고한 보람을 느끼게 했다.

특정 작업이 예상보다 오래 걸린다는 것을 알아내면 일정이 지연될지 미리 알 수 있다. 그러면 일정을 조정하거나 우선순위가 낮은 기능을 더 빨리 포기할 수 있다. 얼마나 지연될지 모르는 상황에서는 이런 조정이 불가능하다.

미지의 변수를 고려하라

소프트웨어 프로젝트가 기한을 지키지 못하는 데는 다양한 이유가 있는데, 노력의 부족은 대체로 원인이 아니다. 우얄라 엔지니어링 팀도 재능이나 동기가 부족한 건 분명 아니었다. 구글에서 일했던 팀보다 더 강하면 강했지 약하진 않았다. 팀원 대부분은 몇 달 동안 주당 70~80시간을 근무했고 개중 많은 이가 프로젝트를 완료하기 위해 가족과 함께하는 휴가에서도 코드를 작성했다.

그러나 이렇게 노력했는데도 플레이어를 제시간에 수정하지 못했다. 실수가 각 작업에 드는 시간을 과소평가한 것뿐이었다면 구제할 여지가 있었을지 모른다. 일정을 크게 어긋나게 한 원인은 아예 추정하거나 계산할 수 없었던 온갖 미지의 프로젝트와 문제에 있었다.

- 새로운 코드베이스를 위한 단위 테스트 장치를 개발하고 테스트용 자체 모의 라이브러리, 단언문 라이브러리 작성하기: 모범 사례로 시작하고 싶었던 작업인데 처음 추정할 때 포함되지 않았다.

- 일련의 스타일 가이드라인이 장기적으로 코드 품질을 개선하는 데 도움이 된다는 것, 그리고 그렇게 많은 코드를 작성하기 전에 이런 가이드라인을 개발해야 한다는 것을 깨닫기

- 우선순위가 높은 일부 고객에 대응하느라 작업 중단하기: 이런 일이 일어날 때마다 몇몇 개발자가 1~2주 정도 팀을 떠나 있었다.

- 사용자가 인터넷 익스플로러에서 재현하기 어려운 특정한 방법을 통해 특정 비디오 프레임으로 이동할 때 어도비 플레이어가 종료되는 비디오 손상 문제 디버깅하기

- 고객의 비디오 라이브러리가 커지면서 나타나는 제품의 확장성 문제 해결하기: 우리는 매일 점점 더 많은 분석 데이터를 처리해야 했다.
- 프로젝트 중간에 초창기 개발자를 다른 회사에 빼앗기기: 많은 지식을 이어받고 작업을 재분배해야 했다.
- 4개월 후 새 프로젝트 개발 재개하기: 회사로서는 더 미룰 수 없었기 때문이다.
- 플레이어의 바이너리 크기를 줄이겠다는 목표를 달성하려고 기존 서드파티 렌더링 라이브러리를 사용하지 않고 UI 컴포넌트를 바닥부터 재작성하기
- 개발 속도를 높이기 위해 서브버전Subversion 저장소를 깃Git으로 마이그레이션하기

각각 개별적으로 대처한다면 극복할 수 있는 문제들이다. 하지만 모든 문제가 복잡하게 얽히면서 일정에 대혼란이 벌어졌다.

프레더릭 브룩스는 『맨먼스 미신』에서, 내가 이 프로젝트에서 한 경험에는 일정을 어기는 소프트웨어 프로젝트가 보이는 일반적인 패턴이 반영되어 있다고 설명한다. "사람들은 프로젝트의 일정이 심각하게 지연된다는 소식을 들으면 엄청난 재해가 줄줄이 닥친 것이 분명하다고 상상한다. 하지만 대개 재난을 일으키는 것은 토네이도가 아니라 흰개미 떼다."[12] 사소한 결정, 미지의 사건이 우야라 일정을 하루하루 천천히 지연시켰다.

프로젝트가 길어질수록 예상치 못한 문제가 발생할 가능성이 더 커진다는 것을 인정하면 미지의 문제를 더 잘 처리할 수 있다. 이에 대처하는 첫 단계는 추정한 작업 시간을 달력상의 시간과 분리하는 것이다. 기한은 종종 우리를 놀라게 한다. '이 프로젝트 엔지니어링 작업을 완료하기까지 1개

월이 걸릴 것이다'라는 말을 '이 프로젝트는 달력상 한 달 이내에 완료될 것이다'라는 뜻으로 해석하기 때문이다. 개발자는 작업을 완료하는 데 필요한 시간을 중심으로 추정하지만 관리자, 고객, 마케터는 출시일을 기준으로 생각한다. 문제는 1개월 치 예상 작업을 완료하는 데는 달력상 1개월 이상이 소요된다는 것이다.

평소 개발자는 눈에 띄는 버그 수정, 면접 진행, 팀 회의 참석, 관리자와 1:1 대화 진행, 비상 당번 근무, 신입 개발자 교육, 이메일 회신 등 많은 엔지니어링 외적 업무를 반복해서 처리해야 한다. 이런 사항을 고려하면 하루 8시간을 근무한다고 해서 프로젝트에 8시간을 쓴다고 볼 수는 없다.

일회성 방해 요소도 발생한다. 엔지니어링 조직에서는 버그 픽싱 데이*, 해커톤, 현장 업무, 업무 평가 등의 일정을 진행한다. 운영 팀이 업그레이드, 유지 보수, 데이터 마이그레이션을 위해 꼭 필요한 핵심 개발자 업무 중단 시간을 잡아두기도 한다. 영업 팀이 계약을 성사시키기 위해 몇 가지 맞춤형 작업을 긴급하게 요청할 수도 있다. 예상치 못한 장애나 우선순위가 높은 보안 버그를 고쳐야 할 때도 있다. 핵심 사업 지표가 갑자기 떨어져서 조사가 필요할 때도 있다. 팀원이 아프거나 배심원의 의무를 이행하거나 휴가를 갈 때도 있다. 어떤 주에 이런 방해 요소 중 하나가 일어나리라 예상할 수도, 그럴 확률이 낮을 수도 있다. 하지만 프로젝트가 크고 오래 진행될수록 이러한 요소들이 팀원 일부에게 영향을 미쳐 일정을 상당히 지연시킬 가능성이 커진다.

일정이 지연되면 이런 방해 요소의 영향이 더 복잡하게 얽힌다. 마감 기한을 놓친 후 작업에 한 달이 더 든다고 추정되는 상황이라고 가정해보자. 그 한 달마저 전과 똑같은 이유로 더 늘어나기 쉽다. 게다가 기존 출시일

---

* **역주** 다른 모든 업무보다 버그 해결을 우선적으로 처리하는 날.

직후에는 엔지니어링 시간에 대한 수요가 더 증가될 수 있다. 원래 마감 기한 일주일 뒤에 휴가를 계획한 팀원이 있을 수 있다. 프로젝트가 공휴일 전에 완료될 계획이었다면 공휴일 때문에 출시일은 더 미뤄진다. 프로젝트가 끝날 때까지 미뤄둔 작업을 더 이상 미룰 수 없을지 모른다. 우얄라의 우리 팀도 새로운 기능 개발을 4개월 미뤄두었던 까닭에 시간 예산이 만료되자 플레이어를 재작성하는 동시에 고객들이 인내하며 기다려온 요청을 처리하느라 허둥지둥해야 했다. 그 결과 애초에 정한 출시일이 지난 후에는 개발 속도가 더 느려졌다.

일정을 설정할 때 예기치 못한 방해 요소를 고려해서 여유 시간을 추가하라. 장기 프로젝트에서는 방해 요소가 복합적으로 발생할 확률이 꽤 높다. 각 팀원이 해당 프로젝트에 현실적으로 매일 얼마의 시간을 쓸 수 있는지 명시하라. 아사나에서 엔지니어링 관리자로 일하는 잭 하트Jack Heart는 이상적인 1일 치 엔지니어링 업무를 일상적인 방해 요소를 감안해서 근무일 2일로 계산한다고 설명한다.[13]

누군가 대규모 프로젝트에 참여하는 경우, 그 사람이 그 프로젝트에 매주 얼마의 시간을 쓰느냐에 특정 일정이 좌우된다는 것을 명확히 확인하라. 시간을 투자해야 하는 다른 업무를 고려하고 미지수를 위해 여유 시간을 남겨두어라. 드롭박스 내부 플랫폼 및 라이브러리 팀을 이끄는 알렉스 알랭Alex Allain은 가끔 스프레드시트에 주별 프로젝트 일정을 정리하고 매주 누가 어떤 작업을 하는지 주석을 달아 휴일이나 휴가를 막는다.[14] 가벼운 방법으로 빠르게 기초적인 확인 절차를 마칠 수 있다.

경각심을 높일 수 있게 프로젝트 계획에 원래 포함되지 않았는데 쓴 시간을 명시적으로 추적하라. 그렇게 하면 이런 방해 요소 때문에 갑자기 프로젝트 계획이 망가질 확률을 줄일 수 있다.

구체적인 프로젝트 목표와 측정 가능한 마일스톤을 정의하라

우얄라의 비디오 플레이어 분석 모듈을 재작성하는 동안 결국은 조금 더 확장성 있는 로그 형식으로 전환하게 되리란 걸 깨달았다. 곧 교체할 걸 알면서 군이 기존 형식 기반의 모듈을 다시 만들 필요가 있을까? 장기적으로 볼 때 미리 변화를 주면 일이 줄어들 거라는 게 중론이었다. 안타깝게도 이처럼 좋은 의도로 내린 일련의 결정이 많은 대가와 함께 프로젝트를 지연시켰다. 프로젝트를 지연시키는 주요 원인은 어떤 결정이 성공으로 이어질지 정확히 이해하지 못하는 데 있다. 우얄라의 경우 '전체 작업 줄이기'와 '작동하는 제품의 빠른 출시', 둘 중 무엇이 도움이 될지가 헷갈렸다. 이런 혼란 때문에 결국 효과적인 균형점을 찾기 어려워지고, 프로젝트가 제대로 진행되는지 평가하기도 힘들었다.

해결 중인 문제를 기반으로 프로젝트의 구체적인 목표를 정의하고, 마일스톤을 활용해서 해당 목표에 맞춰 진행 상황을 측정하라. 타마르 베르코비치는 이 기법을 활용하여 클라우드 스토리지 기업인 박스에서 대규모 인프라 프로젝트를 효과적으로 관리했다. 2012년 말 베르코비치의 팀은 중대한 확장성 문제에 직면했다. 지난 7년간 전체 애플리케이션 데이터베이스는 하나의 MySQL 데이터베이스 인스턴스에 있었고 간단한 조정만으로도 충분히 관리할 수 있었다. 하지만 데이터베이스 트래픽이 매일 약 17억 개의 쿼리가 발생하는 수준으로 성장했고, 데이터베이스를 다른 서버로 복제해도 트래픽 대부분이 여전히 하나의 기본 마스터 데이터베이스를 거쳐야 했다. 폴더와 파일을 저장한 키 테이블이 각기 수천만 행, 수억 행으로 늘어나면서 관리하고 업데이트하기가 점점 더 어려워졌다. 베르코비치의 팀은 고객이 급격하게 성장하면서 몇 달 안에 아키텍처 용량이 부족해질 것을 예견했다.[15]

베르코비치는 사용할 만한 확장성 해결책을 조사한 후 거대한 폴더와 파일 테이블의 샤딩sharding* 프로젝트를 시작했다. 파티션, 즉 샤드를 다른 데이터베이스에 저장할 수 있게 두 테이블을 수평 분할하는 것이 목표였다. 웹 애플리케이션이 어떤 데이터에 접근해야 할 때 우선 룩업lookup 테이블을 확인하여 그 데이터가 포함된 샤드가 무엇인지 보고, 해당 샤드가 저장된 데이터베이스에 쿼리를 보내는 것이다. 아키텍처를 샤딩해두면 데이터를 더 많은 샤드로 분할하여 추가 데이터베이스 장비에 옮기고 룩업 테이블을 업데이트하는 것만으로도 앞으로의 성장에 대비할 수 있었다. 단, 까다로운 점은 이를 수행할 때 서비스를 중단하지 않아야 한다는 점이었다.

이 프로젝트는 분초를 다투는 긴급한 작업이었고, 80만 줄짜리 코드베이스를 대대적으로 수정해야 했다. 두 테이블 중 하나라도 쿼리한 코드는 모두 수정하고 테스트해야 했다. 베르코비치는 "모든 것을 손봐야 하는 (...) 문자 그대로 기본 데이터 컴포넌트를 가져오는 방식 자체를 바꾸는 프로젝트"였다고 설명했다. 위험한 프로젝트이기도 했다. 우얄라 플레이어 재작성처럼 범위가 커져서 일정이 지연될 가능성이 있었고 데이터와 트래픽이 허용량을 초과하기 전에 전환을 완료하지 못하면 박스에 재앙을 초래할 수 있었다.

베르코비치가 위험을 줄이기 위해 구사한 핵심 전략은 명확한 문제를 바탕으로 명확한 목표를 표현하는 것이었다. 박스가 곧 단일 데이터베이스로 증가하는 트래픽을 지원하지 못하게 되는 날이 온다는 것이 문제였다. 그녀가 세운 목표는 서비스 중단 없이 최대한 빠르게 샤딩된 아키텍처로 마이그레이션하는 것이었다.

---

* 역주 'shard'는 '조각' 또는 '파편'이라는 뜻을 지니며 데이터베이스를 '샤드'라는 단위로 분할하는 것을 가리킨다.

프로젝트 목표를 설정하는 간단한 작업을 했을 뿐인데 두 가지 구체적인 혜택이 뒤따랐다. 첫째, 잘 정의해둔 목표는 작업 목록에서 꼭 해야 할 일과 하면 좋은 일을 구분하는 중요한 필터가 된다. 누군가가 분명히 "이번 기회에 X도 하면 좋지 않겠어요? 항상 하고 싶어 했던 거잖아요!"라며 기능을 추가하자고 할 텐데 명확한 목표가 있으면 이런 의견을 막는 데 도움이 된다. 사실 베르크비치도 처음에는 아키텍처 마이그레이션이 진행되는 동안 개발자가 결과 필터링을 위해 임의의 SQL 코드를 전달할 수 없도록 데이터 접근 계층 재작성을 강행하려 했다. 임의의 필터링은 샤딩을 더 복잡하게 만들었는데, 그 이유는 특정 파일이나 폴더 테이블을 건드렸는지 확인하려면 SQL 코드를 해석해야 하기 때문이었다. 게다가 이를 제거하면 향후 성능 최적화가 더 쉬워진다는 장점도 있었다. 하지만 목표를 고려할 때 이부분을 재작성하면 프로젝트가 훨씬 더 길어질 것이고 다른 방법으로도 이문제를 해결할 수 있다는 데 모두가 동의했다. 베르코비치는 이렇게 강조했다. "해결하려는 문제가 정확히 무엇인지 아주 명확히 해둔 것이 프로젝트 범위에 속하는 것과 그렇지 않은 것을 구분하는 데 도움이 되었습니다."

목표가 구체적일수록 기능을 구별하는 데 도움이 된다. 구체적인 프로젝트 목표의 예를 들면 다음과 같다.

- 홈페이지 사용자 지연 시간의 95 백분위수를 0.5초 이하로 감소시키기
- 사용자가 콘텐츠 유형에 따라 결과를 필터링할 수 있는 새로운 검색 기능 배포하기
- 서비스를 루비에서 C++로 포팅하여 성능 개선하기
- 서버에서 설정값을 요청할 수 있게 웹 애플리케이션 재설계하기

- 통신망 접속이 없을 때도 콘텐츠에 접근할 수 있게 오프라인에서도 모바일 애플리케이션 지원하기
- 고객당 매출을 증가시키기 위해 제품 결제 흐름 A/B 테스트하기
- 국가별로 핵심 지표를 세분화하는 새로운 분석 보고서 개발하기

프로젝트 목표를 구체적으로 정의할 때 얻는 두 번째 혜택은 핵심 이해관계자들 사이에 명확성과 공통의 이해가 형성된다는 것이다. 베르코비치는 이렇게 설명한다. "어떤 목표와 제약이 있는지 이해하고 어떤 가정을 하고 있는지 알리는 것이 매우 중요합니다. 프로젝트와 관련이 있는 모든 이해관계자들 사이에 이러한 사항에 관해 공통의 이해를 확실히 형성시켜야 합니다." 이 단계를 건너뛰면 자신이 중요한 문제라고 여긴 것을 필요 이상으로 최적화하기 쉽다. 그랬다가는 결국 배포 직전에 관리자에게 이런 질문을 듣게 될 것이다. "해결하지 못한 핵심적인 X, Y, Z 기능은 어떻게 할 건가요?"

공통의 이해가 형성되면 팀 전체의 목표에 해를 끼칠 수 있는 지엽적인 트레이드오프에 대해 팀원들은 더 책임감을 느낀다. 장기 프로젝트가 진행되는 중간에는 누군가 토끼 굴로 일주일 정도 사라져서 코드 라이브러리를 재작성하거나 부분적으로만 관련 있는 기능을 만드는 일이 발생하기 쉽다. 각 개발자 입장에서는 살짝 돌아간다고 해도 일정이 크게 느려지지 않고 코드베이스 정리 같은 작업은 장기적으로 볼 때 작업량을 줄여줄 수도 있다. 그러나 지엽적인 엔지니어링 트레이드오프로 얻을 수 있는 혜택 중 많은 부분은 프로젝트를 마칠 때까지 구체화되지 않는 데 반해, 프로젝트 기간 내에 전체 업무의 양이 늘면 지연이 발생한다. 이런 지연 때문에 발생하는 비용은 프로젝트에 따라 다르며 공통의 이해가 형성되면 팀원들이 이런 비용

을 체득하고 일관성 있게 균형을 찾을 수 있다. 그렇지 않으면 고전적인 공유지의 비극[16]이 벌어지면서 각 트레이드오프가 합리적인 수준에서 이루어지더라도 전체적으로 볼 때 프로젝트가 용납할 수 없을 정도로 지연된다. 범위를 잘 정의해두면 팀원들이 서로 "지금 하는 일이 전체 목표에 기여하는가?"를 쉽게 확인할 수 있다.

돌이켜보면 '4개월 안에 우얄라 플레이어 재작성하기'보다 더 구체적으로 목표를 정의했다면 프로젝트 타임라인을 효과적으로 줄일 수 있었을 것이다. 예를 들어 다음과 같은 목표라면 좋았을 것이다. '최대한 빨리 기존 비디오 플레이어의 대체 플레이어를 제작하기. 동적으로 로딩되는 모듈을 지원해야 하고 단위 테스트를 거쳐야 하며 추후에 추가 광고 통합, 분석 보고서, 비디오 제어를 지원할 수 있어야 함.' 이런 목표였다면 필요한 작업, 미뤄야 할 작업, 나중에 점진적으로 추가할 작업에 관해 공통의 이해를 형성할 수 있었을 것이다.

구체적인 목표를 정의하는 것보다 더 효과적인 것은 목표 달성을 위해 측정할 수 있는 마일스톤을 세우는 것이다. 이는 베르코비치 팀이 위험을 줄이기 위해 활용한 두 번째 보완 전략이다. 누군가에게 특정 업무나 프로젝트의 진행 상황에 관한 질문을 받으면 대개 "거의 다 했어요.", "코드가 90% 완료됐어요."라고 답하곤 한다. 다시 말하지만, 현재 상황이나 남은 작업량을 추정하는 능력이 부족한 것도 하나의 이유다. X, Y, Z라는 명시적인 기능을 포함한 구체적인 마일스톤이 있으면 정직해질 수 있을 뿐 아니라 업무가 제대로 진행되고 있는지, 뒤처지고 있는지 더 정확하게 측정할 수 있다. 마일스톤에 목표 완료일까지 설정되어 있다면 더 좋다.

샤딩 프로젝트의 마일스톤은 다음과 같았다.

1. 단일 MySQL 데이터베이스 조인을 다수의 데이터베이스에서 동작하는 애플리케이션 수준의 조인으로 전환하는 등의 방식으로 코드를 리팩터링하여 파일과 폴더 쿼리 샤딩하기
2. 샤딩 위치를 탐색하면서도 단일 데이터베이스에서 데이터에 접근할 수 있도록 애플리케이션을 논리적으로 샤딩하기
3. 단일 샤드를 다른 데이터베이스로 옮기기
4. 모든 계정의 파일과 폴더 데이터를 완전히 샤딩하기

베르코비치는 이렇게 설명했다. "각 마일스톤은 이전에 없던 가치를 도입하는 아주 명확한 지점입니다." 다시 말해 마일스톤은 측정할 수 있다. 시스템이 기준을 충족하는지, 약속된 대로 동작하는지 확인할 수 있다. 측정할 수 있다는 특성 덕분에 각 작업을 면밀히 검토한 뒤 "이 작업이 이 마일스톤에 필수 요소인가?"라고 물을 수 있다. 이러한 렌즈를 활용하면 작업해야 할 올바른 항목의 우선순위를 공격적으로 정할 수 있다.

구체적인 목표로 프로젝트 범위를 정하는 것은 결승선까지 경주 트랙을 설치하는 것과 같고, 측정할 수 있는 마일스톤을 선정하는 것은 결승선을 향해 제대로 가고 있는지 주기적으로 확인할 수 있게 거리를 표시하는 것과 같다. 마일스톤은 프로젝트의 진행 상황을 평가하는 체크 포인트이자 팀의 진행 상황을 조직의 다른 사람들과 소통하는 창구 기능을 한다. 또한, 마일스톤은 뒤처지고 있을 때 기한을 연장하거나 작업을 줄여서 계획을 수정할 기회를 제공한다.

몇 달 후 베르코비치가 이끄는 팀은 샤딩된 아키텍처로 성공적으로 마이그레이션했고 수십 개의 샤드에서 수십억 개의 파일을 지원할 수 있을 정도로 성장했다.[17] 그 과정에서 분명 버그도 생겼다. 일례로 샤드가 한 데이터

베이스에서 다른 데이터베이스로 복사될 때 애플리케이션이 폴더를 중복으로 표시하는 버그가 발생했다. 그래도 목표와 마일스톤을 지킨 덕에 프로젝트를 과하게 질질 끌지 않을 수 있었다.

똑같은 기법이 우리에게도 도움이 될 수 있다. 위험을 줄이고 시간을 효과적으로 분배할 수 있게 구체적인 목표를 정의하고, 진행 상황을 추적하기 위한 마일스톤을 세워라. 그러면 어떤 작업을 미룰 수 있는지 공통의 이해가 형성되고 프로젝트의 범위가 의도치 않게 늘어날 가능성이 줄어들 것이다.

위험은 초반에 감소시켜라

개발자들은 무언가 만드는 것을 좋아한다. 무언가 작동하는 것을 보거나 어떤 임무를 완수하면 뇌에 엔도르핀이 분비되면서 계획을 세우거나 회의에 참석하는 걸로는 느낄 수 없는 짜릿한 기분을 느낀다. 그래서 자신이 잘 이해하고 있는 프로젝트의 쉬운 부분에서 가시적인 성과를 내려는 편향이 생길 수 있다. 그러고는 일이 잘 진행되고 있다고 믿는다. 위험한 부분에 대한 비용이 아직 구체화되지 않았기 때문이다. 안타깝게도 이는 그릇된 안도감을 느끼게 할 뿐이다.

프로젝트를 효과적으로 실행한다는 것은 기한을 늦출 만한 위험을 최소화하고 예상치 못한 문제를 최대한 초반에 알아낸다는 뜻이다. 그렇지 못하면 초반에 예상한 타임라인에 의존하다가 지연될 부분을 뒤늦게 발견하고 더 큰 실패의 대가를 치른다. 문제가 예상보다 어렵다는 것이 뒤늦게 밝혀지는 것보다는 차라리 일찌감치 문제를 찾아내서 목표 기한을 조정하는 것이 낫다.

가장 위험한 영역부터 처리하면 이와 관련한 추정 오류를 찾아내는 데 도움이 된다. (6장에서 소개한) 아이디어를 일찍 그리고 자주 검증하는 기법 또한 프로젝트와 연관된 위험을 완화할 수 있다. 새로운 기술로 전환하는 중에는 소규모로 종단 간 프로토타입을 만들어서 발생할 가능성이 있는 여러 문제를 찾아낼 수 있다. 새로운 백엔드 인프라를 채택할 때 성능과 장애의 특성을 초기에 체계적으로 이해하면 새 인프라를 견고하게 만드는 데 필요한 통찰을 얻을 수 있다. 애플리케이션 성능을 개선하기 위해 새로운 디자인을 고려할 때 코드의 핵심 부분을 벤치마킹하면 성능 목표를 달성할 수 있다는 확신을 높일 수 있다. 필요에 따라 프로젝트 계획을 조정할 수 있게 처음부터 학습을 최대로 늘리고 위험을 최소로 줄이는 것을 목표로 삼는 것이 좋다.

대개 시스템 통합에는 계획했던 것보다 시간이 더 많이 드는데, 그 과정에서 해당 프로젝트와 연관된 위험뿐 아니라 대규모 프로젝트에서 흔하게 생기는 위험도 발생할 수 있다. 여러 소프트웨어 조각을 하나로 합칠 때 서브시스템 간의 예상치 못한 상호작용, 엣지 케이스의 컴포넌트 동작 방식에 관한 어긋난 기대, 예전에 고려하지 않았던 설계 문제가 일제히 불쾌하게 고개를 들이민다. 코드 복잡성은 실제 코드 줄 수가 아니라 코드 줄 사이의 상호작용 수에 비례해 늘어난다. 따라서 서브시스템끼리 복잡하게 상호작용할 때 예상치 못한 일을 겪을 여지가 많다. 더욱이 프로젝트 초기 추정 단계에서는 최종 상태가 어떨지 알 수 없기 때문에 통합을 더 작은 작업으로 분해하기는 극히 어렵다. 일례로 한 프로젝트에서 우리는 코드베이스 여기저기에 할 일을 적은 주석이 여전히 남아 있다는 것을 통합 시점이 되어서야 깨달은 적도 있다. 미뤄둔 작업의 완료 시간은 통합 테스트 예산에 포함되어 있지 않았기 때문에 기한에 맞추기 위해서는 서둘러야 했다.

통합 위험을 어떻게 줄일 수 있을까? 한 가지 효과적인 전략은 초기에 종단 간 테스트를 위한 틀을 만들고 시스템을 테스트하는 것이다. 불완전한 기능과 모듈을 제거하고 최대한 빨리 종단 간 시스템을 구성하라. 일부 기능만 동작하더라도 상관없다. 통합 작업을 앞부분에 배치하면 여러 이점이 있다. 첫째, 여러 조각을 이어줄 접착제와 각 조각 간의 상호작용 방식에 관해 더 생각해야 하므로, 통합 관련 추정을 다듬고 프로젝트 위험을 줄이는 데 도움이 된다. 둘째, 개발 중에 무언가가 종단 간 시스템을 망가뜨리더라도 조기에 발견할 수 있어서 훨씬 적은 코드 복잡성을 다루게 된다. 막바지에 이르러서야 문제를 발견하고 허겁지겁 해결하지 않아도 된다. 셋째, 통합 비용을 개발 프로세스 전반으로 분할할 수 있어서 실제로 통합 작업이 얼마나 남아 있는지 더 정확하게 인식하는 데 도움이 된다.

우리는 불확실성과 불완전한 정보 속에서 프로젝트를 운용하므로 초반의 프로젝트 추정은 크게 달라질 수밖에 없다. 더 많은 정보를 얻고 추정을 수정할수록 변경의 여지가 줄어든다. 시간 변동이 큰 작업을 프로세스 초반으로 옮기면 위험을 줄이는 데 도움이 되는 시간과 정보가 늘어나 프로젝트 계획을 효과적으로 세울 수 있다.

재작성 프로젝트는 매우 조심스럽게 접근하라

무언가를 바닥부터 재작성하려는 욕구는 소프트웨어 개발자의 아주 일반적인 특징이다. 원래 코드베이스가 기술 부채로 뒤섞여 있거나 오랜 시간에 걸쳐 몽키패치*가 쌓여 있는 것을 보면 **재설계하고 더 깨끗하게 만들면 좋지 않을까?**라는 생각이 든다. 또는 원래 설계가 너무 단순하고 기능이 없으면 **X나 Y를 할 수 있으면 좋지 않을까?**라고 생각한다.

---

* 역주 프로그램 런타임 중에 클래스나 모듈을 동적으로 수정하는 것.

안타깝게도 재작성 프로젝트는 매우 위험한 편이다. 우얄라에서 내가 한 경험은 재작성 프로젝트의 타임라인이 어떻게 통제 불능의 상태로 빠져서 기업을 위험에 빠뜨릴 수 있는지 잘 보여준다. 4년간 지메일과 구글 앱스를 이끌었던 샘 쉴리스에게 개발자가 저지르는, 가장 대가가 큰 실수가 무엇인지 묻자 다음과 같이 답했다. "무언가를 처음부터 재작성하려고 하는 거죠. 그건 저질러서는 안 되는 가장 큰 죄예요."

재작성 프로젝트가 특히 골머리를 썩이는 데는 몇 가지 이유가 있다.

- 재작성 프로젝트도 다른 소프트웨어 프로젝트와 똑같이 어려운 프로젝트 계획과 추정을 거쳐야 한다.

- 원래 버전에 이미 익숙하기 때문에 새로운 영역을 맡을 때보다 재작성 프로젝트를 크게 과소평가하는 경향이 있다.

- 재작성할 때 다른 개선사항도 추가하고 싶은 생각이 들기 쉽다. 코드를 재작성하는 동안 기술 부채를 줄일 수 있게 코드를 리팩터링하거나 성능이 더 뛰어난 알고리즘을 쓰거나 서브시스템을 재설계하면 더 좋지 않을까?

- 재작성을 진행할 때 새 기능이나 개선사항은 다음 두 가지 방법 중 하나를 택해서 추가한다. 재작성이 완료될 때까지 출시하지 않아도 된다면 재작성 버전에 추가한다. 새 기능이나 개선사항을 빨리 적용하고 싶다면 기존 버전과 새 버전에 똑같이 추가한다. 둘 중 어떤 옵션을 선택하든 프로젝트의 타임라인과 함께 비용도 증가한다.

프레더릭 브룩스는 재작성과 관련한 어려움을 설명하기 위해 '두 번째 시스템 효과second-system effect'라는 용어를 만들었다. 무언가를 처음 만들 때는 자신이 무엇을 하는지 잘 모르므로 조심스럽게 진행하는 경향이 있다.

개선하기보다는 작업을 단순하게 하려고 노력한다. 하지만 두 번째 시스템에 관해 그는 이렇게 경고한다. "두 번째 시스템은 인간이 설계한 가장 위험한 시스템이다. (…) 일반적으로 두 번째 시스템은 첫 번째 시스템에서 조심스럽게 피했던 모든 아이디어와 장식을 사용해 과하게 설계하는 경향이 있다." 우리는 개선할 여지가 보이면 이를 해결하려 들기 때문에 프로젝트의 복잡성이 증가한다. 두 번째 시스템은 지나친 자신감 탓에 일정이 지연되기 쉽다.

성공적으로 시스템을 재작성한 개발자들은 대규모 재작성 프로젝트를 일련의 소규모 프로젝트로 변환하여 진행한다. 소프트웨어 시스템을 더 통제하기 쉬운 단계에서 점진적으로 재작성한다. 마틴 파울러Martin Fowler는 『리팩터링Refactoring』에서 개발자는 코드를 리팩터링할 때 기존 코드의 동작을 보존하는, 일련의 점진적인 변환을 활용해야 한다고 주장한 바 있는데, 재작성에 성공한 개발자들은 바로 그런 마인드셋을 갖추고 있다. "작은 단계를 밟아가며 진행하면 오류 발생의 위험이 줄어든다. 구조를 재구성하는 동안 시스템의 손상도 피할 수 있다. 그러면 장기간에 걸쳐 시스템을 점진적으로 리팩터링할 수 있다."[18]

시스템을 점진적으로 재작성하는 것은 레버리지가 높은 활동이다. 이렇게 작업하면 프로젝트가 예상보다 오래 걸리거나 예상치 못한 일이 발생했을 때 단계마다 레버리지가 더 높은 다른 작업으로 바꿀 수 있는 유연성이 생긴다. 점진적인 방법을 활용하면 전체 작업량이 늘어날 수 있으나, 위험이 많이 감소하는 것을 고려하면 이런 단점을 감수할 만한 가치가 있다. 우얄라의 기술 책임자였던 필 크로즈비Phil Crosby는 플레이어 재작성을 마친 후, 개발 주기 반복 속도를 높이기 위해 플래시를 기반으로 한 대규모 콘텐츠 관리 시스템을 HTML5로 마이그레이션하는 프로젝트를 이끌었다. 그런

데 한 번에 전면적인 재작성을 시도하기에는 위험이 너무 컸다. 일정이 지연되면 재작성을 완료할 때까지 새로운 기능을 플래시와 HTML5로 작성해야 할 터였다. 그래서 크로즈비가 이끄는 팀은 다른 방법으로 접근했다. 이들은 재작성에 앞서 HTML5 컴포넌트를 플래시 애플리케이션에 삽입할 수 있게 해주는 애플리케이션 하이브리드 버전을 지원할 인프라를 구축했다. 이를 통해 HTML5 컴포넌트를 한 번에 하나씩 점진적으로 포팅하고 출시할 수 있었고, 새로운 기능을 HTML5만으로 작성할 수도 있었다. 이 방법을 통해 팀이 해야 할 일은 전체적으로 더 늘어났으나 팀의 유연성이 향상되고 프로젝트에 대한 시간 압박을 크게 줄일 수 있었다.

롭Lob의 해리 장Harry Zhang도 API를 제공하는 소프트웨어를 재작성할 때 비슷한 접근법을 썼다. 장의 팀은 여러 기업이 문서와 제품을 출력해서 우편으로 보낼 수 있는 API를 만든다. 코드베이스가 점점 지저분해지고 작업하기 어려워졌기 때문에 API 서비스를 Node.js로 재작성하기로 했다. 한꺼번에 전부 하지 않고, 기존 API 서버와 새로운 API 서버 사이에 다른 API 엔드포인트를 위해 트래픽을 선택적으로 라우팅하는 프록시 서버를 만들었다. 인터페이스를 그대로 유지하면 새로운 엔드포인트를 다루는 서버를 점진적으로 배포하다가 오류나 문제가 발생했을 때 다시 되돌릴 수 있었다. 점진적인 방식을 활용한 덕분에 진행 중인 고객 문제를 처리하면서 재작성을 완료할 훨씬 큰 자유를 확보했다.

간혹 점진적인 재작성이 불가능할 때도 있다. 기존 버전과 새로운 버전이 트래픽을 분할하여 처리하도록 동시에 배포할 방법이 없을 수도 있다. 차선책은 재작성을 각기 목표가 있는 여러 단계로 나누는 것이다. 쉴리스의 스타트업 업스타틀Upstartle은 입소문을 타고 50만 명의 사용자를 모은 후 구글에 인수되어서 나중에 구글 문서도구가 된 라이틀리Writely라는 온라인 문서 제품을 만들었다. 4인으로 구성된 그의 팀은 라이틀리를 C#으로 작성했는데 구글 데이터 센터는 이 언어를 지원하지 않았다. 매일 수천 명의 사용자가 꾸준히 가입하는데, 쉴리스의 팀은 규모 확장이 안 될 게 뻔한 코드베이스를 패치하느라 너무 많은 에너지를 소비하고 있었다.

그래서 이들이 처음으로 한 작업은 구글의 인프라를 활용할 수 있게 기존 C# 코드베이스를 자바로 변환하는 것이었다. 이때 공동 창업자 한 명이 코드베이스에서 마음에 들지 않는 부분을 재작성하는 작업도 동시에 진행해야 한다고 주장했다. 어차피 만들자마자 버릴 부분을 자바로 변환할 이유가 없다는 것이었다. 쉴리스는 다음과 같은 말로 그 논리에 열심히 맞섰다. "길을 잃을 수 있기 때문에 그렇게 하면 안 됩니다. 1단계는 자바로 변환한 코드가 독립적으로 정상 동작하게 하는 것입니다. 자바 코드가 정상 동작한다면 2단계에서 거슬린다는 그 부분을 리팩터링하고 재작성하죠." 결국 그는 팀을 설득해 재작성의 목표를 다음과 같이 매우 명확하게 설정했다. '구글의 데이터 센터에서 사이트를 작동하기 위한 최단 경로를 택하자.' 그 목표만으로도 고통스러울 정도로 힘들었다. 제품의 새 인프라를 위해 구글 내부 기술 12개를 배우고 통합해야 했다. 코드베이스에 일련의 정규식을 실행하여 대규모 코드 묶음을 자바로 변환한 후 수만에서 수십만 개의 컴파일 오류를 고생스럽게 고치는 데 1주일이 걸렸다. 4인으로 구성된 팀은 체계적인 2단계 방법 덕분에 12주 이내에 재작성을 완료해 인수 후 구글 인프라에 가장 빠르게 포팅한 팀이라는 기록을 세우며 구글 문서도구로 성장할 기반을 마련했다.[19]

돌이켜볼 때 우얄라에서 플레이어를 재작성할 때 이와 비슷한 2단계 방법을 추구했다면 작동하는 제품을 제때 완성할 가능성을 극대화하는 데 매우 효과적이었을 것 같다. 우리도 동일한 기능과 성능을 갖춘 새로운 모듈식 플레이어를 최대한 빨리 배포하는 것을 목표로 설정했더라면 불필요한 다른 모든 것(분석을 위해 쓰리프트로 마이그레이션하기, 추가 광고 모듈 통합하기, 세련된 플레이어 스킨 디자인하기, 최소 요구 조건 이상으로 성능 개선하기 등)을 적극적으로 뒤로 미뤘을 것이다. 나머지 개선사항은 초기 버전을 출시한 후에 로드맵상의 다른 작업과 비교해서 우선순위를 정해서 점진적으로 해결할 수 있었을 것이다. 그러면 주당 70~80시간씩 근무하지 않아도 됐을 것이고, 나중에 기존 플레이어에서 새 플레이어로 옮겨야 할 기능은 줄고 예상치 못한 문제에 대응할 유연성은 향상됐을 것이다.

재작성을 단계적으로 진행하자고 자신이나 팀원을 설득하기 어려울 수 있다. 곧 버릴 게 뻔한 과도기 단계의 코드를 작성하려면 맥이 빠질 수도 있다. 하지만 목표 기한을 크게 놓치고 새 기능 출시가 지연되고 어쩔 수 없이 급한 기능을 두 번 만들어야 한다면 사기는 더 저하된다. 대규모 재작성 프로젝트에서는 점진적인 단계별 접근법이 훨씬 더 안전하다. 지연 위험과 거기에 따르는 대가를 피할 수 있고 발생하는 새로운 문제를 처리할 수 있는 귀중한 유연성이 확보된다.

마라톤 중간에 전력 질주하지 마라

나는 여러 달에 걸쳐서 진행되는 중요한 프로젝트에 참여한 경험이 두 번 있다. 두 팀 모두 재능 있고 헌신적인 사람들로 구성됐고, (프로젝트가 지연되면 사업을 망칠 거라는 생각에) 촉박한 일정을 지키려고 노력했다. 좋은 의도를 지닌 야심 찬 엔지니어링 관리자가 프로젝트가 끝날 때까지 팀원들이 초과 근무로 전력 질주하도록 밀어붙였고, 주당 근무시간은 60시간에서 약 70시간으로 늘어났다. 두 프로젝트 모두 몇 달간 전력 질주한 후에도 프로젝트는 끝나지 않았다. 마라톤의 최후 직선 코스에 도달하지도 않았는데 경로의 중간 어디에선가 전력 질주를 시작했고, 이는 지속 가능하지 않았다.

최선을 다해도 프로젝트는 간혹 지연된다. 이런 상황에 어떻게 대처하느냐는 애초에 정확히 추정하는 것만큼 중요하다. 관리자가 기한이 2개월 남은 상황에서 프로젝트가 일정보다 2주 지연된다는 것을 깨달았다고 가정해보자. 이런 경우 보통 기한을 지키려면 팀이 25%의 시간을 더 들여야 하므로 남은 2개월간 주당 40시간 대신 50시간을 근무해야 한다고 생각한다. 안타깝게도 실제 계산은 그렇게 간단하지 않다. 초과 근무한다고 해서 출시일이 지켜질지 보장할 수 없는 이유는 다양하다.

- **근무 시간이 늘어나면 시간당 생산성이 떨어진다.**

한 세기 넘는 기간에 걸친 여러 연구에 따르면, 근무 시간이 길어지면 생산성이 줄어든다.[20] 1890년대 고용주들이 8시간 근무제를 실험했을 때 근로자 1인당 전체 생산량이 더 높아졌다.[21] 1909년 시드니 채프먼Sidney Chapman은 초과 근무 시 생산성이 빠르게 감소한다는 것을 알아냈다. 지친 근로자는 실수하기 시작하고 생산량의 단기적 증가는 그 이후 생산량을 희생시켰다.[22] 헨리 포드Henry Ford는 1922년 주당 40시간 근무제를 도입했다. 수년간의 실험으로 이 제도가 근로자의 총 생산량을 증가시킨다는 것을 확인했기 때문이다.[23, 24] 초과 근무 시간 중에는 한계 생산력이 감소하므로 시간을 25% 더 들인다고 해서 생산량이 25% 증가하지 않는다. 전체 주당 생산량이 전혀 증가하지 않을 수도 있다. 1980년 한 연구에서는 "주당 60시간 이상의 근무 일정이 2개월 이상 지속되면 생산성 감소의 누적 효과로 인해 주당 40시간 근무했을 때보다 완료 일정이 더 늦어질 수 있다."라고 밝혔다.[25]

- **생각보다 일정이 더 지연됐을 수 있다.**

일정이 지연됐다는 말은 앞서 했던 작업을 과소평가했다는 뜻이다. 남아 있는 2개월을 포함해 전체 프로젝트를 과소평가했을 가능성이 크다. 게다가 프로젝트 초반에는 잘 알고 있는 명확한 개발 작업을 진행하기 때문에, 대체로 정확하게 추정하는 편이다. 반대로 프로젝트 후반 부분은 추정하기가 더 어렵다. 일례로 통합에 드는 시간은 종종 과소평가될 뿐 아니라 예상치 못한 문제로 인해 일정이 일주일 이상 지연되기도 한다.

- **추가 근무 시간으로 인해 팀원들이 번아웃을 경험할 수 있다.**

추가되는 근무 시간은 어딘가 다른 데 쓰일 시간을 가져온 것이다. 사람들은 가족이나 친구와 보내는 시간, 운동 시간, 휴식 시간, 취침 시간처럼 다른 무언가를 할 시간을 초과 근무로 희생한다. 회복하는 시간을 스트레스로 가득한 근무 시간으로 대체하는 셈인데 여기에는 번아웃이라는 정량화하기 어려운 위험이 따른다. 톰 드마르코와 티모시 리스터Timothy Lister는 『피플웨어Peopleware』에서 이를 '언더타임undertime'이라고 명명한다. "초과 근무에는 대개 그와 동일한 시간을 들여 근로자들이 자신의 생활을 정상화하는 보상적 언더타임이 뒤따른다."[26] 더 나아가 이렇게 덧붙인다. "추가 근무 시간의 긍정적인 잠재력은 크게 과장되어 있으며 오류, 번아웃, 빠른 이직 등 부정적인 영향은 상당히 클 수 있다."[27]

- **추가 근무는 팀 내 역학 관계를 망가뜨릴 수 있다.**

팀원 모두가 추가 근무에 협력할 여유가 있는 것은 아니다. 양육할 아이가 있는 사람, 다음 달에 2주간 여행을 계획해둔 사람, 출퇴근 거리가 멀어서 그렇게 오래 일할 수 없는 사람도 있을 것이다. 한때는 모두가 의기투합해서 공평하고 평등하게 일했는데 여유가 없는 사람들의 몫까지 책임지고 더 오래 일하는 사람이 생길 수 있다. 그 결과 과거에는 행복했던 팀원들이 억울함이나 후회를 느낄 수 있다.

- **마감 기한이 다가올수록 의사소통 간접 비용이 늘어난다.**

  출시일을 며칠에서 몇 주 앞둔 시기에는 정신없이 업무가 이루어지곤 한다. 모두가 해야 할 일을 제대로 하고 있는지 확인하기 위해 회의도, 상황 업데이트도 더 자주 해야 한다. 이 경우 추가적인 조정 요구 조건을 맞추느라 남아 있는 업무에 전념할 시간이 줄어든다.

- **기한을 향한 전력 질주 때문에 기술 부채가 유발된다.**

  기한을 맞추려고 초과 근무하면 마일스톤을 지키려고 원칙을 무시하는 일이 불가피하게 발생한다. 이 때문에 프로젝트가 끝나면 나중에 갚아야 할 기술 부채가 산더미처럼 쌓인다. 프로젝트가 끝난 후에 그 문제를 재검토하려고 기록해 두더라도 막상 이를 실행하려면 다음 주요 프로젝트보다도 코드 정리를 우선순위로 두어야 할 것이다.

이처럼 초과 근무는 형편없는 프로젝트 계획의 만병통치약이 아니며 장기적인 위험과 비용이 동반된다. 추가 근무해서 실제로 출시일을 지킬 현실적인 계획이 없는 한, 장기적으로 볼 때 최고의 전략은 목표 기한 내에 얼마나 완성할 수 있는지를 가늠해서 출시할 내용을 재정의하거나 더 현실적인 날짜로 기한을 미루는 것이다.

그렇다고 해도 중요한 기한을 맞추는 데 초과 근무가 약간 필요하다고 생각하는 상황이 간혹 발생할 수 있다. 회사의 모든 직원이 오랫동안 출시를 기대해 왔거나, 너무 중요한 프로젝트여서 그 프로젝트가 실패하면 사업이 무너질 거라고 관리자가 믿고 있거나, 아니면 기한을 놓쳤을 때 어떤 일이 일어날지 두려운 마음이 들 수도 있다. 따라서 가끔은 장기적인 비용을 생각하더라도 초과 근무할 필요가 있다고 생각할 때가 생긴다. 그럴 때는 모든 팀원의 동의를 구해라. 그리고 다음과 같은 방법으로 초과 근무를 통해 실제로 목표를 달성할 가능성을 높여라.

- **지금까지 타임라인이 지연된 주요 원인을 모두가 이해하고 공유하라.**

  진행 속도가 느려진 이유가 업무 태만 때문인가? 알고 보니 프로젝트에 예상보다 복잡하고 시간이 많이 드는 부분이 있어서인가? 이후에 똑같은 문제가 일어나지 않을 것이라 확신하는가?

- **프로젝트 계획과 타임라인을 현실적으로 수정하라.**

  초과 근무로 출시일을 지킬 수 있는 이유와 방법을 설명하라. 새롭게 작성한 프로젝트 계획이 다시 지연되면 감지할 수 있게 측정 가능한 마일스톤을 정의하라.

- **프로젝트가 수정한 타임라인보다 더 지연된다면 전력 질주를 포기하라.**

  알고 보니 마라톤 중간에 전력 질주하고 있음을 깨달았다면 예상보다 결승선이 훨씬 더 멀리 있다는 것을 인정하라. 손실을 줄여라. 더 열심히 일해도 문제가 해결되지 않을 가능성이 높다.

임시방편으로 초과 근무에 의존할 생각에 비상 대책을 세우지 않으면 곤란하다. 궁지에 몰렸는데 다른 계획이 없다면 기한이 다가올수록 당황해서 허둥지둥할 가능성이 높다. 이펙티브 엔지니어라면 미리 계획을 세운다.

프로젝트를 추정하고 계획하는 건 제대로 하기 매우 어렵고 나를 비롯한 많은 개발자도 이를 어렵게 익혔다. 잘 추정할 수 있게 발전하는 유일한 방법은 연습과 실천뿐이다. 제대로 추정하지 못해도 감당해야 할 비용이 적은 소규모 프로젝트로 연습하면 더욱 좋다. 프로젝트의 규모가 커질수록 위험도 커지고 뛰어난 프로젝트 계획, 추정 기술이 성공에 더 많은 영향을 미칠 가능성도 커진다.

핵심 요약

- **프로젝트 계획에 추정을 포함시켜라.** 추정을 바탕으로 특정 날짜에 계획한 기능을 모두 출시하는 것이 가능한지 결정해야 한다. 불가능하다면 출시할 기능 변경 또는 출시일 변경에 관해 논의해야 한다. 원하는 목표에 맞춰서 추정치를 변경하지 마라.

- **미지의 변수를 고려해서 일정을 여유 있게 잡아라.** 의무적으로 해야 하는 다른 업무, 휴일, 병치레 등을 고려하라. 프로젝트가 길수록 이런 일이 발생할 확률이 높아진다.

- **측정할 수 있는 마일스톤을 정의하라.** 명확한 마일스톤이 있으면 작업이 제대로 진행되는 중인지, 지연되는 중인지 확인할 수 있다. 마일스톤을 추정치를 수정할 기회로 삼아라.

- **가장 위험한 작업을 먼저 하라.** 미지의 영역을 초반에 확인해서 프로젝트의 위험과 추정치 변경을 줄여라. 프로젝트 초반에 하기 쉬운 일에 집중해놓고 일이 잘 진행되고 있다고 착각하지 마라.

- **초과 근무의 한계를 이해하라.** 결승선에 가까워지지도 않았는데 전력 질주를 시작했다가 번아웃을 경험하는 팀이 많다. 일정이 지연되고 있고 어떻게 해야 좋은지 방법을 모른다고 해서 전력 질주하지 마라. 초과 근무로 프로젝트를 제때 마칠 수 있다고 확신하는 경우에만 이를 활용하라.

Part 3

장기적인 가치를 구축하라

CHAPTER

8

품질과 실용주의 사이에서 균형을 유지하라

구글의 코딩 표준은 유난히 높다. 프로그래밍 스타일 가이드는 C++, 자바, 파이썬, 자바스크립트를 비롯해 회사에서 쓰는 여러 언어에 관한 규칙을 규정한다. 공백, 변수 이름 지정 같은 일상적인 세부사항을 자세히 알려주고, 구글 코드베이스에 허용되는 언어 기능, 프로그래밍 관용구 programming idiom*가 무엇인지 알려준다.[1] 코드 변경사항을 체크인하기 전에 반드시 다른 개발자의 리뷰를 거치게 하고 해당 변경사항이 스타일 규칙을 고수하는지, 단위 테스트 커버리지가 적절한지, 구글의 높은 표준을 만족시키는지 확인한다.[2]

또 구글은 개발자에게 회사에서 사용할 각 프로그래밍 언어별로 가독성 리뷰를 공식적으로 통과할 것을 요구한다. 개발자는 내부 위원회에 코드 샘플을 제출하고 스타일 가이드라인 문서 전체를 읽고 체득했다는 것을 입증해야 한다. 위원회의 승인 도장을 받지 못하면 리뷰를 통과한 다른 개발자의 승인을 코드의 모든 변경사항에 대해 각각 받아야 한다.

---

* 역주 특정한 기능이나 동작을 언어별로 표현한 코드.

코드 품질에 관해 이렇게 높은 기준을 세워둔 덕분에 60개국에 분산된 사무실, 45,000명 이상의 직원으로 이루어진 조직을 놀라울 정도로 효과적으로 확장할 수 있었다.[3, 4] 구글은 2013년 말에 전 세계 공개상장기업 중 시가 총액 4위를 기록하며* 이러한 방식으로 엔지니어링을 확장하면 매우 성공적인 기업을 세울 수 있다는 것을 증명했다.[5] 구글의 코드는 다른 많은 기업의 코드에 비해 상대적으로 읽고 유지 보수하기 쉬운 편이다. 게다가 이러한 코드 품질은 저절로 전파된다. 신입 개발자들이 자신이 본 훌륭한 코드를 모델로 삼아 코드를 작성하기 때문에 긍정적인 피드백 루프가 형성된다. 나도 대학을 졸업하자마자 구글 검색 품질 팀에 입사한 덕분에 프로그래밍과 소프트웨어 엔지니어링의 모범 사례를 다른 어떤 곳에 있을 때보다 훨씬 더 빠르게 습득했다.

그러나 이런 긍정적인 면에는 대가가 따른다. 대상이 되는 사용자가 100명이든 1,000만 명이든 상관없이 모든 코드 변경에 똑같은 기준을 적용하기 때문에 실험적 코드에 관한 간접 비용이 극히 커진다. 실험이 실패하면 (당연히 대부분의 실험은 실패한다) 품질, 성능, 확장성이 뛰어난 코드를 작성하는 데 들어간 많은 노력이 낭비된다. 그 결과 프로토타입 제작, 새 제품 검증을 빠르게 진행하기 어려워진다. 어서 빨리 새 제품을 만들고 싶은, 인내심이 적은 개발자들은 결국 구글의 엄격한 코드 및 제품 요구 조건 대신 더 빠른 개발 주기 반복 속도를 보장하는 스타트업이나 더 작은 회사로 떠난다.

스타트업이나 소기업에서는 구글의 엔지니어링 관행이 지나칠 것이다. 신입 개발자에게 코드를 읽게 하고 가독성 검사를 통과하라고 강제한다면 작업 완료에 불필요한 간접 비용이 추가될 것이다. 버려질 수 있는 프로토

---

* [역주] 2022년 1분기 기준으로 구글의 지주회사인 알파벳 주식회사(Alphabet Inc.)는 전 세계 상장사 시가 총액 3위다.

타입이나 실험에까지 엄격한 코딩 표준을 적용하면 새로운 아이디어를 내기 힘들 것이다. 테스트를 작성하고 프로토타입 코드를 철저히 검토하는 것은 일리가 있을 수 있으나 요구 조건을 포괄적으로 적용할 필요는 없다. 투자한 시간 대비 적은 수익이 난다고 생각할 정도로 품질에 과도하게 투자하게 될지 모른다.

소프트웨어 품질은 결국 균형의 문제로 귀결되며, 어떻게 해야 한다고 규정된 하나의 보편적인 원칙은 존재하지 않는다. 페이스북의 전 엔지니어링 이사였던 보비 존슨은 이렇게 이야기한다. "옳고 그름의 관점에서 생각하는 것은 세상을 바라보기에 매우 정확하거나 유용한 프레임워크가 아니다. 나는 옳고 그름 대신에 효과가 있느냐 없느냐의 관점에서 대상을 보는 것을 선호한다. 그렇게 할 때 더욱 명확하고 효과적으로 의사 결정할 수 있다."[6] 무언가를 '올바른 방식으로' 만든다는 개념만 완강하게 고수하면 실행 가능한 다른 대안이나 이해득실에 관한 논의가 무의미해진다. 목표 달성에 도움이 되는지의 관점에서 생각하는 실용주의는 품질에 관해 추론하는 데 더 효과적인 렌즈다.

소프트웨어의 품질이 뛰어나면 조직이 확장될 수 있고 개발자가 가치를 생산하는 속도가 높아지며, 품질에 대한 투자가 부족하면 신속하게 움직일 수 없다. 또한, 코드 리뷰, 표준화, 테스트 커버리지에 관한 독단성이 과해지면 품질에 관련한 수익이 줄어들고 실제 개발자의 효율성이 감소할 수도 있다. 초창기 페이스북 개발자였던 에번 프리스틀리Evan Priestley는 이렇게 말한다. "좋은 소프트웨어를 만들려면 빨리 움직여야 한다. 그렇지 않으면 대상이 변하거나 대상에 관한 자신의 이해가 바뀔 때 적절히 대응할 수 없다. 빠르게 움직이려면 좋은 소프트웨어를 만들어야 한다. 그렇지 않으면 소프트웨어를 대충 만들며 아낀 시간보다 이를 다루는 데 더 많은 시간을 낭비하게 된다."[7] 어디에 시간을 쓰는 것이 더 좋을까? 단위 테스트 커버리지 넓히기? 아니면 더 많은 제품 아이디어를 프로토타입으로 만들기? 코드 리뷰하기? 아니면 더 많은 코드 작성하기? 코드 품질이 높아져 누릴 이익을 생각하면 자신과 팀을 위해 실용적인 균형을 찾는 것은 레버리지가 아주 높은 활동이다.

이 장에서는 고품질의 코드베이스를 만드는 몇 가지 전략과 여기에 수반하는 몇 가지 손익(각 전략의 장점과 단점, 그리고 이러한 전략을 구현하는 실용적인 접근법)을 살펴본다. 코드 리뷰의 혜택과 비용을 확인하고 개발 주기 반복 속도를 지나치게 희생하지 않는 선에서 코드를 리뷰할 방법을 알려주겠다. 올바른 추상화를 만들어서 복잡성을 관리하고 더 큰 엔지니어링 성과를 내는 방법과 코드를 너무 일찍 추상화하면 개발 속도가 느려지는 이유에 대해 알아본다. 광범위한 자동 테스트가 어떻게 개발 주기 반복 속도를 높이는지, 일부 테스트의 레버리지가 다른 테스트에 비해 높은 이유는 무엇인지 살펴본다. 마지막으로 기술 부채를 축적하고 상환하는 적절한 시점에 관해서도 논의할 것이다.

지속 가능한 코드 리뷰 프로세스를 만들어라

엔지니어링 팀마다 코드 리뷰를 대하는 태도가 다르다. 어떤 곳은 코드 리뷰가 문화에 깊이 뿌리 박혀 있어서 리뷰 없이 일하는 것은 상상할 수도 없다. 일례로 구글에서는 소프트웨어 검사를 통해 개발자가 코드 리뷰 없이 저장소에 코드를 커밋하지 못하게 방지하며, 커밋할 때마다 최소한 1명이라도 다른 사람의 리뷰를 받아야 한다.

코드 리뷰가 개발자에게 제공하는 명확한 혜택은 다음과 같다.

- **설계 결함이나 버그를 초기에 포착한다.**

  문제는 개발 프로세스 초반에 발견할수록 이를 해결하는 데 드는 시간과 에너지가 줄어든다. 프로덕션에 배포한 후에는 훨씬 더 큰 비용이 든다. 한 연구(2008년)에 따르면 650개 기업의 12,500개 프로젝트에서 소프트웨어 품질을 조사했을 때 설계와 코드 리뷰를 통과하면 평균적으로 버그의 85%가 제거된다고 한다.[8]

- **코드 변경사항에 대한 책임감이 강해진다.**

  자신의 코드를 다른 팀원이 리뷰한다는 것을 염두에 두면 코드에 지저분한 몽키패치를 급하게 추가하거나 엉망인 코드를 다른 사람이 고치도록 방치할 가능성은 훨씬 낮아진다.

- **좋은 코드 작성법을 배우는 모델로써 도움이 된다.**

  코드 리뷰를 통해 모범 사례가 공유된다. 개발자는 자신의 코드 리뷰뿐 아니라 다른 이들의 코드 리뷰를 통해서도 많은 것을 배운다. 자신이 본 코드를 통해 패턴을 익히므로 더 나은 코드를 보면 더 나은 코드를 작성할 수 있다.

- **코드베이스에 관한 실용적 지식을 공유한다.**

  누군가 여러분의 코드를 리뷰하면 적어도 여러분이 아닌 다른 한 명이 해당 작업의 내용을 알게 되고, 여러분이 부재중일 때 우선순위가 높은 버그 등의 문제를 처리할 수 있게 된다.

- **장기적인 작업 속도가 향상된다.**

  코드 품질이 높으면 이해하기 쉽고 더 빠르게 수정할 수 있으며 버그 취약성이 줄어든다. 이는 엔지니어링 팀의 개발 주기 반복 속도 개선과 직결된다.

코드를 리뷰하지 않는 개발자는 코드 리뷰가 코드 품질 개선에 도움이 된다는 것을 인정하면서도, 종종 리뷰가 개발 주기 반복 속도에 미치는 영향에 대해 우려를 표명한다. 이들은 코드 리뷰에 드는 시간과 노력을 제품 개발의 다른 측면에 쓰는 것이 더 낫다고 주장한다. 일례로 2007년에 설립된 파일 공유 서비스인 드롭박스는 창업 초기 4년간 코드 리뷰를 공식적으로 요구하지 않았다.[9] 즉, 코드 품질을 높이는 데 도움이 될 코드 리뷰를 도입하기 전에도 강력한 엔지니어링 팀을 구축하고 수천만 명이 사용하는 매력적인 제품을 만드는 데 성공했다.[10, 11]

코드 리뷰 덕분에 높아지는 품질, 그리고 가치를 높이기 위해 다른 데 시간을 소비해서 얻는 단기적인 생산성 향상은 근본적으로 트레이드오프 관계를 형성한다. 코드 리뷰를 하지 않는 팀은 성장할수록 코드 리뷰를 해야 한다는 압박을 더 크게 받을 수 있다. 신입 개발자들이 코드에 관해 잘못 추론하거나 나쁜 코드를 토대로 패턴 학습하거나 유사한 문제를 다른 방식으로 다시 해결하려고 한다면, 이는 선임 개발자가 관습적으로 활용하는 지식에 신입 개발자가 접근하지 못하기 때문에 일어나는 일이다.

이러한 트레이드오프를 고려할 때 코드 리뷰를 하는 것이 합리적일까? 이 질문에 제대로 답하려면 모든 코드를 반드시 리뷰해야 한다거나 하지 말아야 한다는 이분법적 선택에서 벗어나는 통찰력이 필요하다. 오히려 코드 리뷰를 연속체라고 생각하라. 혜택은 누리면서 간접 비용은 줄이는 다른 방법으로 코드 리뷰를 구조화할 수 있다.

코드의 모든 변경사항을 반드시 리뷰하게 하는 구글[12]이 있는 반면, 훨씬 더 민첩한 코드 리뷰 프로세스를 갖춘 소규모 팀도 존재한다. 인스타그램은 초창기에 모니터를 공유해서 다른 사람의 코드를 살펴보게 하는 오버 더 숄더over-the-shoulder 리뷰 방식을 활용했다.[13] 스퀘어와 트위터는 코드 리뷰 대신에 페어 프로그래밍을 많이 활용했다.[14, 15] 우얄라에서는 코드 리뷰를 도입한 당시, 팀을 참조한 이메일에 댓글을 달고 핵심 기능의 까다로운 부분만 리뷰했다. 빠른 작업 속도를 위해 마스터 브랜치에 푸시한 다음 커밋 이후에 코드를 리뷰했다.

쿼라에서는 비즈니스 로직의 모델과 컨트롤러 코드에 대한 리뷰만 요청했다. 사용자에게 웹 인터페이스를 렌더링하는 뷰 코드는 리뷰할 필요가 없었다. 대부분의 코드를 프로덕션에 푸시한 후에 리뷰했다. 개발 주기 반복 속도는 늦추지 않되 미래를 생각해서 고품질 코드베이스를 위해 투자하고자 했다. 까다로운 인프라 내부 구조에 영향을 미치는 코드는 더 위험한 경향이 있으므로 관련 변경사항은 커밋하기 전에 더 자주 리뷰했다. 입사한 지 얼마 안 된 신입의 코드일수록 코드 품질과 스타일을 팀의 표준에 맞게 높이기 위해 리뷰가 더 중요하다. 따라서 신입 개발자의 코드를 더 빨리 더 주의 깊게 리뷰했다. 이는 모두 리뷰가 제공하는 혜택을 그대로 유지하면서 마찰은 줄어들도록 코드 리뷰 프로세스를 조절한 사례다.

게다가 지난 몇 년간 코드 리뷰 도구가 크게 발전하면서 간접 비용이 상당히 감소했다. 내가 구글에서 처음 일을 시작할 당시 개발자들은 이메일로 리뷰를 보냈는데, 주석의 줄 번호를 직접 기입하는 방식으로 참조했다. 회의실에 모여서 프로젝터로 띄운 코드를 읽으며 코드 리뷰를 하던 회사도 있었다. 오늘날에는 가벼운 웹 인터페이스를 제공하는 깃허브, 파브리케이터Phabricator 같은 코드 리뷰 도구가 있다. 커밋 메시지에 동료의 이름을 멘션하면 깃 훅$_{git\ hook}$ 같은 기능이 해당 동료에게 자동으로 코드 리뷰 요청을 보낸다. 리뷰어는 웹 인터페이스 안에서 인라인 댓글을 달아서 마지막 피드백 이후에 변경된 사항을 쉽게 볼 수 있다. 린트$_{Lint}$ 검사기는 스타일 가이드라인에서 벗어난 부분을 자동으로 식별해서 일관성을 높여준다.[16, 17] 이 모든 도구는 코드 리뷰의 마찰을 줄이고 구현자가 귀중한 피드백을 얻을 수 있는 중요한 부분에 엔지니어링 시간을 집중하도록 도와준다.

코드 리뷰가 효과를 내는 적절한 균형을 실험을 통해 찾아보라. 우얄라는 초기에 코드 리뷰 없이 운영했다. 하지만 품질이 떨어지는 코드가 제품 개발을 방해하는 것을 깨닫고 결국은 품질을 높이는 하나의 방법으로 리뷰를 도입했다. 나중에는 몇몇 동료가 프로세스의 능률을 더 높이기 위해 바키프$_{Barkeep}$라는 오픈 소스 코드 리뷰 도구를 만들기도 했다.[18]

추상화를 통해 복잡성을 관리하라

구글에서 일하던 당시 나는 구글 검색 색인에 있는 수십억 개의 페이지에 걸쳐 나타나는 각 단어의 빈도를 연산하는 간단한 C++ 맵리듀스 프로그램을 30분만에 작성했다. 맵리듀스 프로그래밍 프레임워크를 활용하면 분산 처리, 네트워킹, 장애 허용 시스템 구축에 관한 전문 지식이 없는 개발자도 대규모 분산형 컴퓨터 클러스터에 병렬 컴퓨팅을 쉽게 정의할 수 있었다. 맵리듀스를 활용해 구글 데이터 센터에 있는 장비 수천 대를 내 명령에 따르도록 조직할 수 있었다. 다른 개발자들은 이 기술을 웹 색인, 랭킹, 머신러닝, 그래프 연산, 데이터 분석, 대규모 데이터베이스 조인 등 다른 복잡한 작업에 사용했다.[19]

이와는 대조적으로 2005년 MIT에서 석사 논문을 위해 분산 데이터베이스를 프로토타이핑한 경험은 매우 고통스러웠다. 분산 쿼리 트리 정의하기, 연산 출력 수집하고 구조화하기, 기기에서 서비스 시작하고 멈추기, 고유한 통신 프로토콜 정의하기, 데이터 직렬화 형식 설정하기, 장애에서 단계별로 회복하기 등의 작업을 위해 몇 주 동안 수천 줄의 코드를 작성했다. 모든 작업을 거친 후에야 컴퓨터 4대로 이루어진 분산 데이터베이스에서 쿼리를 실행할 수 있었다.[20] 명백히, 구글의 규모에는 비할 수 없었다.

만약 구글의 모든 개발자가 분산 컴퓨팅에 필요한 모든 처리 과정을 조립하는 데 나처럼 몇 주를 들여야 한다면 작업을 완료하기까지 훨씬 더 긴 시간을 들여서 훨씬 더 많은 코드를 작성해야 할 것이다. 하지만 맵리듀스가 복잡성을 추상화한 덕분에 개발자들은 실제 중요한 것, 즉 애플리케이션 로직에 집중할 수 있었다. 맵리듀스 추상화를 사용한 개발자 대부분은 추상화 내부 구조에 관해 알 필요가 없으며, 전문 지식이 없는 소규모 팀도 방대한 데이터에 대한 연산을 쉽게 병렬화할 수 있었다. 맵리듀스가 구글 내부에 출시되고 4년 동안 작성된 고유한 맵리듀스 애플리케이션의 수는 10,000개 이상이었다.[21] 올바른 추상화가 큰 차이를 낸다는 증거다. 후일 쏘잘 Sawzall 같은 추상화 덕분에 C++로 만들 때보다 1/10밖에 안 되는 코드로 맵리듀스 프로그램으로 컴파일할 수 있는 간단한 스크립트 작성도 가능해졌다.[22] 또한, 구글의 맵리듀스는 인기 있는 오픈 소스 하둡 맵리듀스Hadoop MapReduce 프레임워크에 영감을 주었고 다른 회사들도 똑같이 혜택을 누릴 수 있게 되었다.

맵리듀스는 올바른 추상화가 개발자의 결과물을 얼마나 극적으로 증폭시킬 수 있는지 보여준다. MIT 교수 대니얼 잭슨Daniel Jackson은 『Software Abstractions(소프트웨어 추상화)』에서 올바른 추상화를 선택하는 것이 얼마나 중요한지 설명한다. "올바른 추상화를 선택하면 프로그래밍이 설계부터 자연스럽게 흘러간다. 모듈 인터페이스는 작고 간단할 것이고 광범위한 개편이 없어도 새로운 기능이 잘 안착할 것이다. 잘못된 추상화를 선택하면 프로그래밍하는 동안 예상 밖의 문제가 줄줄이 일어난다. 인터페이스는 예상치 못한 인터랙션을 억지로 수용하기 위해 찌그러지거나 투박해질 것이고 아주 간단한 변경조차 하기 어려워진다."[23]

위 짧은 인용문은 올바른 추상화가 엔지니어링 생산성을 어떻게 높이는지 보여준다.

- **원래 문제의 복잡성을 이해하기 쉬운 원시 형태로 분해해준다.**

  맵리듀스를 사용하는 개발자들은 신뢰성과 장애 허용에 관해 추론할 필요 없이 입력의 형식을 다른 형식으로 변환하는 맵 함수와 중간 데이터를 결합하고 출력을 생산하는 리듀스 함수라는 훨씬 더 간단한 두 가지 개념을 다룬다. 많은 복잡한 문제를 일련의 맵과 리듀스 변환을 사용해서 표현할 수 있다.

- **애플리케이션 유지 보수에 드는 수고가 줄고 개선사항을 적용하기 쉬워진다.**

  나는 단어를 세기 위해 간단한 맵리듀스 프로그램을 만들었는데, 사용자 정의 코드가 20줄을 넘지 않았다. MIT에서 분산 데이터베이스를 위해 작성해야 했던 수천 줄의 처리 코드가 구글에서는 필요하지 않았다. 맵리듀스가 필요한 모든 처리를 제공하기 때문이다. 다시 말해 이 수천 줄의 코드를 작성하고 유지 보수하고 나중에 수정할 필요가 없다.

- **어려운 문제를 한 번 해결하면 그 해결책을 여러 번 사용할 수 있다.**

  DRY(Don't repeat yourself, 반복하지 마라) 원칙[24]의 간단한 응용인 좋은 추상화는 때로는 복잡한 공통의 세부사항을 한 곳에 통합한다.

어려운 문제를 한 번 해결하면 그 해결책을 다시 사용할 때마다 보람을 느낄 것이다.

올바른 추상화는 4장에서 살펴본 시간 절약 도구와 마찬가지로 엔지니어링 생산성을 크게 향상시킨다. 강력한 엔지니어링 팀은 추상화에 투자를 많이 한다. 구글은 맵리듀스 외에도 확장 가능한 방식으로 구조화된 데이터를 인코딩하는 프로토콜 버퍼[25], 분산된 로그 처리를 단순화하는 쏘잘[22], 페타바이트 크기의 구조화된 데이터를 저장하고 관리하는 빅테이블[26] 등을 비롯해 생산성을 향상시키는 많은 프로그램을 만들었다. 페이스북은 서비스 개발에서 다양한 언어를 지원하기 위해 쓰리프트[27]를, 반정형 데이터에서 관계형 쿼리를 지원하기 위해 하이브Hive[28]를, MySQL 데이터베이스 기반의 그래프 쿼리를 단순화하기 위해 타오Tao[29]를 만들었다. 쿼라는 쿼라의 웹 프레임워크 기반으로 작성된 어떤 기능도 실시간으로 업데이트할 수 있도록 웹노드WebNode, 라이브노드LiveNode 같은 추상화를 만들었다.[30] 이러한 도구 덕분에 새로운 기능 제작에 걸리는 시간이 몇 주 또는 몇 개월에서 몇 시간 또는 며칠로 줄어든다.

하지만 코드 품질에 관한 다른 많은 측면이 그렇듯이 특정 문제에 대한 추상화를 만들면 희생, 즉 트레이드오프가 따른다. 일반적인 해결책을 만들려면 특정 문제에만 맞는 해결책을 만드는 것보다 더 많은 시간이 든다. 손해를 보지 않으려면 추상화를 제작하는 데 든 시간보다 추상화로 인해 절약되는 시간이 더 많아야 한다. 코드베이스 주변 부분보다는 로그 라이브러리나 사용자 인증 라이브러리처럼 팀원들이 크게 의존하는 소프트웨어를 만들 때 그렇게 될 확률이 높으므로 코어 추상화를 훌륭하게 만드는 데 에너지를 집중하라.

그런데 코어 추상화에 대한 사전 투자가 과도하게 이루어질 때가 있다. 작업 및 프로젝트 관리 도구를 만든 스타트업인 아사나는 창업 후 약 1년 간 거의 대부분의 시간을 웹 애플리케이션 제작에 쓸 새로운 프레임워크인 루나Luna를 개발하는 데 바쳤다. 심지어 루나스크립트Lunascript라는 이름의 전용 프로그래밍 언어도 개발했다.[31] 아사나의 엔지니어링 관리자인 잭 하트는 팀이 초기에 이렇게 추론했다고 설명했다. "아사나 내부에서는 루나스크립트가 부여한 추상화의 힘이 너무 대단하기 때문에 루나스크립트 없이 아사나 웹 앱을 작성하는 것보다 루나스크립트를 작성하고 아사나 웹 앱을 작성하는 것이 훨씬 더 빠를 것이라는 쪽에 의견이 모였다."[32] 이러한 엔지니어링 투자로 막대한 기회비용이 발생했다. 회사가 설립된 지 2년이 될 때까지 공개적으로 데모 시연할 제품이 없었다. 결국 루나스크립트 컴파일러라는 야심 찬 목표를 포기하고(그래도 프레임워크의 일부는 재사용할 수 있었다) 다시 자바스크립트를 사용하기로 했다. 성능이 뛰어난 코드를 생성하기 위해 연구 중인 문제는 많은 부분이 해결되지 않았고 해당 언어에 대한 도구 지원도 충분치 않았는데, 이 두 문제 때문에 이들의 시간과 에너지는 실제 제품 제작에서 멀어졌다.

추상화에 대한 과도한 투자에 대가가 따르듯, 추상화를 형편없이 제작해도 대가가 따른다. 작업에 적합한 도구를 찾을 때, 기존 추상화를 당면한 유스 케이스에 맞게 통합하는 것보다 바닥부터 만드는 게 더 쉽다면 이는 추상화가 부적합하게 설계됐을지 모른다는 신호다. 자신이 해결하려는 일반적인 문제를 제대로 이해하기 전에 추상화를 너무 일찍 만들면 특정 유스 케이스에 과하게 맞춘 설계가 탄생할 수 있다. 다른 개발자나, 심지어 본인이 마구잡이로 수정해 버리거나 추상화의 결함을 조심히 피해가며 쓴다거나 사용하기 너무 어려워서 추상화를 아예 피할 수도 있다. 나쁜 추상화는 단순히 노력을 낭비하는 데 그치지 않고 미래의 개발을 지연시키는 골칫거리가 된다.

그렇다면 좋은 추상화를 만드는 요소는 무엇일까? 몇 년 전 나는 자바의 많은 코어 라이브러리를 만든 아키텍트이자 당시 구글의 수석 소프트웨어 개발자였던 조슈아 블로크Joshua Bloch의 강연에 참석했다. 그는 '훌륭한 API 설계 방법과 그것이 중요한 이유'라는 주제로 좋은 소프트웨어 인터페이스의 특징에 관해 논하고, 이 같은 속성이 좋은 추상화에도 똑같이 적용된다는 것을 보여주었다.[33] 좋은 추상화는 다음과 같은 속성이 있다.[34]

- 배우기 쉽다.
- 문서가 없어도 사용하기 쉽다.
- 잘못 사용하기 어렵다.
- 요구 조건을 충족시킬 정도로 충분히 강력하다.
- 확장하기 쉽다.
- 대상 사용자에게 적합하다.

게다가 좋은 추상화는 복잡하게 꼬인 개념을 단순하게 풀어낸다. 프로그래밍 언어 클로저Clojure를 만든 리치 히키Rich Hickey는 'Simple made easy(단순한 것이 쉽다)'라는 자신의 강연에서 단순한 것은 하나의 역할을 맡고, 하나의 작업을 수행하고, 하나의 목표를 달성하고, 하나의 개념을 다룬다고 설명한다.[35] 단순한 추상화는 여러 개념을 서로 얽지 않으므로 의도치 않게 여러 개념을 동시에 고려할 필요 없이 각 개념에 대해 독립적으로 추론할 수 있다. 가변 상태 피하기, 명령형 프로그래밍보다 함수형 프로그래밍 사용하기, 상속보다 합성 선호하기, 명령형보다는 선언형으로 데이터 조작 표현하기와 같은 기법 외에도 소프트웨어를 만들 때 따라오는 복잡성을 줄일 방법은 많다.

좋은 추상화를 설계하려면 수고가 필요하다. 다른 사람의 추상화를 연구해서 좋은 추상화를 만드는 방법을 배워라. 사람들이 많이 사용하고 인기있는 추상화라면 품질도 보증된다. 사람들은 사용 편의성이나 이득에 따라추상화를 선택하므로 인기는 추상화의 품질을 가늠하는 합리적인 기준이다. 추상화를 처음 설계할 때 도움이 되는 몇 가지 아이디어를 소개하면 다음과 같다.

- 회사의 코드베이스나 깃허브 저장소에서 인기 있는 추상화를 찾아라. 관련 문서를 읽고 소스 코드를 살펴보고 이를 확장해보라.

- 구글, 페이스북, 링크드인, 트위터 같은 IT 기업의 오픈 소스 프로젝트를 살펴보라. 프로토콜 버퍼, 쓰리프트, 하이브, 맵리듀스와 같은 추상화가 회사가 성장하는 데 필수였던 이유를 알아보라.

- 인기 있는 API 인터페이스를 연구하라. 파스Parse, 스트라이프Stripe, 드롭박스, 페이스북, 아마존 웹 서비스 등에서 개발한 것이 좋은 예다. 이러한 플랫폼을 기반으로 하면 개발이 쉬워지는 이유를 파악하라. 자신이 또는 커뮤니티의 다른 사람들이 싫어하는 API에 대해 생각해보고, 싫어하는 이유가 무엇인지 이해하라.

테스트를 자동화하라

단위 테스트 커버리지와 일정 수준의 통합 테스트 커버리지는, 대규모 팀이 점점 커지는 코드베이스를 빌드나 제품을 반복적으로 망가뜨리지 않고도 관리하는 확장 가능한 방법을 제공한다. 엄격한 자동 테스트가 없다면 수동 테스트를 철저히 수행하는 데 드는 시간이 엄두도 못 낼 정도로 길어질 수 있다. 버그는 대체로 제품을 실제 사용하면서, 또는 외부 버그 리포트를 통해 감지된다. 주요 기능 출시와 기존 코드 리팩터링은 위험하다. 그 때마다 오류율이 급증했다가 버그의 보고와 수정을 거치며 점진적으로 회복된다. 그래서 소프트웨어 오류율은 그림 8-1에 표시된 실선 그래프의 형태를 띤다.[36]

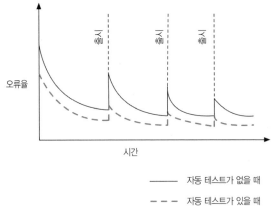

그림 8-1 자동 테스트 여부에 따른 오류율

광범위한 자동 테스트는 새로운 코드의 품질을 검증하고 기존 코드의 변경사항이 회귀 버그regression를 일으키지 않게 보호함으로써 급증한 오류율을 완화시키고 전체 오류율을 낮춘다. 그래서 오류율이 그림 8-1 그래프의 점선처럼 개선된다. 사실 테스트를 거치지 않은 코드 조각은 수정하기 전에 변경사항이 회귀 버그를 일으키지 않는지 확인할 수 있게 테스트부터 추가해야 한다. 마찬가지로 버그를 수정할 때도 문제가 해결됐는지 확인하는 테스트부터 추가하라. 그러면 테스트를 통과했을 때 버그가 실제로 해결됐는지 더욱 확신할 수 있다.

자동 테스트는 버그를 줄이는 것 외에 다른 혜택도 제공한다. 가장 즉각적인 보상은 (자동 테스트가 없었다면) 수작업으로 해야 할 반복 작업이 줄어든다는 점이다. 수동으로 다른 코드 브랜치의 변경사항을 테스트하지 않고 프로그램을 통해 빠르게 많은 브랜치를 실행해서 정확성을 확인할 수 있다. 더욱이 테스트가 프로덕션 환경의 실제 상태를 더욱 근접하게 반영하고 이런 테스트를 실행하기 더 쉬울수록, 개발자가 개발 작업 흐름에 테스트를 통합하여 검사를 자동화할 가능성도 커진다. 결국 개발자는 자신이 작업한 결과물의 품질에 대해 더 큰 책임감을 느끼게 된다.

테스트가 있으면 개발자는 훨씬 더 높은 확신을 가지고 대규모 리팩터링과 같은 변화를 도모할 수 있다. 나는 코드 품질을 개선하고 새로운 추상화를 구현하기 위해 수천 줄의 리팩터링을 수행할 때 단위 테스트라는 안전망이 무척 고맙게 느껴졌다. 이런 안전망은 기존 코드를 작성하지 않은, 모든 엣지 케이스를 다 알지 못하는 사람이나 팀이 코드를 변경할 때(흔하게 있는 일이다) 특히 중요하다. 자동 테스트는 코드를 망가뜨릴까 봐 코드 조각을 수정하거나 개선하기를 두려워하는 문화를 바꾼다. 테스트가 있으면 코드를 더 쉽게 변환할 수 있다.

또한, 자동 테스트는 코드가 망가졌을 때 책임자를 효율적으로 식별하는 데 도움이 된다. 자동 테스트가 실패하지 않으면 문제가 발견되기까지 시간이 더 지체된다. 그리고 문제가 된 변경사항을 작성한 사람이 아니라 해당 기능을 만든 사람에게 책임이 잘못 전해질 때도 많다. 드롭박스의 엔지니어링 관리자 알렉스 알랭은 비즈니스 고객용 특정 사용자 흐름이 불가사의하게 중단된 경험을 이야기해 주었다. 무엇이 문제였는지 알아내기 위해 그의 팀을 비롯한 여러 팀이 급하게 조사한 끝에 데이터 팀에서 나온 별문제가 없어 보이는 변경사항이 원인이었다는 것을 밝혀냈다. 한 개발자가 객체 캐시가 데이터베이스 계층에서 작동하는 방식을 변경했고, 이 때문에 우연히 내부 데이터베이스 API의 동작이 수정됐는데 알랭의 팀은 여전히 이전 동작에 의존하고 있었다. 그의 팀이 API 의존성을 실험하는 자동 테스트를 작성했다면, 아니면 데이터 개발자가 기존 API와 새 API 사이의 불일치를 파악할 수 있는 테스트를 작성했다면 처음부터 적임자가 버그를 살펴보았을 것이고 그의 팀이 수고로워지는 일도 없었을 것이다.

마지막으로 테스트는 원래 작성자가 고려한 케이스와 코드를 호출하는 방법을 알려주는 실행 가능한 문서이기도 하다. 코드와 팀이 성장할수록 코드베이스에 관한 친숙도는 평균적으로 감소하므로 충분한 테스트 없이 수정하기 어려워진다. 문서와 마찬가지로 테스트는 원래 코드를 작성한 사람이 갓 만든 코드가 기억에 신선하게 남아 있을 때 직접 작성하는 것이 좋다. 그렇게 하는 것이 몇 달 또는 몇 년 후 해당 코드를 수정하려는 사람이 테스트를 작성하는 것보다 훨씬 쉽다.

그러나 자동 테스트가 유익하다고 해서 아무 때나 모든 것에 자동 테스트를 만들어도 좋다는 것은 아니다. 100% 코드 커버리지는 달성하기 어렵다. 다른 코드에 비해 자동으로 테스트하기 어려운 코드도 있다. 더욱이 자신이 해당 소프트웨어의 존립이나 보안에 필수적인 부분을 맡고 있지 않다면 모든 코드를 테스트해야 한다고 독단적으로 요구하는 것은 현명한 처사가 아니다. 자동화 테스트 커버리지 역시 트레이드오프 문제로 귀결된다. 소규모 단위 테스트는 작성하기 쉽지만 각 테스트가 제공하는 혜택은 적다. 하지만 이를 대규모 라이브러리로 만들면 코드 정확성에 관한 자신감이 빠르게 충전된다. 통합 테스트는 작성하고 유지 보수하기 어렵지만, 몇 개만 작성한다면 레버리지가 높은 투자다.

이런 혜택에도 불구하고 테스트를 자동화하는 문화는 조성하기 어렵다. 조직이 타성에 젖어 있을 수 있다. 단위 테스트를 작성하면 개발 주기 반복 속도가 줄어든다고 믿는 사람이 있을 수 있다. 테스트를 작성하기 어려워서 한 번도 테스트를 거치지 않은 코드가 있을 수도 있다. 작성 중인 코드가 실제 프로덕션에 배포될지 확실하지 않을 수도 있다. 배포가 불투명한 제품의 테스트를 작성하겠다는 동기를 느끼기는 쉽지 않다.

카르틱 아이어Kartik Ayyar도 징가Zynga의 소셜 온라인 게임 시티빌Cityville의 개발을 이끌던 당시 이런 딜레마에 빠졌다.[37] 시티빌은 집을 짓고 도로를 건설하고 사업체를 운영하면서 가상 도시를 작은 마을에서 북적이는 대도시로 성장시키는 게임이다. 이 게임은 출시한 지 50일 만에 월간 활성 사용자가 6,100만 명 이상이 될 정도로 급성장했다. 한때 페이스북 애플리케이션 중 월간 활성 사용자 수 1위를 기록했다.[38] 아이어는 시티빌 팀에 개발자가 몇 명 없을 때 개발자로 합류했다가 얼마 지나지 않아 50명으로 이루어진 팀을 이끄는 엔지니어링 이사가 되었다.

아이어의 말에 따르면 시티빌이 인기를 끌기 전에 개발한 게임 플레이의 상당 부분이 출시된 제품에 포함되지 않았다고 했다. 그래서 테스트에 대한 투자를 정당화하기 어려웠다. 그는 이렇게 자문했다. "이렇게 많은 게임 플레이가 폐기되는 상황에서 테스트에 얼마를 투자해야 할까?" 게다가 게임 출시 후에도 성장세를 유지하려면, 다른 것보다도 우선 새로운 콘텐츠를 꾸준히 배포해야 한다. 새로운 건물 유형을 추가하는 콘텐츠 제작이 최우선 과제였다. 그래픽 디자이너, 제품 관리자, 개발자로 이루어진 팀이 협력해서 새로운 콘텐츠를 하루에 3번 정도씩 의욕적으로 출시했다. 자동 테스트를 만들 시간은 거의 없었고 자동 테스트가 제공할 가치는 불분명했다.

더욱이 높은 테스트 커버리지를 달성하는 일은 지극히 부담스러웠다. 게임 속 도시의 지도에서 한 아이템을 나타내는 클래스 생성자 코드만 약 3,000줄이었고, 도시 건물마다 건물의 외관과 의존성을 지정하는 텍스트 설정이 50~100줄 정도였다. 그렇게 많은 내용을 테스트한다는 건 두려운 일이었다.

방향이 바뀐 건 간단한 단위 테스트 하나가 눈에 띄게 시간을 절약하기 시작하면서다. 시티빌에서는 건물의 의존성이 너무 복잡해서 배포 중에 종종 문제가 발생했다. 개발자들이 배포용으로 코드를 병합할 때 실수로 의존성을 빠뜨리곤 했던 것이다. 결국 한 개발자가 도시 건물에 대한 기본적인 자동 테스트를 작성했다. 이 테스트는 건물 설정이 참조하는 이미지 자원이 실제 코드베이스에 있는지, 코드 병합 중에 실수로 삭제되지 않았는지 확인했다. 이 간단한 테스트가 시티빌을 배포할 때 많은 버그를 잡아내면서 투자한 시간에 비해 몇 배나 시간이 절약됐다. 시간이 절약된다는 것을 확인하자 사람들은 개발 속도를 높이는 데 도움이 될 만한 다른 테스트를 찾았다. "어차피 설정 파일의 이미지를 확인할 건데, 확인하는 김에 다른 부분도 확인하면 되겠다 싶었어요. 사람들이 본격적으로 단위 테스트를 실행하고 빌드에 통합하면서 얼마나 많은 시간이 절약되는지 제대로 보이기 시작했죠."

보통 첫 번째 테스트를 작성하는 게 가장 어렵다. 특히 자동 테스트가 얼마 없는 대규모 코드베이스를 작업할 때 테스트를 작성하는 습관을 들일 효과적인 방법은 레버리지가 높은 테스트, 즉 작성하는 데 든 시간에 비해 많은 시간을 절약해주는 테스트에 집중하는 것이다. 몇 개의 좋은 테스트, 테스트 패턴, 라이브러리를 갖추고 나면 테스트를 작성하는 데 드는 수고가 줄어든다. 이는 테스트를 더 많이 작성하고 피드백 선순환 주기를 만들고 개발 시간을 더 많이 절약하는 결정적인 계기가 된다. 그러니 가장 가치 있는 테스트부터 시작하여 한 걸음씩 전진하라.

기술 부채를 상환하라

가끔 단기로는 타당하나 장기로는 비용이 많이 드는 방식으로 작업할 때가 있다. 더 빠르고 쉽다는 이유로 설계 가이드라인을 지키지 않을 때도 있다. 기한 전에 완료해야 할 일이 너무 많아서 새로운 기능에 대한 테스트 케이스 작성을 건너뛸 때도 있다. 기존 코드를 리팩터링 없이 그대로 복사하여 붙여넣고는 딱 필요한 상황에만 지원할 수 있게 살짝만 손봐서 사용할 때도 있다. 게을러서 그런 것이든 아니면 더 빨리 배포하기 위한 의도적인 결정이든 상관없이 이런 트레이드오프가 일어날 때마다 코드베이스에는 **기술 부채**가 쌓일 수 있다.

기술 부채란 코드베이스의 상태와 품질을 개선하는 데 필요함에도 불구하고 미뤄둔, 해결하지 않은 채 방치하면 개발 속도를 지연시킬 수 있는 모든 작업을 가리킨다. 이 용어는 위키의 창시자 워드 커닝햄Ward Cunningham이 1992년 콘퍼런스 논문에서 만든 신조어다. "첫 번째 코드를 배포하는 것은 부채를 지는 것과 같다. 약간의 부채는 재작성을 통해 즉시 상환하는 한 개발 속도를 높인다. (…) 부채를 상환하지 않은 채 두면 위험해진다. 올바르지 않은 코드에 들이는 시간은 부채에 대한 이자로 간주된다."[39] 금융 부채처럼 기술 부채도 원금 상환에 실패하면 가치 축적은 고사하고 쌓여가는 이자를 상환하는 데 쏟아야 할 시간과 에너지가 늘어난다.

어느 순간을 지나 부채가 너무 늘어나면 발전을 방해한다. 부채에 허덕이는 코드는 이해하기 어렵고 수정하기는 더 어려워 개발 주기 반복 속도가 느려진다. 자기도 모르는 사이 버그가 더 쉽게 발생하므로 수정하는 데 드는 시간이 더 늘어난다. 그 결과 개발자들은 부채가 많은 코드를 적극적으로 회피한다. 레버리지가 높은 영역에 속해도 마찬가지다. 그저 고통스러운 영역을 피하고자 우회적인 해결책을 작성하는 사람이 많다.

기술 부채는 빠르고 지저분한 우회로를 만들 때만 쌓이는 것이 아니다. 소프트웨어의 첫 번째 버전은 문제 영역을 제대로 이해하지 못한 상태에서 작성되기 마련이라 스스로 바라는 만큼 명확하지 않을 확률이 높다. 시간이 지나며 더 나은 작성 방법을 깨닫는다. 초기에는 항상 문제를 완전하게 이해하지 못하므로 약간의 부채가 발생하는 것은 불가피하다. 소프트웨어를 만드는 자연스러운 과정일 뿐이다.

더 효과적인 개발자가 되려면 기한에 맞춰 업무를 완료해야 할 때는 어쩔 수 없이 기술 부채를 만들지만, 대신 주기적으로 그 부채를 상환해야 한다. 『리팩터링』의 저자 마틴 파울러가 지적한 바와 같이 "부채를 통제 불능 상태로 방치했다가 주체할 수 없이 늘어나는 이자를 상환하는 데 개발 시간 대부분을 쓰는 개발 조직을 아주 흔히 볼 수 있다."[40] 기업에서는 저마다 각기 다른 기술 부채 관리 전략을 사용한다. 온라인 생산성 도구를 제작하는 스타트업인 아사나는 분기를 마칠 때마다 UI 관련 부채를 상환하는 'Polish Week' 일정과 내부 도구 관련 부채를 상환하는 'Grease Week' 일정을 잡아둔다. 쿼라는 일주일간 진행되는 해커톤을 마칠 때마다 하루를 정리 작업에 할애한다. 팀의 실행 능력이 눈에 띄게 떨어질 정도로 개발 속도가 느려져서 기술 부채가 너무 늘어났다는 것이 확인되면 명시적으로 재작성 프로젝트 일정을 잡고 여기에 수반되는 위험을 감수하는 회사도 있다. 구글은 개발자들이 특정 주제 관련 문제를 처리하도록 권장하는 문서 도구 픽스잇Docs Fixit, 고객 만족 픽스잇Customer Happiness Fixit, 국제화 픽스잇 Internationalization Fixit 같은 '픽스잇 데이Fixit day'를 개최해 기술 부채를 상환하는 가벼운 장치로 활용한다.[41] 링크드인은 회사가 상장된 후 2개월 동안 신규 기능 개발을 잠시 멈췄다. 그리고 이 휴지기를 망가진 프로세스를 수정하는 시간으로 삼았다. 그 결과 이전에는 개발자들이 새로운 기능을 배포하

는 데 한 달이나 걸렸는데 휴지기 뒤에는 개발 속도가 훨씬 더 빨라졌다.[42]

하지만 기술 부채 상환 일정을 잡고 다른 업무보다 우선으로 처리할 책임을 개발자 개인에게 맡기는 회사가 많다. 이 작업에 쓴 시간에 대해 변론하고 정당화하는 것마저 개인의 몫으로 보는 회사도 있다. 안타깝게도 기술 부채는 정량화하기 어려울 때가 종종 있다. 재작성에 드는 시간이 얼마이고 이를 통해 절약되는 시간이 얼마인지에 대한 확신이 부족하다면 작게 시작해서 점진적으로 풀어나가는 것이 좋다. 그러면 작업이 너무 복잡해질 위험이 줄어들고, 기술 부채는 상환할 가치가 있다는 것을 자신과 다른 사람에게 증명할 기회가 된다. 한번은 '코드 제거의 날'이라는 행사를 열고 팀원들과 함께 코드베이스에서 더 이상 사용하지 않는 코드를 삭제해본 적 있다. 실패할 위험이 거의 없는, 소소하고 집중적인 작업이었다. 그리고 사용하지 않는 코드를 삭제할 때 느끼는 쾌감을 누가 싫어하겠는가? 이때 애플리케이션 수준의 코드 3%를 삭제했는데 그 후로 다른 개발자들이 코드베이스의 케케묵고 관련 없는 부분을 탐색하느라 낭비하는 시간이 줄어들었기 때문에 정당화하기도 쉬웠다.

지금까지 언급한 다른 트레이드오프가 그렇듯이 모든 기술 부채가 상환할 가치가 있는 것은 아니다. 우리에게 주어진 시간은 제한적이고 기술 부채 상환에 쓰는 시간은 가치를 창출하는 다른 원천을 만드는 데도 쓸 수 있다. 더욱이 다른 것보다 높은 이자를 내야 하는 기술 부채가 있다. 코드베이스에서 더 자주 읽고 호출하고 수정하는 부분일수록 기술 부채 이자가 높아진다. 제품의 주변부에 있는 코드나, 읽고 수정하는 일이 거의 없는 코드는 설사 기술 부채가 잔뜩 쌓여 있더라도 전체 개발 속도에 별 영향을 미치지 않는다.

이펙티브 엔지니어라면 기술 부채가 눈에 띌 때마다 무턱대고 상환하기보다 자신에게 주어진 제한된 시간을 레버리지가 가장 높은 부채 상환에 쓸 것이다. 즉, 수정하는 데 가장 시간이 많이 드는 코드베이스에서 트래픽이 가장 높은 부분의 코드부터 살펴볼 것이다. 이런 개선은 들인 수고에 비해 큰 효과를 낸다.

핵심 요약

- **코드를 리뷰하는 문화를 확립하라.** 코드 리뷰는 훌륭한 코드를 긍정적인 모델로 삼을 수 있게 해준다. 코드 품질과 개발 속도가 균형을 이룰 수 있게 코드 리뷰와 도구 사이에 적절한 균형을 찾아라.

- **좋은 소프트웨어 추상화에 투자하여 어려운 문제를 단순화하라.** 좋은 추상화는 어려운 문제를 단번에 해결하여 이를 활용하는 사람의 생산성을 크게 향상시킨다. 하지만 유스 케이스에 관해 불완전한 정보를 바탕으로 추상화를 만들면 투박하고 쓸모 없는 결과물이 탄생할 것이다.

- **자동 테스트로 코드 품질을 향상시켜라.** 단위 테스트, 통합 테스트는 테스트를 거치지 않았다면 취약했을 코드를 수정할 때 느낄 두려움을 완화하는 데 도움이 된다. 가장 많은 시간을 절약해주는 테스트에 가장 먼저 집중하라.

- **기술 부채를 관리하라.** 모든 자원을 부채의 이자를 갚는 데 쓴다면 새로운 일을 할 만한 시간이 남지 않는다. 가장 큰 이자를 발생시키는 부채에 집중하라.

9

운영 부담을 최소화하라

내가 찍은 평범한 아이폰 사진은 탭 한 번으로 '내슈빌Nashville' 필터를 적용하자 스타일리시한 레트로 느낌의 폴라로이드 사진으로 변신했다. 바로 인스타그램의 마법이었다. 인스타그램은 사람들에게 '나의 일상을 친구와 가족에게 빠르고 아름답고 재밌는 방법으로 공유하는 방법'[1]을 약속하고, 나를 포함한 수백만 명의 아마추어 사진작가를 신예 아티스트로 변신시킨 사진 공유 모바일 앱이다. 친구, 유명인, 심지어 전문 사진작가도 팔로우할 수 있었고 더 많은 사진을 공유하도록 영감을 불어넣는 그들의 작품이 내 인스타그램 피드를 가득 채웠다.

인스타그램은 성장마저 마법 같았다. 2010년 10월 6일 애플 앱스토어를 통해 대중에 공개되고,[2] 몇 시간 만에 인스타그램 앱 다운로드 수는 이미 10,000번을 넘겼다. 그 후 몇 개월간 사용량이 폭발적으로 증가했다.[3] 그로부터 1년 반이 지나 페이스북에 10억 달러에 인수될 당시 인스타그램의 사용자는 4,000만 명에 달했다.[4]

인스타그램 같은 속도로 성장한 모바일 앱은 거의 없다. 그렇게 짧은 기간에 그토록 크게 성장할 정도로 제품을 확장한다는 것은 어느 팀에나 극도로 어려운 일이다. 놀라운 사실은 2012년 4월, 인스타그램이 인수될 당시 직원이 단 13명이었다는 것이다. 사용자 대 직원의 비율은 여타 회사보다 훨씬 더 높은 300만 대 1이었다.[5] 이는 그 작은 팀의 팀원 한 명 한 명이 얼마나 효과적으로 일했는지 보여주는 증거다.

인스타그램 개발자들은 어떻게 그리 뛰어난 업적을 달성했을까? 제한된 시간과 자원으로 그렇게 많은 사용자를 지원할 수 있었던, 레버리지 높은 원칙은 무엇이었을까? 나는 이러한 질문의 답을 인스타그램의 공동 창업자 겸 CTO인 마이크 크리거를 만나 함께 알아보았다.

크리거의 말에 따르면 초창기 인스타그램에는 개발자가 5명밖에 없었다. 인력 부족 때문에 집중은 필수였다. 자주 망가지거나 끊임없이 유지 보수해야 하는 해결책을 사용할 여력은 없었다. 단연코 이들이 얻은 가장 가치 있는 교훈은 운영 부담을 최소화하는 것이었다. 크리거는 인스타그램을 마치 작은 소방서처럼 운영했다. 그는 기능이나 시스템을 추가할 때마다 팀이 지원해야 하는, 어쩌면 진화 작업을 해야 할지 모르는 집이 하나씩 추가되는 것으로 생각했다. 개발 비용은 출시와 함께 멈추는 것이 아니었다. 오히려 바로 그때부터 쌓이기 시작하는 것으로 보아야 했다.

시스템 정상 작동 유지하기, 기능을 확장하여 더 많은 사용자 지원하기, 드러나는 버그 수정하기, 지속적으로 늘어나는 조직 차원의 지식을 신입 개발자에게 전달하기 등 이 모든 비용은 팀의 자원에 꾸준히 부담을 준다. 기능이나 시스템을 배포한 후에도 마찬가지다. 팀이 작으면 부담을 최소화하는 것이 매우 중요하다.

안타깝게도 이러한 비용을 전부 감당하기는 어렵다. 아주 똑똑하고 재능 있는 개발자라도 떠오르는 신기술에 매료되어서 다음 프로젝트에 그 기술을 도입하기를 꿈꿀 수 있다. 앞으로 투입될 유지 보수 비용을 전혀 고려하지 않은 채 아직 대세가 되지 못한 새로운 시스템, 팀원 대다수가 모르는 새로운 언어, 또는 실험적인 인프라를 시도해볼 것이다. 이런 결정은 그 후 이들에게 지속적으로 비용을 부과하고 엔지니어링 효율을 떨어뜨린다.

따라서 운영 부담을 최소화하는 것이 중요하다. 시스템이나 제품의 운영 때문에 되풀이해서 발생하는 비용은 레버리지가 높은 다른 활동에 쓸 수 있는 시간과 에너지를 빼앗아간다. 새로운 것을 만들지 못하고 시스템을 유지 보수하고 버그를 수정하는 일에 매일 또는 매주 얼마의 시간을 사용하는 가? 우선순위가 높은 작업을 진행하지 못하고 운영이나 제품과 관련한 문제가 발생해서 이를 해결하기 위해 맥락을 전환하는 일은 얼마나 자주 일어나는가? 반복해서 발생하는 비용에서 시간을 절약하면 가장 중요한 문제에 집중할 수 있는 자유가 생긴다.

인스타그램 팀은 매력적이거나 도발적인 신기술 대신 가능한 확고히 검증된 기술을 선택했다. 크리거는 이렇게 경고한다. "새롭게 추가하는 기술은 시간이 지나면서 조금씩 문제를 발생시키는 게 당연합니다. 어느 순간 정신을 차리고 보면 팀 전체가 운영에 매달리고 있을 것입니다." 다른 많은 스타트업이 최신 유행하는 NoSQL 데이터 저장소를 선택한 뒤 이를 관리하고 운영하느라 고생하는 동안 인스타그램은 안정적이고 관리하기 쉽고 이해하기 간단한 PostgreSQL, 멤캐시Memcache, 레디스Redis 같은 효과성이 증명된 옵션을 고수했다.[6, 7] 이미 있는 것을 만드느라 쓸데없이 시간을 낭비하거나 유지 보수해야 하는 불필요한 맞춤 소프트웨어를 작성하는 일은 피했다. 이런 결정 덕분에 소규모 팀으로도 그렇게 인기 있는 앱을 훨씬 쉽게 운영하고 확장할 수 있었다.

이 장에서는 운영 부담을 최소화하는 전략을 살펴본다. '간단한 일부터 하라'라는 인스타그램의 핵심 원칙을 분석하여 단순하게 운영해야 하는 이유를 알아본다. 그리고 빨리 실패하는 시스템을 만들면 어떻게 유지 보수가 쉬워지는지 보여주겠다. 기계적인 작업을 꾸준히 자동화하는 것이 왜 중요한지 살펴보겠다. 자동화 멱등automation idempotent 제작이 반복되는 비용을 어떻게 줄이는지 이야기하겠다. 마지막으로 빠르게 복구하는 능력을 연습하고 개발해야 하는 이유를 이야기하며 이 장을 마무리할 것이다.

단순하게 운영하라

이펙티브 엔지니어는 단순하게 만드는 데 주력한다. 단순한 해결책은 이해하고 유지 보수하고 수정하기 쉽기 때문에 운영 부담이 적다. 단순성은 인스타그램 팀이 확장할 수 있었던 핵심 원칙이었다. 크리거는 이렇게 설명했다. "간단한 일부터 하는 것이 핵심 엔지니어링 신조 중 하나였어요. 저희는 이 신조를 제품에 적용하고 고용에 적용하고 엔지니어링에 적용합니다. 이 원칙을 적은 포스터도 붙여 두었어요." 인스타그램 팀은 설계를 검토할 때 "이것이 가장 간단한가?" 또는 "지금 작성 중인 기능을 위해 완전히 새로운 시스템을 만드는 것이 가장 간단한 방법일까?"라고 물었다. 답이 "아니오."라면 다른 접근법을 떠올렸다.

제품이 성장하면 소프트웨어의 복잡성도 함께 증가하는 경향이 있다. 새로운 기능을 사용하려면 이를 지원할 새로운 시스템을 개발해야 할 수 있다. 트래픽이 증가할 때 성공적으로 제품을 확장하고 속도와 품질을 유지하기 위해 추가 인프라가 필요할 수도 있다. 새로운 오픈 소스 아키텍처나 프로그래밍 언어가 매력적인 혜택을 약속하며 문제 해결에 활용해 보라고 개발자를 유혹하기도 한다. 아니면 다른 팀원이 쓰는 것보다 성능이나 기능이 약간 더 뛰어나다는 이유로 새로운 기능을 비표준 툴체인으로 만들기로 할 때도 있다. 추가적인 복잡성이 필요악일 때도 있으나, 사실 그렇지 않을 때가 더 많다.

스티브 잡스는 아이팟을 설계하며 무엇을 배웠냐는 질문에 이렇게 답했다. "문제를 해결하려 시도할 때 처음 떠올리는 해결책은 매우 복잡한데 대부분의 사람들은 거기서 멈춥니다. 하지만 포기하지 말고 문제를 붙들고 양파처럼 껍질을 더 벗겨내다 보면 종종 매우 우아하고 간단한 해결책에 도달할 수 있습니다. 대부분이 거기에 도달할 때까지 시간이나 에너지를 들이지 않는 것뿐입니다."[8]

단순성은 처음부터 인스타그램의 가치이자 특징이었다. 크리거와 그의 공동 창업자 케빈 시스트롬Kevin Systrom은 지역 기반의 SNS 애플리케이션, 버븐Burbn을 만들며 모험을 시작했다. 포스퀘어Foursquare, 고왈라Gowalla 같은 다른 스타트업이 치열한 경쟁을 벌이고 있는 시장에 뛰어들어서, 버븐은 특정 장소에 체크인하고 친구와 어울리고 사진을 게시하는 사용자에게 점수를 주는 기능을 서비스했다. 크리거와 시스트롬은 아이폰 앱 제작에 1년 넘게 매달린 끝에 앱이 너무 복잡하다는 결론에 이르렀다. 시스트롬은 이런 글을 남겼다. "사실 버븐의 전체 기능이 담긴 아이폰 앱을 완성했지만, 잡다하고 기능이 과하게 많았다." 그래서 두 사람은 버븐의 복잡성을 전부 버리고 사용자가 가장 많이 사용한 한 가지, 사진 공유 기능만 다듬었다. 시스트롬의 글은 이렇게 이어진다. "처음부터 다시 시작하기로 결정하는 건 정말 어려웠다. 그래도 우리는 (…) 버븐 앱에서 사진, 댓글, '좋아요' 기능만 빼고 전부 삭제했다. 남은 것이 인스타그램이었다."[9]

엔지니어링 팀이 간단한 일부터 하는 데 집중하지 않으면 유지 보수 비용이 많이 드는 활동에 에너지를 쏟느라 시간이 지남에 따라 효율이 점점 떨어지거나, 운영 부담이 너무 커져서 아키텍처를 단순화할 수밖에 없는 상황에 처한다. 웹에서 찾은 이미지를 수집하고 정리해둘 수 있는 인기 웹 서비스 핀터레스트Pinterest의 엔지니어링 팀도 사실 초창기에 이런 실수를 저질렀다. 핀터레스트는 2년간 빠르게 성장하여 월간 페이지 조회 수가 제로에서 수백억으로 급증했다. 개발자인 야슈완트 넬라파티Yashwanth Nelapati와 마티 위너Marty Weiner는 '핀터레스트 확장하기'라는 제목의 강연에서 확장 관련 문제를 극복하려다가 초기에 인프라가 어떻게 점점 더 복잡해졌는지 설명한다.[10] 한때 이들의 데이터베이스와 캐시 계층에만 MySQL, 카산드라, 멤베이스Membase[*], 멤캐시, 레디스, 엘라스틱서치ElasticSearch, 몽고DBMongoDB 같은 7가지 다른 기술이 혼합되어 있었다.[11] 소규모 엔지니어링 팀(당시 3명)이 감당할 수 있는 수준을 훨씬 넘어서는 복잡성이었다.

아키텍처가 너무 복잡하면 다음 몇 가지 측면에서 유지 보수 비용이 발생한다.

- **다양한 시스템에 관한 엔지니어링 전문 지식을 습득해야 한다.**

  시스템마다 알아내고 이해하고 숙달해야 하는 고유한 속성과 고장 유형이 있다. 시스템이 많을수록 이 과정이 더 길어진다.

- **복잡성이 증가하면 잠재적 단일 장애점(single point of failure)이 늘어난다.**

  엔지니어링 자원은 적은 데 시스템 아키텍처의 범위가 넓어지면 담당자 2명만으로는 주어진 영역을 다루기 어려워진다. 이런 상황에서 핵심적인 컴포넌트를 잘 아는 유일한 사람이 아프거나 휴가를 떠나면 어떻게 될까?

---

[*] 역주 현재는 카우치베이스(Couchbase)로 이름이 바뀌었다.

- **신입 개발자가 새 시스템을 익히고 이해하기 어려워진다.**

  모든 개발자가 생산성을 높이기 위해 많은 지식을 체득해야 하므로 학습 시간이 증가한다. 이에 비해 재사용할 수 있는 추상화와 도구 종류가 적은 아키텍처는 배우기 쉽다.

- **추상화, 라이브러리, 도구를 개선하는 데 드는 노력이 여러 시스템으로 분산되어 희석된다.**

  그래서 엔지니어링 자원을 더 적은 구성 요소에 집중할 때와 달리 제대로 지원되는 시스템이 하나도 없다.

엔지니어링 팀의 시스템 유지 보수 능력에 비해 시스템 복잡성이 빠르게 늘어나면 생산성과 업무 진행에 악영향을 미친다. 유지 보수 작업과 작동 방식 파악에 분산되는 시간이 길어질수록 가치를 창출할 새로운 방법을 찾는 데 쓸 수 있는 시간은 줄어든다.

결국 핀터레스트 팀은 아키텍처를 단순화해서 운영 부담을 줄여야 한다는 것을 깨달았다. 이들은 아키텍처를 잘 설계해두면 더 복잡한 시스템을 도입하지 않고 동일한 유형의 컴포넌트를 더해서 추가 성장을 지원할 수 있다는 값진 교훈을 얻었다. 이들은 2012년 1월까지 데이터와 캐시 아키텍처를 MySQL, 멤캐시, 레디스, 솔라Solr로 크게 단순화했다. 그 후 새로운 서비스를 도입하는 대신 각 서비스의 장비를 추가하는 것만으로 4배 이상 성장했다.[12]

인스타그램과 핀터레스트 사례는 높은 레버리지를 제공하는 단순성에 집중하라는 원칙을 잘 보여준다. 이러한 교훈은 다음과 같이 다양한 시나리오에 적용된다.

- 새로운 프로그래밍 언어를 프로토타입 제작이나 재미 삼아 하는 프로젝트에서 실험하는 것은 괜찮지만, 새로운 프로덕션 시스템에 사용하기 전에는 신중하게 고민하라. 다른 팀원들도 그 언어를 써본 경험이 있는가? 배우기 쉬운가? 그 언어에 능통한 개발자를 고용하기 어렵지 않겠는가?

- 새로운 데이터 저장소를 지지하는 이들은 그 시스템이 MySQL이나 PostgreSQL 같은 관계형 데이터베이스 계의 전통 강자가 지닌 문제를 해결할 것이라고 주장한다. 그렇더라도 새로운 저장소 시스템을 프로덕션에 사용하기 전에 조사를 선행하라. 그 시스템이 비슷한 영역의 프로젝트에 성공적으로 쓰인 경험이 있는지 찾아보고, 그 시스템을 유지 보수하고 확장하는 데 드는 운영 부담이 다른 일반적인 저장소에 비해 실제로 적었는지 확인하라.

- 새로운 문제를 해결할 때 직접 해결책을 개발하는 것보다 기존 추상화나 도구의 용도를 변경해서 쓰는 것이 더 간단한 건 아닌지 따져보라. 사람들이 흔히 "작업에 맞는 도구를 써라."라고 하지만 그러면 동작하는 부품의 개수가 늘어날 수 있다. 더 많은 부품이 생길 때 발생하는 복잡성이 표준화에서 오는 단순성보다 뛰어난가?

- 대량의 데이터를 처리할 때 실제 분산형 클러스터가 필요할 정도로 데이터의 양이 많은지, 아니면 강력한 장비 하나로 충분할지 고민해보라. 클러스터는 단일 장비에 비해 관리하거나 디버깅하기 어렵다.

명심하라. 간단한 일부터 해야 한다. 항상 "적은 운영 부담으로 이 작업을 완료할 가장 간단한 해결책은 무엇일까?"라고 질문하라. 복잡성의 원인을 다시 살펴보고 제거할 방법은 없을지 찾아보라.

빨리 실패하는 시스템을 만들어라

고장이 없으면 시스템이 견고하고 안정적이라고 생각하는 개발자가 많다. 이들은 프로그램이 멈추지 않고 계속 작동하도록 소프트웨어 오류를 자동으로 처리하는 우회로를 추가하는 데 공을 들인다. 우회로로는 잘못 구성된 매개 변수를 기본값으로 설정하기, 예상치 못한 문제를 다루는 포괄적인 예외 처리기 추가하기, 예상치 못한 반환 값 조용히 무시하기 등이 있다.

이런 기법을 사용하면 소프트웨어가 **느리게 실패한다.** 오류가 발생하더라도 소프트웨어가 계속 작동할 수는 있으나 나중에 더 해독하기 어려운 버그로 발전하기도 한다. 철자가 틀린 max_database_connections 설정을 읽으면 기본값을 5로 설정하게 하는 로직을 웹 서버에 추가한다고 가정해보자. 프로그램은 아마 평소처럼 시작하고 실행되겠지만, 프로덕션에 배포하고 나면 데이터베이스 쿼리가 평소보다 느린 이유를 알아내기 위해 사방팔방 뒤져봐야 할 것이다. 또 다른 예로 애플리케이션이 사용자 상태를 데이터 구조나 데이터베이스에 저장하는 데 실패한 후에도 조용히 계속 작동하고 있다고 가정해보자. 나중에 예상한 데이터를 다시 읽어 들이지 못해도 프로그램이 장애에서 너무 멀리 동떨어지게 되어 근본 원인을 정확히 알아내기 어렵다. 또는 로그 파일을 처리하는 분석 프로그램이 손상된 데이터를 만날 때마다 그냥 건너뛴다고 가정해보자. 보고서는 계속 생성되겠지만, 며칠 후 고객이 수치가 일치하지 않다고 항의하면 그제야 머리를 벅벅 긁으며 원인을 찾느라 고생해야 할 것이다.

시스템이 느리게 실패하면 코드 오류의 원인이 불분명해져서 어떤 문제가 일어난 것인지 알아내기 어려워진다. 4장에서 이야기했듯이 디버깅은 소프트웨어 개발에 필수다. 버그와 소프트웨어 구성 오류는 불가피하게 발생하므로 문제를 재현하고 오류의 원인을 정확히 알아내는 데 시간을 투자해야 한다. 문제나 오류가 원인에 가까울수록 문제를 더 빨리 재현하고 해결할 수 있다.

피드백 과정을 단축하는 유용한 기법은 소프트웨어가 빨리 실패하게 하는 것이다. 짐 쇼어Jim Shore는 IEEE 소프트웨어에 실린 기사 'Fail Fast(빨리 실패하라)'에서 이렇게 설명한다. "빨리 실패하는 시스템은 문제가 일어났을 때 즉시 눈에 띄게 실패한다. 빨리 실패하기는 직관에 반하는 기법이다. '즉시 눈에 띄게 실패'하게 하면 소프트웨어가 더 취약해질 것 같지만, 실제로는 더 견고해진다. 버그를 찾고 수정하기 더 쉬워지므로 프로덕션으로 가는 버그가 줄어든다."[13] 빨리 실패하면 더 빠르고 효과적으로 문제를 드러내고 해결할 수 있다.

빨리 실패하기의 예는 다음과 같다.

- 시작할 때 설정 오류를 발견하면 바로 종료하기

- 소프트웨어 입력 확인하기(오랜 시간이 지난 후에 사용되지 않을 예정이라면 더욱 중요함)

- 다룰 줄 모르는 외부 서비스에서 발생한 오류를 무시하지 말고 표시하기

- 컬렉션 같은 자료 구조의 특정 변경사항이 반복자 같은 종속적인 자료 구조를 사용할 수 없는 상태로 만들면 최대한 빨리 예외 발생시키기

- 주요 데이터 구조가 손상됐을 때 시스템 내부로 손상을 더 전파하지 말고 예외 발생시키기

- 복잡한 논리 흐름 전후에 주요 불변 값이 유지된다고 단언하고 자세한 오류 메시지 첨부하기

- 유효하지 않거나 일관성이 없는 프로그램 상태에 대해 개발자에게 최대한 빨리 경고하기

시스템이 복잡할수록 실패하기 기법은 더 많은 시간을 절약해준다. 내가 속한 팀은 웹 애플리케이션의 심각한 데이터 손상 버그를 경험한 적이 있다. 저장소에서 데이터를 읽는 부분은 대체로 잘 작동했지만, 하루에 몇 번 정도 전혀 관련 없는 데이터를 반환했다. 코드가 요청한 것과는 다른 유형의 데이터를 반환하거나 하나의 값을 요청했는데 완전히 다른 유형의 객체 목록을 반환했다. 애플리케이션 수준 캐시 계층의 데이터 손상부터 오픈 소스 캐시 서비스 자체 버그, 데이터를 서로 덮어쓰는 스레드까지 모든 것을 의심했다. 이 문제를 해결하기 위해 여러 팀의 팀원들이 일주일 넘게 머리를 맞댔다.

알고 보니 웹 요청 시간이 초과됐을 때 애플리케이션이 공유 연결 풀의 일부인 MySQL 연결을 제대로 재설정하지 않은 것으로 드러났다. 다음 웹 요청이 아무 의심 없이 똑같은 연결을 재사용하려고 하면 첫 번째 쿼리는 앞서 시간이 초과된 요청에 대한 응답을 받았다. 잘못된 응답이 캐시 계층 전체로 전파됐다. 그 주에 웹 애플리케이션이 더 많은 부하를 겪으면서 잠복해 있던 버그가 평소보다 더 자주 나타났던 것이다. 시간 초과 시 연결을 끊거나 웹 요청이 시작될 때 연결에 문제가 없다고 단언해서 빨리 실패했다면 우리의 고민이 크게 줄었을 것이다.

한번은 고성능 분산 메모리 캐시 시스템인 멤캐시드Memcached로 작업한 적이 있다. 많은 웹 회사의 엔지니어링 팀은 읽기 성능을 향상시키고 데이터베이스 부하를 줄이기 위해 데이터베이스에서 가져온 값을 멤캐시드에 캐싱한다. 멤캐시드는 기본적으로 큰 해시 테이블처럼 작동한다. 클라이언

트는 키-값 쌍을 저장한 후 키를 기준으로 매우 빠르게 데이터를 가져온다. 또한, 키에 만료 시간을 지정하여 오래된 데이터를 만료시키는 한편 소비되는 메모리의 양을 관리한다.

데이터베이스 부하를 줄이기 위해 비용이 높은 데이터베이스 쿼리의 결과를 캐싱하는 키의 만료 시간을 10일에서 40일로 늘리기로 했다. 그런데 변경사항을 프로덕션에 배포한 후에 데이터베이스 경고가 울리기 시작했다. 데이터베이스 부하가 전보다 더 높게 치솟았다. 만료 시간 연장이 부하를 높인 이유를 알아내려고 변경사항을 재빨리 되돌렸다. 오랜 조사 끝에 멤캐시드에서는 만료 시간이 초로 표시되며 최대 30일까지만 지정할 수 있다는 것을 알아냈다. 30일(2,592,000초)보다 큰 수치는 유닉스 타임스탬프로 해석됐다. 멤캐시드는 내가 40일이라고 생각한 수치를 1970년을 기준으로 한 타임스탬프로 취급했다. 말이 되지 않는데도 말이다.[14] 그 결과 마치 전혀 캐싱되지 않은 것처럼 값이 설정된 직후 만료됐다. 멤캐시드의 인터페이스가 유효하지 않은 입력을 허용하지 말고 빨리 실패해서 조금 더 이치에 맞는 오류를 반환했다면 (아니면 인터페이스가 조금 더 직관적이었다면) 개발 중에 오류가 쉽게 발견되어 프로덕션에는 절대 배포되지 않았을 것이다. 두 경우 모두 빨리 실패했을 때 오류를 더 쉽게 감지하고 프로덕션 문제의 발생 빈도와 지속 시간을 줄이는 데 도움이 되었을 것이다.

빠른 실패라고 해서 반드시 사용자가 사용 중인 프로그램을 종료시켜야 하는 건 아니다. 복합적인 접근법을 취하는 것이 좋다. 빨리 실패하기 기법을 활용하여 문제를 즉시 드러내는 동시에 최대한 빨리 오류의 실제 원인에 최대한 가깝게 접근하라. 그리고 최종 사용자 측에서 우아하게 실패하는 동안 개발자에게 오류를 보고하는 전역 예외 처리기로 이를 보완하라. 예를 들어 렌더링 엔진이 한 페이지에 수백 가지 컴포넌트를 생성하는 복잡한 웹 애플리케이션 작업을 하고 있다고 가정해보자. 각 컴포넌트는 오류가 발생했을 때 빨리 실패하지만, 전역 예외 처리기가 예외를 포착하고 기록해서 사용자에게는 그 특정 컴포넌트를 렌더링하지 않게 함으로써 사용자에게는 조금 더 우아하게 실패하는 것으로 보이게 할 수 있다. 아니면 전역 예외 처리기가 사용자에게 페이지를 다시 로딩하라고 요청하는 알림을 표시할 수도 있다. 더 나아가 중요도에 따라 오류를 해결할 수 있도록 기록된 오류를 종합하고 대시보드에 빈도에 따라 분류하는 자동 파이프라인을 만들 수도 있을 것이다. 빨리 실패하기는 컴포넌트가 오류를 간과하고 평소처럼 작동하는 상황을 만들지 않고 그 오류를 포착하게 해준다.

빨리 실패하는 시스템 만들기는 레버리지가 아주 높은 활동이 될 수 있다. 이는 문제를 더 빨리 더 직접적으로 드러내서 소프트웨어 유지 보수, 디버깅에 드는 시간을 줄이는 데 도움을 준다.

기계적인 작업을 꾸준히 자동화하라

새로운 제품이나 기능을 출시할 때는 혼잡한 상황이 연출된다. 그리고 여기에는 보통 두려운 (하지만 필요한) 비상 당번이라는 무서운 책임도 따라온다. 소프트웨어 개발자로 일하는 동안 나 또한 매우 익숙해진 역할이다. 모든 것이 정상 작동하도록 지키는 역할을 누군가는 맡아야 한다. 비상 당번을 맡은 개발자는 모든 프로덕션 문제를 최전선에서 방어하는 역할을 맡는다. 당번이라는 말은 비상 호출을 받았을 때 어디에서든 빠르게 온라인에 접속할 수 있게 노트북과 휴대용 라우터를 가지고 다녀야 한다는 뜻이다. 당번을 맡으면 예상치 못한 일정이 생긴다. 언제든 호출을 받을 수 있다. 가끔은 여러분의 관심을 요구하는, 분초를 다투는 골치 아픈 장애를 해결해야 할 때도 있다. 하지만 대부분은 사소한 문제를 다룬다. 새벽 3시에 호출을 받고 잠에서 깼는데, 컴퓨터가 충분히 실행할 수 있는 5가지 명령을 실행해야 한다면 정말 화가 날 것이다. 그런데도 장기적인 해결책을 만들지 않고 다음 날 다른 일에 몰두하기 쉽다. 특히 기한의 압박을 받는 상황이라면 더욱 그렇다.

시간은 가장 가치 있는 자원이다. 새벽 3시에 오는 호출을 최대한 피할 수 있게 꾸준히 자동화를 추구하는 것은 다른 활동에 집중할 시간과 에너지를 확보할 수 있는 레버리지가 높은 방법이다. 빠르게 수동으로 임시 조치를 해서 문제를 해결하는 것이 지속 가능한 해결책을 만드는 것보다 시간이 적게 들 수도 있다. 하지만 장기적으로 보면 해결책을 자동화하고 반복 작업을 스크립트로 작성하는 것이 운영 부담을 덜고 영향력을 확장할 수 있는 강력한 방법이다.

자동화해야 할지 결정할 때는 이렇게 자문하라. **이 작업을 수동으로 하는 것, 이 작업을 자동화하기 위한 비용을 선불로 내는 것, 둘 중 어느 쪽을 택했을 때 전체적으로 시간이 더 절약될까?** 수동으로 할 때 명백히 더 많은 일을 해야 한다면 자동화를 쉽게 결심할 수 있다. 그러나 안타깝게도 그렇게 이분법적으로 답이 나오는 경우는 드물다. 자동화가 필요한 만큼 이루어지지 않는 몇 가지 이유를 들면 다음과 같다.

- **지금 당장 시간이 없다.**

  다가오는 마감일, 관리상의 압박 때문에 개발자는 제품을 빠르게 배포한다는 단기적인 혜택을 얻기 위해 자동화가 제공하는 장기적인 혜택을 희생하곤 한다. 제품을 제때 출시하는 것이 지금 당장 매우 중요할 수 있으나 자동화를 계속 미루면 결국 엔지니어링 생산성이 저하될 것이다.

- **공유지의 비극이 일어난다.**

  공유지의 비극은 개인이 자신의 이익에 따라 한 이성적인 행동이 공동체의 장기적 이익에 반하는 경우를 가리킨다.[15] 여러 개발자나 팀이 수동으로 작업하고 있다면 한 개발자가 자동화를 위해 나설 동기나 의지가 감소한다. 주간 비상 당번으로 근무할 때도 이런 상황이 종종 벌어진다. 팀이 커지면 자신의 교대 근무 당번이 돌아오기까지 더 오래 걸리기 때문에 자기 차례를 넘길 정도로만 빠르게 수동으로 임시 조치한 후 다음 당번에게 자동화에 대한 책임을 떠넘기고 싶은 유혹을 느낄 수 있다.

- **자동화 도구에 익숙하지 않다.**

  시스템 개발자가 아닌 사람은 자동화에 사용되는 시스템 기술에 익숙하지 않은 경우가 많다. 빠르게 명령줄 스크립트를 조립하고 유닉스 고유 기능을 결합하고 여러 서비스를 묶어 사용하는 방법을 배우려면 시간이 걸린다. 하지만 다른 기술이 그렇듯이 자동화도 연습할수록 쉬워진다.

- **향후 작업 빈도를 과소평가한다.**

  수동 작업을 한 번만 완료하면 된다고 생각할지 모르지만, 때로 요구 조건이 달라지고 실수할 수 있다. 스크립트는 꽤 간단하게 업데이트할 수 있지만, 전체 작업을 수동으로 반복하는 건 시간이 많이 든다.

- **장기적으로 볼 때 시간이 얼마나 절약되는지 체감하지 못한다.**

  작업마다 10초를 절약하는 것이 별거 아닌 것처럼 보일 수 있다. 하루에 10번 하는 작업이라고 해도 말이다. 하지만 1년으로 치면 거의 하루를 절약하는 것이나 다름없다.

컴퓨터가 할 수 있는 일을 할 때마다 자동화할 가치가 있는지 자문하라. 열심히 일하려는 의욕 때문에 수동 작업을 따분히 이어가며 시간을 허비하기보다 조금 더 영리하게 일해야 하는 것은 아닌지 생각해보라. 자동화가 도움이 되는 활동의 예를 들면 다음과 같다.

- 코드, 인터랙션, 시스템이 예상대로 작동하는지 확인하기
- 데이터 추출하고 변환하고 요약하기
- 오류율 급증 감지하기
- 새 장비에 소프트웨어 빌드하고 배포하기
- 데이터베이스 스냅숏 캡처하고 저장하기
- 주기적으로 배치 계산 실행하기
- 웹 서비스 재시작하기
- 코드가 스타일 가이드라인을 준수하는지 확인하기
- 머신 러닝 모델 트레이닝하기
- 사용자 계정이나 사용자 데이터 관리하기
- 서비스 그룹에 서버를 추가하거나 제거하기

처음에는 자동화 방법을 익히는 과정을 포함하는 자동화 비용이 수동 작업 비용보다 높을 수 있다. 하지만 이와 같은 경험을 통해 앞으로 자동화에 활용할 수 있는 효율성이 증가하여 점점 더 많은 문제를 자동화하는 데 활용한다면 자동화 기술은 발전을 거듭하며 투자한 비용 이상의 수익을 낼 것이다.

다른 활동보다 자동화가 더 필요한 활동도 존재할까? 페이스북의 전 엔지니어링 이사였던 보비 존슨은 이 의문에 관한 귀중한 통찰을 제공한다. 페이스북은 여러 데이터 센터에 수천 개의 서버를 갖춘, 전 세계적으로도

큰 편에 속하는 MySQL 데이터베이스 서버군을 운영한다. 각 페이스북 사용자 프로필은 샤드라고 불리는 수천 개의 파티션 중 하나에 할당되며 각 데이터베이스 서버에는 여러 샤드가 포함된다. 한 서버에 장애가 발생하거나(평소 하루에 수십에서 수백 개의 서버에 장애가 발생할 것이다) 샤드가 너무 커지면 하나 이상의 샤드를 다른 데이터베이스 서버에 재분배해야 한다.[16]

페이스북의 MySQL 설정이 복잡하다는 것을 고려할 때 사람들은 페이스북이 MySQL 장애 대비와 부하 분산을 마법처럼 자동 처리하는 시스템을 초창기에 이미 구축해 두었을 거라고 생각할 것이다. 존슨의 말에 따르면 실상은 그렇지 않았다. "한 콘퍼런스에 갔더니 마법처럼 MySQL 장애를 복구하고 부하도 분산시키는 듣도 보도 못한 것에 대해 저한테 말하더군요. 사실 우리 회사에서는 그 일을 한 직원이 맡아서 하고 있었거든요." 관리할 서버가 서버 20개밖에 안 되는 회사의 개발자들은 스크립트를 작성해서 시스템에 문제가 생겼을 때 자동으로 복구하고 수정할 수 있게 했다. 하지만 페이스북에서는 한 개발자가 방대한 데이터베이스 클러스터의 부하를 수동으로 분산시키고 있었다.

자동화가 중요하지 않다는 뜻은 아니다. 한 사람이 자동화 도구 없이 수천 대 장비를 관리하는 것은 불가능하다. 그러나 존슨은 자동화를 메커니즘 자동화와 의사 결정 자동화, 두 가지 유형으로 구분했다. 일련의 단계로 이루어진 메커니즘을 자동화하는 것은 간단하고 테스트하기도 쉬운 편이다. 반면 의사 결정 자동화는 훨씬 더 어렵다. 특히 스스로 회복하고 복구할 수 있는 시스템을 만드는 중에 문제가 생긴다면 말이다. 존슨은 이렇게 덧붙였다. "이런 시스템을 구축할 때의 문제는 시스템이 미쳐 날뛰곤 한다는 겁니다. 우리가 경험한 최악의 장애는 대체로 자동 복구 시스템에서 문제가 발생할 때였거든요. 비정상적인 상황에서만 실행되는 부분이라서 테스트를 제대로 하는 경우도 거의 없습니다."

예를 들어 한 서버에 장애가 일어났을 때 해당 서버로 향하는 트래픽을 그룹 내 다른 서버로 라우팅해서 장애를 처리하는 부하 분산기에 쓸 간단한 자동화 규칙을 생각해보자. 한 서버에 장애가 일어났을 때는 이 정책이 훌륭히 기능한다. 그런데 만약 서버 절반에 장애가 일어나면 어떻게 될까? 이 정책은 장애가 일어난 서버로 향하는 모든 트래픽을 나머지 절반으로 라우팅한다. 부하가 너무 늘어나서 정상 작동하던 서버조차 다운되면 자동화는 결국 전체 클러스터를 다운시킬 것이다. 이는 부하를 줄이기 위해 요청의 절반을 버리는 것보다 훨씬 더 심각하다.

그래서 페이스북에서는 데이터베이스 샤드의 균형을 맞추기 위해 한 개발자가 스크립트를 실행해서 과부하가 가장 심한 장비를 찾은 다음 다른 스크립트를 실행해서 그 장비의 샤드를 옮기는 방법을 오랫동안 사용했다. 샤드를 한 데이터베이스 서버에서 다른 서버로 옮기는 메커니즘은 거의 자동화되어 있었으나 몇 천 개나 되는 샤드의 어느 부분을 어디로 옮길지는 인간이 정했다. 페이스북이 의사 결정 자동화라는 더 어려운 작업을 자동화할 가치가 있다고 판단할 시점에 도달하기까지는 수년이 걸렸다. 그리고 결국 샤드의 균형을 자동으로 재조정하는 MySQL 풀 스캐너Pool Scanner라는 시스템을 배포했다.

메커니즘 자동화에서 의사 결정 자동화로 올수록 자동화에서 오는 보상이 더 적어질 수 있다. 주어진 시간이 제한적이라는 것을 고려해서 우선 메커니즘 자동화에 집중하라. 12개의 명령으로 이루어진 복잡한 체인을 자신이 원하는 것을 명확히 수행하는 하나의 스크립트로 단순화하라. 똑똑한 자동 의사 결정이라는 훨씬 더 어려운 문제는 쉽게 달성할 수 있는 목표를 달성한 후에 착수하는 것이 좋다.

일괄 처리를 멱등성 있게 만들어라

자동화한 작업이 많아질수록 시간 레버리지는 증가하지만, 그와 동시에 일부 자동화가 실패할 가능성도 증가한다. 인간의 개입 없이 일련의 동작을 실행하는 스크립트(**일괄 처리**batch process라고도 함)를 주기적으로 실행되도록 예약해두면 네트워크 시간 초과 등의 예기치 못한 문제에 봉착할 것이다. 데이터 분석이 더 많은 비즈니스에서 중요해지면서 대량의 데이터를 처리하는 스크립트가 점점 더 보편화되고 있는데, 이런 스크립트는 대체로 잘 동작하지만 한번 실패하면 재시도하거나 복구하는 데 시간이 오래 걸린다. 주의하지 않으면 자동화 유지 보수에 드는 시간이 점점 늘어날 것이다. 따라서 이러한 부담을 최소화하는 것도 레버리지가 높은 활동이다.

일괄 처리를 '유지 보수하기 쉽고 실패 회복력이 더 뛰어나게' 만드는 한 가지 기법은 이를 **멱등성**idempotent 있게 만드는 것이다. **멱등성** 있는 프로세스란 실행을 한 번 하든 여러 번 하든 상관없이 똑같은 결과를 생성하는 프로세스다. 따라서 의도치 않은 부작용이 일어날 걱정 없이 필요한 만큼 얼마든지 재시도할 수 있다. 예를 들어 다양한 사용자 동작에 관한 주간 데이터베이스 통계를 작성하기 위해 일간 애플리케이션 로그를 처리하는 중이라고 생각해보자. 멱등성이 없는 방법을 사용한다면 아마 각 로그 행을 하나씩 훑으면서 카운터를 점차 증가시킬 것이다. 하지만 중간에 스크립트가 중단되어서 다시 실행해야 한다면 의도치 않게 일부 카운터는 두 번 올리고 다른 카운터는 한 번만 증가할 수 있다. 이보다 더 견고한, 멱등적인 방법은 일별로 각 사용자 동작의 수를 추적하는 것이다. 현재 날짜의 로그를 전부 다 읽은 후에만 현재 날짜의 카운터를 계산하고, 이렇게 수집한 일간 카운터를 합산하여 주간 통계를 구하는 방법이다. 멱등적인 방법으로 실패한 처리를 재시도할 때는 일간 카운터를 덮어쓰고 주간 카운터를 다시 구하므로 이중으로 계산되는 일이 없다. 데이터가 너무 많다면 비슷한 방식으로 시간별 카운터를 통해 일간 카운터를 구할 수 있다.

멱등성 있게 만들 수 없다면 적어도 일괄 처리를 **재시도**하거나 **재진입**할 수 있도록 구성하는 것이 도움이 된다. **재시도**하거나 **재진입**할 수 있는 프로세스란 이전에 중단된 호출을 성공적으로 완료할 수 있는 프로세스다. 재진입할 수 없는 프로세스는 일부 전역 상태에 부작용을 남겨서 프로세스가 재시도할 수 없게 막는 것이 특징이다. 예컨대 실패한 프로세스가 글로벌 록 global lock을 여전히 붙들고 있을 수도 있고, 일부 출력을 내보냈을 수도 있다. 불일치 상태를 처리할 줄 아는 프로세스를 설계하면 나중에 요구되는 수작업의 양을 줄일 수 있다. 각 프로세스가 완전히 성공하거나 완전히 실패하게 하라.

또한, 멱등성에는 많은 이펙티브 엔지니어가 활용하는 장점인, 사용 빈도가 낮은 프로세스를 필요 이상의 빈도로 실행해서 문제를 일찍 드러내는 능력도 있다. 한 달에 한 번 실행하는 스크립트가 있다고 가정해보자. 월간 분석 보고서나 새로운 검색 색인을 생성하는 스크립트일 수도 있고, 오래된 사용자 데이터를 저장하는 스크립트일 수도 있다. 한 달이면 많은 것이 바뀔 수 있는 시간이다. 초기에 유효했던 데이터 크기, 코드베이스, 아키텍처에 관한 가정이 더 이상 참이 아닐 수 있다. 이런 잘못된 가정이 스크립트를 망가뜨리면 극심한 시간 압박 속에서 원인을 알아내느라 매달 고생할지 모른다. 멱등성 있는 스크립트에서는 사용 빈도가 낮은 작업 흐름의 드라이 런dry run* 실행을 매일 또는 매주 예약해서 사용 빈도가 더 높은 작업 흐름으로 변환하는 강력한 기법을 활용할 수 있다. 그러면 무언가 망가졌을 때 더 빨리 피드백을 받을 수 있다. 월 중순에 드라이 런이 실패하면 무엇이

---

* 역주 테스트 등을 목적으로 프로그램을 실행하는 행위.

잘못됐는지 알아낼 충분한 시간적 여유가 있다. 게다가 잠재적 원인의 범위가 훨씬 더 좁다. 과거 4,000명이 사용하던 드롭박스의 인프라를 4,000만 명까지 수용할 수 있게 확장하는 업무를 담당했던 개발자인 라지브 에란키 Rajiv Eranki는 심지어 (사용자 상태를 수정하거나 진단을 실행하는 스크립트처럼) 수동으로 호출하도록 작성된 스크립트도 예약 실행해서 정기적으로 오류를 찾아야 한다고 제안하기도 했다.[17]

일괄 처리를 자주 실행하면 갖가지 결함을 투명하게 처리할 수 있다. 시스템 검사를 5~10분마다 한 번씩 실행하면 일시적인 네트워크 결함이 일으킨 시스템 장애로 인한 경고 메시지가 실수로 올 수 있다. 그러나 60초마다 한 번씩 검사를 실행하고 연속된 실패에 대해서만 경고를 보내게 하면 경고 메시지가 실수로 올 확률이 크게 줄어든다. 일시적인 실패는 1분 이내에 저절로 해결되므로 수동 개입의 필요성이 줄어든다.

멱등성, 재진입성을 갖추면 자동 처리, 일괄 처리의 유지 보수에 수반되는 복잡성과 반복해서 발생하는 비용이 줄어든다. 그러면 자동화 비용이 줄기 때문에 다른 일을 할 여유가 생긴다.

신속하게 대응하고 복구하는 능력을 강화하라

넷플릭스 개발자들은 자체 인프라 내에서 서비스를 무작위로 망가뜨리는 카오스 몽키Chaos Monkey라는 시스템을 만드는 반직관적인 작업을 했다.[18] 서비스를 살려두는 데 힘쓰는 대신 시스템을 엉망으로 망가뜨린 것이다. 이 전략은 실제로 인프라를 더욱 견고하게 만들고 비상 당번의 고통을 감소시키는 것으로 나타났다. 주중 정규 근무 시간 중에 서비스를 망가뜨리는 카오스 몽키를 구성해둔 덕에 주말이나 한밤중처럼 부적절한 순간에 예기치 못하게 응급 상황을 처리할 필요 없이, 사무실에 있는 동안 아키텍처상 취약점을 찾아낼 수 있었다. 이들이 블로그에 적어둔 글귀처럼 "예기치 못한 큰 실패에 대한 최선의 방어책은 자주 실패하는 것이다."[19] 넷플릭스는 아마존 웹 서비스의 클라우드 서비스를 이용하고 있는데 아마존 웹 서비스가 심각한 장애에 빠졌을 때 에어비앤비, 레딧, 포스퀘어, 훗스위트Hootsuite, 쿼라 같은 다른 회사는 몇 시간에 걸쳐 서비스가 중단된 반면 넷플릭스는 잠깐의 서비스 중단 후 빠르게 탈출할 수 있었다.[20]

넷플릭스의 접근법에는 운영 부담을 줄이는 강력한 전략이 숨어 있다. 바로 빠르게 복구하는 능력을 기르는 것이다. 무슨 일을 하든지 문제는 생기게 마련이다. 웹에 의존하는 제품을 만들면 다운타임을 피할 수 없다. 데스크톱 소프트웨어를 만들어 사용자에게 배포하면 감지하지 못한 버그가 반드시 숨어 있을 것이다. 코드 체크인 같은 가장 기본적인 절차를 빠뜨리지 않고 주의한다고 하더라도 빌드나 테스트 스위트가 망가질 때가 있다. 가동 시간과 품질에 집중하는 것은 중요하나 발생할 수 있는 고장 유형이나 버그를 일일이 나열하다 보면 투자한 시간 대비 보상이 감소한다는 것을 깨닫게 될 것이다. 아무리 주의하더라도 예기치 못한 실패는 항상 발생한다.

그러므로 실패를 어떻게 처리하느냐가 효과를 높이는 데 중요한 역할을 한다. 또 어느 시점이 되면 애초에 실패를 예방하는 것보다 신속하게 복구하는 능력을 기르는 데 시간과 에너지를 쏟는 것이 더 높은 레버리지를 내기 시작한다. 실패로부터 빨리 복구하는 데 도움이 되는 좋은 도구와 프로세스를 갖추고 사용하는 법을 많이 연습할수록 자신감은 높아지고 스트레스는 줄어들 것이다. 그러면 훨씬 더 빠른 속도로 전진할 수 있다.

하지만 실패의 대가가 아주 클 수 있는데도 실패 시나리오를 극복할 전략을 개발하는 데 자원을 충분히 투입하지 않는 경우가 많다. 실패는 정확한 시뮬레이션이 어렵고 발생 빈도도 높지 않기 때문에 실패를 잘 처리해봤자 더 시급한 제품 문제를 처리했을 때보다 받는 보상이 더 적어 보인다. 서버 장애, 데이터베이스 장애 극복 등의 기타 고장 유형을 처리하는 복구 프로세스는 있다고 해도 불충분한 경우가 많다. 정작 복구 프로세스가 필요할 때 해결책을 알아내려 허둥지둥 애쓰다가 스트레스가 최고로 높은 상태에서 수준 이하의 해결책을 내는 경우가 많다.

이런 불균형을 고칠 한 가지 전략을, 샌프란시스코 포티나이너스San Francisco 49ers의 전 코치였던 빌 월시Bill Walsh에게 들어보자. 월시는 『The Score Takes Care of Itself(점수는 알아서 난다)』에서 '성공을 위한 대본 쓰기'라고 불리는 전략을 소개한다.[21] 그는 온갖 유형의 게임 시나리오에 대한 대응책을 대본으로 작성한다. 첫 번째 쿼터가 끝난 후에 팀이 터치다운 2개 이상 뒤처지는 상황에 대한 계획, 주요 선수가 부상을 당했을 때의 계획, 25야드를 더 전진해서 남은 플레이 한 번으로 터치다운을 해야 할 때 어떻게 할지에 대한 계획을 세운다. 이유는 경기의 중요한 순간에 마음을 비우고 의사 결정을 효과적으로 내리기 어렵기 때문이다. 특히 팬 수천 명이 함성을 지르고 야유하는 이들이 핫도그와 맥주컵을 던지고 타이머의 소중한 시간이 일초 일초 지나가고 있다면 말이다. 대본을 작성하면 경기의 산만하고 강렬한 감정에서 의사 결정을 분리시킬 수 있다. 사실 포티나이너스의 초기 20~25번의 게임 플레이는 대본으로 만들어졌다. 다양한 시나리오에서 팀이 어떻게 할지를 성문화한 만약~한다면 규칙을 담은 결정 트리로 만들어졌다는 뜻이다. 월시는 성공을 위한 대본을 작성한 덕분에 포티나이너스의 슈퍼볼 우승을 3번이나 이끌었고, NFL 올해의 코치로 2번 지명됐다.[22]

우리도 윌시처럼 성공을 위한 대본을 작성하고 위험 부담과 압박이 높은 상황에서 벗어나 조금 더 통제된 환경에서 의사 결정을 내리는 것이 좋다. 그러면 감정이 판단을 흐리게 하고 시간 압박이 스트레스를 가중시키는 빈도를 낮출 수 있다. 개발자라면 프로그램을 만들듯이 자신의 반응을 대본으로 작성하고 테스트를 통해 그 견고성을 확인할 수 있다. 이는 엔지니어링 조직이 성장하면서 실패할 가능성이 있던 인프라가 실제로 실패하기 시작할 때 특히 중요하다.

넷플릭스와 마찬가지로 다른 회사들도 예기치 못한 상황에 대비할 수 있게 실패와 재난을 시뮬레이션하는 전략을 활용하고 있다.

- 구글은 해마다 며칠에 걸쳐 '재해 복구 테스트Disaster Recovery Testing, DiRT' 행사를 연다. 지진이나 허리케인 같은 재난으로 전체 데이터 센터와 사무실의 전력이 차단되는 상황을 시뮬레이션한다. 그리고 그런 상황에서도 팀, 소통, 주요 시스템이 계속 작동하는지 확인한다. 이를 통해 단일 장애점, 안정성이 떨어지는 장애 극복 방법, 구식 비상 계획, 그 외 예기치 못한 오류를 발견하고 통제된 환경에서 이를 처리한다.[23]

- 드롭박스는 엔지니어링 팀이 프로덕션 시스템에 추가 부하를 시뮬레이션해서 인위적으로 일찍 문제를 발생시킨다. 시스템 한계에 다다라서 오류가 발생하기 시작하면 가상의 부하를 비활성화한 후 충분한 시간을 들여서 해당 문제를 조사한다. 그렇게 하면 똑같은 문제를 비활성화할 수 없는 실제 트래픽을 다루는 상황에서 해결하는 것보다 훨씬 스트레스가 덜하다.[24]

넷플릭스, 구글, 드롭박스는 모두 예기치 못한, 원치 않은 일이 일어날 거라고 가정한다. 따라서 빠르게 복구하는 능력을 키우기 위해 실패 시나리오를 연습한다. 이러한 시나리오를 평온한 상황에서 사전 계획을 세우고 대본을 작성하는 것이 통제할 수 없는 상황에서 허겁지겁 해결책을 찾는 것보다 낫다고 믿는다. 일하는 규모나 책임 범위를 구글이나 드롭박스의 개발자와 똑같이 맞출 필요는 없으나 어떤 실패 시나리오든 대비하는 것이 중요하다. '만약에'라는 질문을 던지고 다음과 같은 각각의 상황에 대해 비상 대책을 세워라.

- 만약에 심각한 버그가 배포된다면 어떻게 할까? 얼마나 빨리 롤백하거나 수정할 수 있을까? 또는 그 시간을 단축할 수 있을까?

- 만약에 데이터베이스 서버에 장애가 발생한다면 어떻게 할까? 다른 장비로 대체하여 장애를 극복하고 손실된 데이터를 복구하려면 어떻게 해야 할까?

- 만약에 서버 과부하가 발생하면 어떻게 할까? 증가한 트래픽을 처리할 수 있게 확장할 방법은 무엇일까? 아니면 일부 요청에라도 올바르게 응답할 수 있도록 부하를 없애려면 어떻게 해야 할까?

- 만약에 테스트 환경이나 스테이징 환경에 문제가 있으면 어떻게 할까? 어떻게 새로운 환경을 구성할 수 있을까?

- 만약에 고객이 긴급한 문제를 보고하면 어떻게 할까? 고객지원 팀이 엔지니어링 팀에게 이를 알리는 데 얼마나 걸릴까? 엔지니어링 팀이 수정하는 데는 얼마나 걸릴까?

빠르게 복구할 수 있게 실패 시나리오를 연습하면 소프트웨어 엔지니어링의 다른 측면에서도 도움이 된다.

- 만약에 관리자나 다른 이해관계자가 비정기적인 리뷰 회의에서 제품 계획에 이의를 제기하면 어떻게 할까? 어떤 질문이 나올 수 있으며 어떻게 답해야 할까?
- 만약에 핵심 팀원이 아프거나 사고를 당하거나 퇴사하면 어떻게 할까? 팀이 계속 정상적으로 작동하려면 어떻게 인수인계를 받아야 할까?
- 만약에 사용자들이 논란의 여지가 있는 새로운 기능을 반대하면 어떻게 할까? 어떤 입장을 취할 것이며 얼마나 빨리 대응할 수 있을까?
- 만약에 프로젝트가 약속한 기한을 지키지 못하면 어떻게 할까? 어떻게 하면 지연을 빨리 예측하고 복구하고 대응할 수 있을까?

서비스 다운타임과 마찬가지로 장애와 고장 유형을 예방하는 것은 어렵고 간혹 아예 불가능할 때도 있다. 우리가 할 수 있는 최선은 '성공을 위한 대본'을 작성하고, 실패 시나리오를 연습하고, 신속하게 복구하는 능력을 기르는 것이다.

이 장에서 언급한 모든 전략은 우리가 만드는 제품을 운영하고 유지 보수하는 데 드는 시간과 에너지를 최소화하는 데 집중한다. 인스타그램이 그렇게 성공적으로 성장하고 확장할 수 있었던 이유 중 하나는 그들이 앱을 정상적으로 작동시키는 데 모든 시간을 쏟지 않았다는 것이다. 운영 부담을 최소화한다면 임팩트를 줄 만한 더 의미 있는 일에 투자할 시간이 생길 것이다.

핵심 요약

- **간단한 것부터 하라.** 시스템이 간단할수록 이해하고 확장하고 유지 보수하기 더 쉽다.

- **빨리 실패하면 오류의 원인을 정확히 찾을 수 있다.** 오류를 감추고 실패를 지연시키지 않으면 디버깅이 더 쉬워진다.

- **의사 결정보다 메커니즘을 자동화하라.** 수동 작업을 적극적으로 자동화해서 시간을 절약하라. 단, 의사 결정 자동화는 수정하기 어려운 경향이 있으므로 신중하게 생각하라.

- **멱등성과 재진입성을 추구하라.** 이러한 속성을 갖추면 장애 발생 시 동작을 더 쉽게 재시도할 수 있다.

- **고장 유형을 계획하고 연습하라.** 복구하는 능력을 키워두면 더 과감하게 전진할 수 있다.

10

팀의 성장에 투자하라

"가라앉든 헤엄치든 둘 중 하나예요." 우얄라에 적응하려 애쓰던 내게 나의 새로운 CTO였던 숀 냅Sean Knapp이 해준 말이다. 듣자마자 기운이 샘솟는 말이라 하기는 어렵지만, 스타트업 세계로의 첫 도전이었던 우얄라 온보딩 경험의 분위기를 규정하는 말이긴 했다. 구명조끼는 없을 테니 물에 떠있을 방법을 빨리 깨우쳐야 했다.

냅과 나머지 두 명의 공동 창업자는 구글 정신의 많은 부분을 우얄라로 가져왔다. 구글이 온라인 검색 및 광고 생태계를 교란했듯이 이들 또한 뛰어난 기술로 온라인 비디오 생태계를 교란할 미래를 상상했다. 탁 트인 레이아웃의 사무실 사방에는 구글이 전통적으로 사용한 초록색, 노란색, 빨간색, 파란색을 흩뿌려 두어서 방문자들은 우얄라가 구글의 한 갈래인 듯한 인상을 받았다. 구글에는 급한 기한이나 공황을 경험할 일 없는 환경이 있었다면 우얄라에는 구글의 느긋한 문화에서 본 적 없는, 레드불을 들이켜는 강렬함이 있었다.

내가 우얄라에서 맡은 첫 임무는 비디오 퍼블리셔가 온라인 비디오의 방송 일정을 잡게 해주는, 이미 예정된 기능을 만들어서 출시하는 것이었다.[1] 주어진 시간은 2주였다. 첫째 날에는 혼란스러운 코드베이스를 겨우 읽어 나갔다. 코드베이스에는 작동하는 제품을 만드느라 전력 질주하는 사이 쌓인 기술 부채가 곳곳에서 눈에 띄었고 문서나 단위 테스트는 부족했다. 코드 대부분은 액션스크립트라는, 자바와 비슷하지만 내게는 익숙하지 않은 언어로 쓰여 있었다. 기능 제작에 돌입하기 전에 액션스크립트를 배우고, 루비 온 레일즈에 익숙해지고, 플래시 비디오 및 그래픽 라이브러리를 익혀야 했다. 모니터에 눈을 고정한 채 qqq 같은 불분명한 변수 이름이나 load2, load3 같은 애매한 함수 이름으로 어질러진 코드를 추적했다.

'가라앉든 헤엄치든 둘 중 하나' 정신으로 임한 온보딩 경험은 매우 긴장되고 무서운 기억으로 남았다. 2주간 초조하게 주당 80시간을 일한 덕에 첫 번째 기능을 일정에 맞춰 배포하긴 했지만, 편안한 구글을 떠나 스타트업으로 온 것이 옳은 선택이었는지 내내 의구심이 들었다. 결국은 새로운 환경에 적응했다. 테스트하지 않은 암호 같은 코드는 시간이 지남에 따라 훨씬 더 단단한 기반으로 대체됐다. 하지만 물에서 허우적댄 시간은 불필요한 스트레스를 유발했고 내 시간과 에너지를 효과적으로 사용했다고 보기도 어려웠다. 게다가 그 뒤로도 오랫동안 다른 신입 개발자들이 비슷한 역경을 겪어야 했다.

우얄라에서 배운 교훈 중 하나는, 긍정적이고 원활한 온보딩 경험에 투자하는 것은 큰 가치가 있다는 것이다. 이 교훈은 내가 12명으로 구성된 쿼라 팀에 합류할 때도 다시 강조됐다. 당시 쿼라의 온보딩은 체계가 잡혀 있지 않아서 주로 무계획적이고 즉흥적인 논의에 따라 구성됐다. 회사 측에서 수준 높은 온보딩 절차를 반대했던 것은 아니지만, 이를 구축하는 작업을 우선시하지도 않았다. 더 나은 온보딩 절차에 대한 내 열망은 이 장의 뒷부분에서 논의할, 쿼라 온보딩 프로그램 구축이라는 후속 작업에 동기를 부여하고 영향을 미쳤다.

온보딩에 대한 투자는 팀의 성장에 투자하는 하나의 방법에 불과하다. 지금까지 여러분에게 소개한 내용 대부분은 개인적인 차원에서 더 효과적으로 기여할 방법에 관해 다뤘다. 이펙티브 엔지니어가 되는 책에 팀워크에 관한 장이 포함된 이유는 무엇일까? 함께 일하는 사람이나 팀은 여러분의 효과성에 큰 영향을 미치며 관리자나 선임 개발자가 아닌 사람도 팀의 방향에 영향을 미칠 수 있기 때문이다. 팀 개발이 소프트웨어 개발만큼 즐겁지 않다고 느끼는 사람도 있을 것이다. 하지만 자신의 효과성을 높이고 싶다면 강력한 팀과 긍정적인 문화를 구축하는 것이 상당히 레버리지가 높은 활동임을 인식하는 것이 중요하다.

개발자로서 더 높은 자리에 오를수록 개인적인 기여보다 주변 사람에게 미친 영향이 효과성을 측정하는 기준이 된다. 구글, 페이스북 등의 회사 모두 선임 개발자, 책임 개발자, 수석 개발자, 최고 개발자, 또는 그에 상응하는 직위에 있는 직원을 평가할 때 비슷한 기준을 적용한다. 직급이 더 높아질수록 기대하는 영향력도 더 커진다. 과거 엣시의 제품 개발 및 엔지니어링 수석 부사장이었고 현재 스트라이프의 엔지니어링 부사장으로 있는 마크 헤드런드Marc Hedlund는 여러 직위가 지니는 의미를 간결하게 묘사했다. "그 사람의 존재로 인해 팀이 전체적으로 나아진다면 책임 개발자다. 그 사람의 존재로 인해 회사가 전체적으로 나아진다면 수석 개발자다. 그 사람의 존재로 인해 업계가 더 발전한다면 최고 개발자다."[2] 업계에 입문한 초기부터 동료의 성공을 돕는 방법을 고민한다면 후일 스스로 성공을 거머쥘 올바른 습관을 기르는 셈이다.

다른 사람의 성공에 투자해야 하는 또 다른 중요한 이유가 있다. 여러분의 직위도 그들과 함께 높아질 것이기 때문이다. 이샨 웡은 실리콘밸리에서 10년간 팀을 이끈 경험을 바탕으로 사고 실험을 통해 이러한 주장을 입증한다. "한번 휘두르면 회사에 있는 모든 사람이 자신의 업무에서 120%의 성공률을 달성하게 하는 마법 지팡이를 가지고 있다고 상상해 보세요. 그러면 어떤 일이 일어날까요? 모두가 각자 업무에서 장외 홈런을 친다면 회사는 엄청난 성공을 거둘 것이고 만약 여러분이 아무 일도 하지 않더라도 주변에 있는 모든 이들의 성공에 휩쓸려 갈 것입니다."[3] 웡은 자신의 직업적 성공 비결이 '주변에 있는 모두를 성공하게 만드는 데 무엇보다 집중하는 것'이라고 굳게 믿는다.

다른 사람들도 비슷한 조언을 한다. 앤디 래클레프Andy Rachleff는 250개 이상의 회사에 투자하고 거의 30억 달러에 달하는 자본을 운용하는 벤처 캐피털 회사, 벤치마크 캐피털Benchmark Capital을 공동 창업했다. 그는 성장하는 여러 회사에서 수십 년간 경험을 쌓았다.[4] 래클레프는 스탠퍼드 수업에서 학생들에게 이렇게 말했다. "성공한 회사의 일원이 되면 기여한 바에 비해 더 많은 공을 인정받고 성공하지 못한 회사의 일원이 되면 기여한 바에 비해 더 적은 공을 인정받습니다."[5] 메시지는 명확하다. 직업적 성공은 회사와 팀의 성공에 크게 좌우되며 개인적인 기여만으로는 회사나 팀이 성공할 수 없다. 주변에 있는 이들이 우호적인 태도로 여러분과 뜻을 함께할 때 훨씬 더 많은 것을 성취할 수 있는데 그런 환경을 조성하는 열쇠는 그들의 성공에 투자하는 것이다.

이 장에서는 팀이 성장하는 여러 단계에 투자하는 기법을 살펴본다. 강력한 엔지니어링 회사가 채용을 최우선 과제로 삼는 이유와 채용 과정에서 여러분이 해야 할 역할이 무엇인지 알아본다. 팀에 합류한 신입 개발자를 위해 좋은 온보딩 절차를 설계하는 것이 레버리지가 높은 활동인 이유와 실제

이를 설계할 방법에 관해서 이야기한다. 팀을 구성한 후 코드 소유권을 공유해서 팀을 더 강력하게 만드는 방법에 관해 설명한다. 사후 분석을 활용해서 집단 지성을 구축했을 때 어떠한 장기적인 가치가 창출되는지 살펴본다. 마지막으로 훌륭한 엔지니어링 문화를 구축하는 방법을 논의하며 마무리할 것이다.

채용을 모두의 책임으로 만들어라

개발자 지원자 면접은 귀찮을 수 있다. 생산성을 방해하고 일과를 망친다. 게다가 지원자에 대한 피드백을 작성하고 이에 관한 디브리핑debriefing[*]을 진행하는 데는 시간도 많이 든다. 채용 과정이 제대로 만들어져 있지 않다면 형편없는 답만 내놓는 부적격 지원자를 데리고 주먹구구식으로 면접을 진행해야 할 수 있다. 채용할 사람에 대한 신호를 충분히 얻지 못한 채 면접이 끝날 수도 있다. 그리고 뛰어난 인재는 채용하기 어려우므로 상대가 일자리 제안을 실제 수락할 확률은 낮다. 그래서 각 면접이 좋은 시간 투자였다고 느끼기는 힘들 것이다.

면접을 종합적으로 보아야만 채용이 레버리지가 극히 높은 활동이라는 것을 알 수 있다. 회사가 작을수록, 면접에 참여한 사람이 가까이 일할 동료가 될 가능성이 높을수록 면접의 레버리지가 더 높아진다. 쿼라 직원이 30명밖에 되지 않던 시절 하루에 개발자 한 명씩 20일간 면접을 본 적이 있다. 지원자와 대화를 나누고 피드백을 작성하고 일자리를 제안할지 디브리핑하는 데 평균 매일 2시간을 소비했다. 진이 빠지는 과정이었다. 하지만 그 40시간이 단 한 명의 채용으로 이어지기만 해도 해당 직원이 1년간 이

---

[*] 역주 임무를 마친 담당자에게 받는 보고를 가리키며 일반적으로 보고를 듣는 쪽에서 질문을 던져서 적극적으로 정보를 알아낸다는 점이 브리핑과 다르다.

바지할 2,000시간 이상의 결과물이 그 비용을 정당화하고도 남았다. 그리고 사실 당시 면접은 풀타임 개발자 5명과 인턴 1명을 채용할 정도로 아주 성공적이었다.

채용을 최우선시해야 한다는 마인드셋을 채택한 사람은 나 말고도 또 있다. 인기 있는 파일 동기화 서비스 드롭박스의 초창기 개발자 10명 중 한 명인 앨버트 니Albert Ni 또한 훌륭한 팀을 만드는 작업이 '전통적인' 소프트웨어 엔지니어링 작업보다 레버리지가 높을 수 있다는 것을 깨달았다. 니는 입사 후 처음 몇 년간 드롭박스의 자체 분석 및 결제 코드를 작성했다. 마음에 드는 업무였으나 2011년 10월 회사의 개발자가 30명으로 늘어나자 채용에 집중하기 시작했다. "저는 엔지니어링 채용 책임자가 되었어요. 당시 우리에게는 개발자 채용 문제가 진짜 골칫거리였거든요." 개발자들이 채용에 충분한 시간을 들이지 않는다는 것이 문제의 핵심이었다. 표준화된 면접 방법이나 새로운 지원자 모집을 위한 체계적인 절차가 없었고, 공식적인 캠퍼스 채용*도 진행하지 않았다.[6]

코드를 작성하는 대신 채용에 집중하는 것은 어려웠다. "제가 하던 기존 업무가 정말 마음에 들었기 때문에 채용 업무를 맡게 되어 엄청나게 신났다고 한다면 거짓말일 거예요."라고 니는 말했다. 하지만 하려는 모든 일을 실행하기에는 엔지니어링 자원이 부족했기 때문에 채용 절차를 개선하면 엄청난 효과가 있으리라는 것을 알았다. 그래서 니는 이 문제에 전념하기로 했다. 회사에 들어오는 모든 이력서를 검토하고 모든 면접 피드백을 심사하고 엔지니어링 지원자에 관한 모든 디브리핑에 참석하기 시작했다. 실제 면접 일정을 잡고 채용 절차에 관한 생각을 듣기 위해 지원자들과 대화를 나눴다. 수년에 걸쳐 고생한 끝에 결국 성과를 냈다. 면접은 더 표준화됐고

---

* 역주 기업 관계자가 우수한 인재를 모집하기 위해 각 대학에 방문해 학생들을 만나는 것.

회사 내에서는 면접이 모두의 책임이라는 인식이 자리 잡았다. 2014년 초 드롭박스 엔지니어링 팀은 니가 채용에 집중하기 시작할 때보다 5배 이상 많은 150명 이상으로 성장했다.

효과적인 면접 절차는 어떻게 설계할까? 좋은 면접 절차는 두 가지 목표를 달성한다. 첫째, 회사에 잘 적응할 것 같은 유형의 지원자를 선별한다. 둘째, 지원자가 회사, 회사에서 맡을 임무, 회사의 문화에 매력을 느끼게 한다. 일자리를 제안받지 못한 지원자도 좋은 인상을 받고 친구에게 지원해 보라고 추천하는 것이 이상적이다. 면접관인 여러분이 면접을 재미있는 동시에 엄격하게 경험하도록 진행하는 것이 주요 유인책이다.

면접관의 목표는 신호 대 잡음 비율이 높아지도록 질문을 최적화하는 것이다. 소비한 시간에 비해 관련 없거나 쓸모 없는 데이터(잡음)가 거의 없이 지원자에 관한 유용한 정보(신호)를 많이 밝혀내는 질문을 던진다는 뜻이다. 훌륭한 질문을 적절히 던진다면 다양한 능력을 지닌 지원자를 자신 있게 구별할 수 있고, 형편없는 질문을 부적절하게 던진다면 채용할 만한 지원자를 확실히 구분하기 어렵다.

가장 많은 신호를 생성하는 질문의 유형은 해당 팀의 성공과 가장 관련 있는 자질이 무엇이냐에 따라 달라진다. 구글, 마이크로소프트, 페이스북, 아마존 같은 큰 IT 회사는 엔지니어링 지원자에게 화이트보드에서 알고리즘과 코딩 질문에 답하게 하는 전통이 있다. 이러한 교과서 같은 질문은 지원자의 컴퓨터 공학 지식을 평가하기에는 적절하나 근무 환경에서 실제로 업무를 완수하는지 측정하기에는 부족한 경우가 많다.

점점 더 많은 회사가 프로그래밍 실습을 포함한 면접으로 전환하고 있다. 쿼라에서도 화이트보드 면접을 보강해서 노트북으로 실제 코딩을 해보게 했다. 지원자는 본인이 좋아하는 텍스트 편집기에서 거대한 오픈 소스 코드베이스를 탐색하고 디버깅하고 확장했으며 필요한 경우 구글, 스택 오버플로Stack Overflow를 비롯한 온라인 자료를 활용했다. 이를 통해 지원자가 실제 터미널을 사용하고 기본 유닉스 명령을 호출하고 익숙하지 않은 라이브러리에 뛰어들고 아주 짧은 개발 주기를 설정하고 명료한 코드를 작성할 줄 아는지 확인했다. 이는 모두 전통적인 화이트보드 면접에서는 포착하기 어려운 귀중한 신호였다.

결제 스타트업인 스트라이프도 현장 면접을 스트라이프 개발자들이 일상적으로 하는 작업을 시뮬레이션할 수 있게 설계했다. 소규모 종단 간 시스템 설계하고 구현하기, 인기 있는 오픈 소스 코드베이스에서 버그 없애기, 체계가 부족한 애플리케이션 리팩터링하기, 독립적인 프로젝트를 페어 프로그래밍하기 등이 문제로 출제됐다.[7] 우얄라는 지원자가 시간 제약 하에서 프로젝트를 관리하고 여러 기술적인 선택 사이의 균형을 유지하는 능력을 테스트하기 위해 테트리스 게임을 구현하고 시연하게 했다. 드롭박스, 에어비앤비, 우버, 스퀘어를 비롯한 다른 많은 회사도 면접에서 프로그래밍 실습을 시키고, 심지어 집에 가서 해오라고 프로그래밍 숙제를 내주는 회사도 있었다.[8] 이러한 면접 질문을 설계하고 정밀하게 조정하려면 많은 투자가 선행되어야 하는데도 이 방법을 채택하는 회사가 점점 늘어난다는 것은 많은 회사가 이를 투자할 만한 충분한 가치가 있는 방법이라고 본다는 뜻이다.

면접 질문을 설계할 때 도움이 되는 문헌 자료가 많다. 예를 들어 게일 라크만 맥도웰Gayle Laakmann McDowell의 『코딩인터뷰 완전분석Cracking the Coding Interview』은 대규모 IT 회사 몇 곳의 표준 면접 패턴과 질문을 소개한다.[9] 단, 면접을 보러 오는 지원자들도 똑같은 문제 은행에 접근할 수 있다는 점을 유념하라.

어쩌면 어떤 질문을 선택하느냐보다 면접 절차를 어떻게 꾸준히 개선해 나가느냐가 더 어려운 부분일 수 있다. 500번 이상 면접을 주관해본 내 경험을 바탕으로 기억해두면 좋을, 레버리지가 높은 몇 가지 전략을 소개하면 다음과 같다.

- 코딩 능력, 프로그래밍 언어 숙련도, 알고리즘, 데이터 구조, 제품 관련 기술, 디버깅, 의사소통 능력, 문화적 적합성 등 지원자가 갖춰야 할 가장 중요한 자질이 무엇인지 다른 팀원들과 의논하라. 면접 과정에서 모든 핵심 영역을 확실히 확인하도록 조정하라.

- 현재 채용 및 면접 절차가 성공적으로 적응한 신입 개발자를 찾는 데 얼마나 효과적인지 정기적으로 논의하라. 팀이 중요시하는 기술과 자질을 정확하게 평가할 방법을 찾을 때까지 이 과정을 반복하라.

- 지원자의 능력에 맞춰서 변수와 제약을 추가하거나 제거하는 방식으로 면접 문제의 난이도를 여러 단계로 설계하라. 예를 들어 검색 쿼리를 여러 장비에 분산하도록 요구하면 빠른 검색 인터페이스 만들기가 더 어려워질 수 있다. 반대로 색인될 항목의 크기를 제약한다고 가정하면 더 간단해질 수도 있다. 답할 수 있는지 없는지 명확히 구분되는 이진법적인 문제보다 난이도를 여러 단계로 설정한 문제를 제시할 때 지원자의 능력을 더 세밀하게 구분하여 볼 수 있다.

- 높은 신호 대 잡음 비율이 유지되도록 면접 속도를 제어하라. 지원자가 너무 오랫동안 횡설수설하거나 당황하거나 옆길로 새지 않게 하라. 지원자에게 힌트를 주어도 좋고 해당 질문을 마무리하고 다른 질문으로 넘어가도 좋다.

- 단답형 질문을 신속하게 던지며 넓은 범위를 탐색해서 위험 신호가 있는지 훑어보라. 특정 프로그래밍 언어에서 매개 변수 전달이 어떻게 이루어지는지, 핵심 라이브러리는 어떻게 작동하는지 등 뛰어난 지원자라면 1분 이내에 답할 수 있는 질문을 연이어 던지면 더 조사해볼 위험한 영역을 알아낼 수 있다.

- 다른 팀원들이 정기적으로 면접을 참관하게 하거나, 함께 짝을 지어 면접을 진행하라. 이는 면접관끼리 평가를 조율하고 면접 절차를 개선하기 위한 피드백을 주고받는 데 도움이 된다.

- 팀이 중요시하는 신호를 식별하는 데 도움이 된다면 색다른 면접 방법도 용감하게 시도하라. 예컨대 에어비앤비는 지원자의 문화적 적합성을 평가하기 위한 '핵심 가치와 관련한 면접'을 최소 2회 진행한다. 전직원이 회사의 핵심 가치를 지지하는 것이 성공에 크게 기여했다고 보기 때문이다.

모든 기술이 그렇듯이 면접과 채용을 더 효과적으로 진행할 수 있는 방법도 반복과 연습뿐이다. 하지만 그렇게 노력할 만한 가치가 있다. 강력한 개발자가 팀에 합류해서 산출하는 가치는 다른 많은 분야에 투자해서 얻는 가치보다 훨씬 더 크기 때문이다.

온보딩 절차를 훌륭하게 설계하라

우얄라의 '가라앉든 헤엄치든 둘 중 하나' 방식과 쿼라의 즉흥적인 방식을 경험한 후에도 나는 더 체계적이고 스트레스를 덜 유발하는 온보딩 절차를 만들 수 있다고 확신했다. 물론 두 번의 온보딩을 모두 무사히 넘기기는 했으나 엔지니어링 조직을 성공적으로 확장하기에 아쉬운 점이 많은 방법이라는 사실에는 변함이 없었다. 소규모 팀에서는 무엇이 가장 중요한지 알아내려 할 때 살펴볼 곳이나 의논할 사람이 별로 없다. 갓 입사한 직원이 아무 지도 없이 어디에서부터 학습을 시작해야 할지 알아내기는 팀이 성장할수록, 탐색해야 할 새로운 영역의 면적이 넓어질수록 점점 더 어려워진다. 기존 직원들이 신입 개발자에게 제시하는 개념의 부분 집합은 각자 다를 것이고 드문드문 설명하다가 유용한 정보를 빠뜨리기 쉽다. 첫 프로젝트로 코드베이스 핵심 부분에서 벗어난 주변 기능을 다룬다면 코어 추상화를 배우지 못할 수도 있다. 기대치가 명확히 전달되지 않으면 신입 개발자가 설계 문서, 프로그래밍 언어 가이드 습득에 시간을 너무 많이 쓴 나머지 버그 수정이나 기능 제작에 들일 시간이 부족해질 수도 있다. 그래서 나는 쿼라에서 엔지니어링 팀을 성장시킬 때 신입 개발자 온보딩 프로그램 제작을 이끌겠다고 자원했다.

이전에 해본 적이 없는 일이었고, 소프트웨어를 만드는 데 집중하던 나의 평소 안전지대를 벗어난 영역이었다. 그래서 나는 구글의 EngEDU 교육 프로그램, 페이스북의 6주 부트캠프 온보딩 프로그램을 조사하고 다른 회사 개발자들에게 연락해서 효과를 본 활동과 그렇지 못한 활동은 무엇이었는지 알아봤다. 조사한 내용을 바탕으로 쿼라 엔지니어링 멘토의 역할을 공식적으로 정의하고 온보딩에 관한 강연을 반복해서 열었다. 나중에는 교육 자료를 제작하고 멘토 교육 워크숍을 개최하고, 많은 신입 개발자의 멘토링을 맡았다.

훌륭한 온보딩 절차가 팀의 효율성을 높이는 강력한 레버리지 포인트라는 깨달음이 내게 동기를 부여했다. 첫인상은 중요하다. 처음에 좋은 경험을 하면 엔지니어링 문화에 관한 인식이 좋아지고 미래에 영향력을 행사할 능력이 형성되며 팀의 우선순위에 맞게 학습하고 활동할 수 있게 된다. 신입 개발자를 입사 후 1개월간 하루에 1~2시간 교육하면 같은 시간을 제품 제작에 쏟는 것보다 조직에 훨씬 더 큰 영향을 미친다. 더욱이 온보딩 자료 제작을 위한 초기 시간 투자는 팀원이 한 명씩 추가될 때마다 꾸준히 배당 수익을 낸다.

온보딩이 팀과 회사에 도움을 주는 것은 분명하다. 하지만 이미 회사에 잘 적응해서 생산적으로 일하고 있는 사람이라면 신입 개발자의 적응을 돕는 것이 자신에게 어떤 도움이 될지 궁금할 수 있다. 자신의 업무에 쏟아야 할 시간을 왜 굳이 신입에게 써야 할까? 명심하라. 팀의 성공을 향한 투자가 자신의 성공 가능성도 높여준다. 신입 개발자의 성장을 효과적으로 도우면 궁극적으로 레버리지가 더 높은 활동을 선택할 수 있는 유연성이 생긴다. 팀이 강해지고 커질수록 코드 리뷰가 쉬워지고 버그를 수정할 인원이 더 많아지며 비상 호출 당번과 지원을 맡을 자원이 늘어나고 더 야심 찬 프로젝트에 도전할 수 있는 더 큰 기회가 생긴다.

예를 들어 쿼라의 새로운 온보딩 프로그램에서는 신입 개발자 한 명마다 한 명의 멘토를 짝지어준다. 멘토는 자신의 작업 목록 중 작은 기능이나 버그를 신입 개발자의 첫 프로젝트로 할당한다. 각 프로젝트의 맥락을 알고 있는 멘토가 지도하고 질문에 답해주므로 신입 개발자에게는 훌륭한 학습 기회다. 반면 멘토도 덜 흥미로운 작업에서 해방되어 이들이 다루기 더 적합한 레버리지가 높은 프로젝트에 주의를 기울일 수 있다. 즉, 온보딩은 윈윈 게임이 된다. 신입 개발자는 귀한 교육을 받고, 멘토는 더 많은 일을 처리할 수 있기 때문이다.

반대로 형편없는 온보딩 경험은 팀의 효율성을 떨어뜨린다. 신입 개발자가 적응하는 데 시간이 오래 걸리면 생산량이 줄어든다. 신입 개발자가 추상화나 도구를 잘못 사용하거나 팀의 관례와 기대치를 잘 모르면 코드 품질이 나빠진다. 교육이 충분히 이루어지지 않으면 성과가 낮은 사람을 정확히 알아보기 더 어려워진다. 이들이 잘하지 못하는 이유가 애초에 실력이 부족해서일까, 아니면 그저 적응하는 데 시간이 더 필요해서일까? 게다가 좋은 개발자도 불필요한 스트레스를 겪다가 심지어 지도 부족으로 인해 해고될 수 있다. 수준 낮은 온보딩은 광범위하게 영향을 미친다.

직급과 관계없이 누구나 온보딩에 기여할 수 있다. 막 온보딩 절차를 경험한 신입 개발자라면 어떤 부분이 효과가 있었는지 가장 직접적인 피드백을 제공할 수 있다. 자신이 활용한 위키나 내부 문서가 있다면 직접 업데이트하거나 수정할 수 있는지 확인하라. 선임 개발자라면 신입 개발자가 잘 따라오고 있는지, 어떤 부분에서 곤란을 겪는지 관찰해서 얻은 지식을 미래의 신입 개발자 온보딩 절차 개선에 활용할 수 있다.

그렇다면 자신의 팀에 맞는 훌륭한 온보딩 절차는 어떻게 만들까? 첫째, 팀이 달성하려는 목표를 파악하라. 둘째, 그 목표를 달성할 일련의 메커니즘을 구성하라. 쿼라 온보딩 프로그램을 설계할 당시 나는 온보딩 절차를 통해 달성할 네 가지 목표를 설정했다.

1. **최대한 빠르게 신입 개발자 적응시키기**

   온보딩을 주관하는 사람은 단기적으로 생산성이 저하된다. 그러나 신입 개발자가 빨리 적응할수록 의미 있는 결과를 더 빨리 생산하고 장기적으로 팀이 더 많은 일을 할 수 있다.

2. **팀의 문화와 가치 전달하기**

   채용, 마케팅 자료, 면접이 신입 개발자가 팀 문화의 일부를 잠시 접하는 통로라면 온보딩 절차는 팀이 공유하는 가치를 이들에게 확실히

알려줄 기회다. 팀이 공유하는 가치에는 임무 완수하기, 데이터 주도
적인 방식으로 일하기, 팀워크 강화하기, 훌륭한 제품과 서비스 만들
기 등이 포함될 수 있다.

3. 신입 개발자가 성공에 필요한 폭넓은 기초 지식 접하게 하기

개발자라면 알아야 할 핵심 사항은 무엇인가? 팀에 합류한 후 자신
이 배운 귀중한 팁이나 요령은 무엇인가? 훌륭한 온보딩 프로그램의
핵심은 모두가 일관성 있는 견고한 토대에서 시작하도록 보장하는
것이다.

4. 신입 개발자를 사회적으로 통합시키기

즉, 이들이 다른 팀원과 업무적으로 좋은 관계를 맺고 발전시킬 기회
를 만들어 주라는 뜻이다. 신입 개발자가 고립된 상태에서 벗어나 팀
의 정당한 일원으로 인정받는 시점을 앞당길수록 이들이 더욱 큰 효
과를 낼 것이다.

팀에 따라 목표는 달라질 수 있다. 중요한 것은 팀이 달성하려는 목표를
이해하고 적절히 노력을 기울이는 것이다. 이러한 목표를 활용해서 개발한
쿼라 온보딩 프로그램은 다음 네 가지 기둥이 기본이 된다.

1. 코드랩

쿼라에 추상화와 도구를 도입하기 위해 구글의 코드랩 개념을 차용
했다. 코드랩codelab은 코어 추상화가 설계된 이유와 사용 방법을 설
명하고, 코드 내부 구조에서 관련된 부분을 살펴보고, 이해한 내용을
검증하는 프로그래밍 실습을 제공하는 문서다. 신입 개발자에게 쿼
라를 구축하는 방법에 관한 기초를 가르치기 위해 자체 웹 프레임워
크인 웹노드WebNode, 실시간 업데이트 시스템인 라이브노드LiveNode,

캐싱 계층인 데이터박스DataBox와 디버깅 도구를 위한 코드랩을 만들었다.[10]

나는 첫 번째 코드랩을 만들 때 노력을 더 투자해서, 다른 이들이 이 코드랩을 모델로 삼을 수 있게 했다. 그리고 이러한 노력을 확장하는 데 참여할 다른 팀원을 모집했다. 여기서 말한 투자란 재사용할 수 있는 자원을 만들기 위해 미리 지불하는 일회성 비용이 대부분이었고, 오래된 자료를 업데이트하는 소액의 비용도 반복해서 발생했다. 코드랩은 어떤 추상화를 초기에 익히는 것이 중요한지 명확히 알려주고 추천 학습 순서도 소개했다. 코드랩 덕분에 신입 개발자들은 더 신속히 적응하고 제품을 더 일찍 변경할 수 있었다.

2. 온보딩 강연

신입 개발자가 입사한 첫 3주 동안 접할 10편 분량의 온보딩 강연 시리즈를 준비했다. 강연은 팀의 선임 개발자가 진행했으며 코드베이스와 사이트 아키텍처 소개, 다양한 개발 도구에 관한 설명과 시연, 단위 테스트 같은 주제에 관한 엔지니어링 면에서의 기대와 가치, 쿼라의 핵심 관심 영역 소개 등 신입 개발자가 배워야 할 가장 중요한 주제라고 생각하는 내용을 다뤘다. 팀에 있는 모두가 서로를 알아가는 좋은 기회이기도 했다. '코드베이스 소개'처럼 가장 중요한 강연은 신입 개발자가 입사할 때마다 진행했고 기타 강연은 신입 개발자가 몇 명 모이면 한꺼번에 묶어서 진행했다. 온보딩 강연은 코드랩과 함께 신입 개발자가 확실히 기초를 다지는 발판이 되었다.

3. 멘토링

신입 개발자마다 각기 다른 배경을 지니고 있으므로 하나의 온보딩 프로그램이 모두에게 맞을 수는 없다. 쿼라는 조금 더 개인의 필요에 맞는 교육을 제공하고자 입사한 첫 번째 달에 신입 개발자 한 명당 한 명의 멘토를 배정했다. 첫째 주에는 멘토가 매일 멘티를 확인하게 하고 둘째 주부터는 일주일에 한 번씩 일대일로 만나게 했다. 코드 리뷰부터 설계의 장단점 상의하기, 업무 우선순위 계획하기, 필요한 팀원 소개하기, 스타트업의 빠른 속도에 적응하도록 도와주기까지 모든 것이 멘토의 책임이었다. 또한, 멘토링 워크숍과 회의를 열어서 정보를 교환하고 멘토도 성장할 수 있게 했다.

쿼라에는 멘토가 정규 업무를 제쳐두고 신입 개발자 교육에 시간을 써도 된다. 실제로 그렇게 하는 것이 강력히 권장된다는 공감대가 형성되어 있었다. 나는 입사 첫날을 맞은 멘티들에게 내가 맡은 다른 일보다 여러분을 적응시키는 일이 우선순위가 더 높다고 명확히 알려주곤 했다. 우리는 심지어 물리적인 공간까지 고려해서 멘티의 자리를 멘토와 가깝게 배치해 편하게 질문할 수 있게 했다. 이 모든 것이 신입 개발자를 최대한 빨리 적응시키자는 공동의 목표를 세우고, 이들이 지도를 요청하는 데 주저해서는 안 된다는 기대치를 설정하는 데 도움이 되었다.

4. 첫 임무

신입 개발자들은 입사 첫날 팀 페이지에 자신을 추가하기 위해 커밋을 푸시했다. 그리고 첫 주가 지나기 전에 각자 첫 임무를 완료하는 것을 목표로 삼았다. 그 임무가 버그 수정 배포든, 작은 새 기능이든, 새로운 실험이든 상관없었다. 이 공격적인 목표에는 임무를 완수하고 빨리 움직이자는 가치가 담겨 있었다. 또 신입 개발자가 빨리 추진력을 얻을 수 있게 온보딩에서 겪는 불편을 제거해 주어야 한다는 뜻이기도 했다. 예컨대 우리는 이들이 개발 환경을 설정하고 간단한 변경사항을 만들고 테스트를 수행하고 코드를 커밋하고 배포하는 작업을 첫날에 해낼 수 있을 정도로 간접 비용을 줄여야 했다.

멘티가 초반에 쉬운 임무로 시작해서 점점 더 복잡한 임무를 맡게 하는 것은 멘토의 책임이었다. 멘토가 완수해야 할 버그, 기능, 실험 중에서 멘티에게 귀중한 학습 기회를 제공할 만한 임무면 됐다. 보통 나는 멘토에게 마치는 데 하루 걸리는 프로젝트를 고르라고 조언했다. 그러면 적응하는 데 생각보다 시간이 오래 걸려서 프로젝트가 지연되더라도 첫 주 내에 프로젝트를 완료할 가능성이 크기 때문이었다.

지금까지 소개한 목표와 이행 방법은 온보딩 절차를 설계할 때 고려해야 할 몇 가지 예에 불과하다. 훌륭한 온보딩 프로그램은 반복적인 과정을 거쳐 만들어진다는 사실을 깨닫는 것이 중요하다. 어쩌면 여러분은 신입 개발자가 입사 첫날 코드 작성할 수 있게 하겠다는 목표를 세우고 개발 환경 설정 방법에 관한 문서를 만드는 것으로 간단히 시작할지 모른다. 시간이 지나서 모든 첫 프로젝트가 신입 개발자의 적응에 똑같은 효과를 내지 않는다는 것을 깨닫고 좋은 프로젝트를 선별하는 원칙을 세울 수도 있다. 아니면 똑같은 코드베이스나 아키텍처를 계속 반복해서 설명하고 있다는 것을 자각하고 그 주제에 관한 강연을 준비하거나 비디오를 녹화하는 것이 더 효율적이라는 것을 깨달을지도 모른다.

온보딩 절차를 설계하는 어느 단계에 있든지 자신의 과거 경험을 되새겨 무엇이 효과가 있었는지 생각해보고, 개선의 여지가 있는 부분은 어디인지 알아낼 수 있게 다른 팀원들에게 설문조사를 진행하라. 신입 개발자가 어느 부분을 어려워했고 이들이 더 빨리 적응할 수 있게 여러분이 무엇을 해줄 수 있을지 생각해보라. 일찍 배우면 좋겠다고 생각하는 주요 개념, 도구, 가치를 나열하라. 가장 가치 있다고 생각하는 아이디어를 구현한 후 신입 개발자와 그들의 멘토를 대상으로 설문을 진행해서 어떤 부분을 고치는 것이 좋을지 알아보라. 그리고 이 과정을 반복하라.

코드 소유권을 공유하라

우얄라의 모든 엔지니어링 팀은 비디오 플레이어를 재작성하여 출시하기 위해 한동안 전력 질주했다. 몇 개월을 주당 70시간씩 일했기에 무척 지친 상태였다. 하지만 마침내 나는 절실하게 원하던 휴가를 하와이에서 보내게 되었다. 기쁜 마음으로 회사의 일과를 잠시 미뤄두고 전 세계에서 가장 큰 화산인 마우나 로아의 크레이터 림 트레일Crater Rim Trail 하이킹을 즐기고 있던 날이었다. 갑자기 내 휴대전화의 진동이 느껴졌다. 전화기를 주머니에서 꺼냈더니 우얄라 CTO에게 문자 메시지가 와있었다. "로그 프로세서가 다운됐습니다."

로그 프로세서는 내가 우얄라의 분석팀을 성장시키던 당시 물려받은 소프트웨어였다. 이 소프트웨어는 수백만 명의 온라인 비디오 시청자로부터 수집한 미가공 데이터를 바탕으로 비즈니스 고객용 분석 보고서를 생성했다. 보고서는 끊임없이 업데이트되면서 고객에게 시청자가 온라인 비디오를 어떻게 시청했는지 보여주고 인구 통계별로 세분화한 상세 지표를 제공했다. 마우나 로아에서 메시지를 받은 그 순간, 이 소프트웨어의 작동법을 아는 사람은 나뿐이었다.

CTO가 직접 문자를 보냈다는 건 사소한 문제가 아니라는 뜻이었다. 그 문제를 디버깅할 만큼 그 시스템을 잘 이해하고 있는 사람이 회사에 한 명도 없다는 것도 알았다. 안타깝게도 노트북이나 와이파이 둘 다 바로 접근할 수 없는 상황이어서 이렇게 답할 수밖에 없었다. "화산 하이킹 중이라 오늘 밤까지는 확인할 수 없습니다." 그 문제는 그날 내내 내 마음 한구석에 드리워 있었다.

마침내 호텔에 돌아와서 문제를 확인하고 로그 프로세서를 되살렸다. 하지만 이 과정은 분명 이상과는 거리가 멀었다. 나는 휴가에 차질이 생겼고, 회사는 의존하고 있는 사람이 자리를 비웠으니 양측 모두 좋은 상황은 아니었다. 그리고 새로운 분석 보고서에 하루 종일 접근할 수 없었을 고객 역시 좋은 상황은 아니었다.

어떤 프로젝트를 책임지는 유일한 개발자가 되면 자신의 가치가 올라간다는 잘못된 통념이 존재한다. 내가 가진 지식을 똑같이 아는 사람이 별로 없으면 관련 지식이 희소해지면서 더 높은 수요와 가치로 이어질 거라고 생각하는 것이다. 하지만 내가 배운 바에 따르면 코드 소유권을 공유할 때 자신뿐 아니라 팀 전체에도 혜택이 돌아온다. 직급이 높아질수록 개발자로서의 책임도 늘어난다. 더 많은 프로젝트의 책임자가 되고 다른 개발자의 상담 요청도 늘어난다. 그러면 기분이 좋을 수도 있고 직업 안정성이 높아질 수도 있긴 하지만, 그에 상응하는 대가도 치러야 한다.

여러분이 프로젝트의 병목이라면 다른 작업을 할 유연성이 사라진다. 급하게 처리해야 하는 버그가 더 자주 전달된다. 여러분이 갖춘 전문 지식이 있어야 버그를 빨리 수정할 수 있기 때문이다. 작동하는 시스템에 대해 정통한 사람이 여러분밖에 없는데 그 시스템이 작동을 멈춘다면 최전선에서 홀로 방어해야 한다. 그저 그 시스템에 관해 가장 잘 아는 사람이라는 이유로 관련 문제에 대응하고 유지 보수하고 기능을 수정하고 버그를 수정하는데 꽤 많은 시간을 쏟느라 새로운 것을 배우거나 만들 자유시간을 가지기어려워진다. 위와 같은 요청의 일부를 덜어줄 팀원이 있으면 레버리지가 높은 다른 활동에 집중할 자유가 생긴다. 이것이 특히 교육과 멘토링을 통해 팀에 투자하는 것이 장기적으로 자신에게 도움이 되는 핵심적인 이유다.

회사 입장에서는 소유권을 공유하면 버스 지수bus factor가 2 이상으로 증가한다. 이 기발한 용어는 (예를 들어 버스 사고 등의 이유로) 일부 팀원이 무능력해진다고 가정할 때 더 이상 프로젝트를 진행할 수 없게 만드는 핵심 인력의 수를 가리킨다.[11] 버스 지수가 1이라는 말은 팀원이 한 명만 아프거나 휴가를 가거나 퇴사를 해도 나머지 팀원이 그의 부재 때문에 고생한다는 뜻이다. 또한, 개발자를 **대체**하기 더 어렵다는 뜻이기도 하다. 페이스북의 엔지니어링 책임자인 님로드 후피엔은 개발자를 대체할 수 있다는 것은 "누구도 한 가지 업무만 하는 자리에 있지 않다."는 뜻이라고 설명한다. "한 가지 일을 여러 사람이 할 수 있으며, 이를 통해 개발 업무에 훨씬 더 큰 자유와 유연성이 생기고 비상 호출 당번과 지원에 대한 제약이 줄어든다."[12] 코드 소유권을 공유하면 정보의 고립이 사라지고 개발자들이 다른 팀원의 일을 대신할 수 있게 되므로 모두가 가장 큰 효과를 생산하는 업무에 집중할 수 있다. 게다가 엔지니어링 업무를 하다 보면 하기 싫은 일을 참고 계속해야 할 때가 종종 있는데 소유권을 공유하면 유지 보수 업무에 모두가 참여할 수 있으므로 한 사람이 모든 부담을 떠안는 일이 발생하지 않는다.

소유권을 더 많이 공유하려면 자신이 작성한 코드나 도구를 다른 팀원들이 탐색하고 이해하고 수정할 때 발생하는 마찰을 줄여야 한다. 여기에 도움이 되는 몇 가지 전략을 소개하면 다음과 같다.

- 1인 팀을 피하라.
- 서로의 코드와 소프트웨어 설계를 리뷰하라.
- 팀 내에서 여러 유형의 업무와 책임을 돌아가며 맡아보라.

- 코드의 가독성과 품질을 높게 유지하라.
- 소프트웨어 의사 결정과 아키텍처에 관한 기술 강연을 열어라.
- 자신이 만든 소프트웨어를 문서화하라. 높은 수준의 설계 문서도 좋고, 코드 수준의 주석도 좋다.
- 업무를 완수하는 데 필요한 복잡한 작업 흐름, 명확하지 않은 우회로를 문서화하라.
- 다른 팀원의 교육과 멘토링에 시간을 투자하라.

우얄라의 엔지니어링 조직은 코드 소유권 공유를 점점 더 강력하게 강조해 왔다. 누구든 비상 당번을 맡을 수 있고 어떤 문제가 일어나든 책임질 수 있다. 선임 개발자는 다른 프로젝트 작업을 할 수 있는 자유시간이 늘어나고 주임 개발자는 인프라와 코드베이스를 익힐 기회를 얻는다. 소유권을 공유하고 병목 자리에서 벗어나서 성장할 수 있는 더 많은 기회를 누려라.

사후 분석으로 집단 지성을 구축하라

일을 마무리하려고 서두르다 보면 시간을 얼마나 효과적으로 썼는지, 더 잘할 수 있었던 부분은 무엇인지 잠시 멈춰서 생각해보지 못하고 업무나 프로젝트를 완료한 뒤 바로 이어서 다음 업무나 프로젝트에 돌입할 때가 종종 있다. 3장에서 이야기한 것처럼 정기적으로 우선순위를 정하는 습관을 기르면 우리에게 회고할 기회가 한 번 생긴다. 또 한 번의 소중한 기회는 사건이나 프로젝트가 마무리된 후 디브리핑하고 여러 팀끼리 더욱 폭넓게 교훈을 공유할 때 생긴다.

효과적인 팀이라면 사이트 장애, 긴급히 처리해야 하는 버그를 비롯한 기타 인프라 문제를 겪은 후 함께 모여서 상세한 **사후 분석**post-mortem을 진행한다. 사건을 논의하고 분석하고 무슨 일이 일어났는지, 그 일이 왜, 어떻게 일어났는지, 앞으로 같은 사건이 또 발생하지 않게 예방하려면 무슨 일을 할 수 있을지 기록한다. 사후 분석은 책임 소재를 따지는 비생산적인 논의가 아니라 함께 더 나은 해결책을 찾는 것을 목표로 한다. 예방할 수 없는 상황이라면 사후 분석을 통해 쉽게 복구할 수 있는 새로운 도구를 개발하거나 유사한 상황에 대처할 방법을 단계별로 설명하는 문서를 작성할 수 있다. 조직의 다른 이들도 무슨 일이 있었는지 알고 싶어하므로 사후 분석에 대한 기록은 일반적으로 여러 팀에 공유된다.

프로젝트나 출시를 마친 후 이처럼 건전하게 회고하는 일은 흔하지 않다. 기능을 출시한 후 호의적인 언론 기사를 받는 경우도 있다. 그러면 샴페인 잔을 맞대며 임무를 성공적으로 마친 것을 축하하고 다음 프로젝트로 넘어간다. 하지만 그 기능이 팀의 목표를 실제로 얼마나 효과적으로 달성했을까? 또는 속도를 5% 높이기 위해 인프라 코드를 재작성하는 작업을 몇 개월간 진행한다고 가정해보자. 그 작업이 주어진 시간을 최대로 활용하는 방법이었을까? 잠시 멈춰서 데이터를 디브리핑하고 검토하지 않는 한 알기 어렵다. 그리고 프로젝트에 관한 사후 분석을 수행하더라도 결과가 널리 공유되지 않는 경우가 많아서, 각 팀이 똑같은 교훈을 몸소 다시 깨우쳐야 한다.

사후 분석을 더 잘하지 못하게 방해하는 몇 가지 요소가 있다. 출시에 대해 명확한 목표나 지표를 정의하지 않았다면 성공을 평가하기 어렵다. 몇 달간 진행한 작업이 실패였다고 공공연히 알릴 마음이 없다면 논의를 종결하고 싶다는 유혹을 느낄 수 있다. 또는 새로운 프로젝트에 대한 부담이 커서 반성할 시간을 내기 어려울 수 있다. 결과적으로 집단 지성을 구축할 기회가 사라진다. 교훈을 얻지 못하거나 혹시 얻는다고 해도 그 범위가 몇 사람으로 제한된다. 큰 대가를 치러야 하는 실수가 반복되고, 사람들은 떠나고 집단 지성은 줄어든다.

이러한 일반적인 경험을 나사NASA에서 지식을 수집하는 방법과 대조해보자. 나사 우주 비행사들은 시뮬레이션이나 임무를 마칠 때마다 무엇이 문제이고, 무엇을 개선할 수 있는지 최대한 많은 교훈을 추출하기 위해 지원 팀에 디브리핑하는 시간을 갖는다. 디브리핑은 치열하게 이루어진다. 전문가들의 질문 세례를 받으며 모든 결정과 조치를 신중하게 분석한다. 4시간 시뮬레이션이 끝나면 1시간 정도 디브리핑을 진행한다. 우주 비행에 대한 디브리핑은 한 달 또는 그 이상으로 이어지기도 한다. 참가자는 디브리핑의 목표가 비난이 아닌 집단 지성의 극대화에 있다는 것을 명심하며 비판적인 피드백에 동요하지 않아야 한다.

우주 비행 디브리핑은 시간이 많이 소요되긴 해도 매우 귀중하다. 200회 이상의 우주 비행을 통해 쌓은 교훈은 나사가 기술한 총서 『비행 규칙Flight Rules』에 포착되어 있다. 크리스 해드필드Chris Hadfield는 자신의 저서 『우주 비행사의 지구생활 안내서An Astronaut's Guide to Life on Earth』에 『비행 규칙』을 이렇게 묘사한다. "나사는 1960년대 초 머큐리 시대의 지상 팀이 처음으로 '배운 교훈'을 총서에 수집하기 시작한 이래 우리의 실수, 재난, 해결책을 포착해 왔다. 현재 이 총서에는 엔진 고장부터 망가진 비상구 손잡이, 컴퓨터 결함에 이르기까지 수천 가지 문제 상황과 그에 대한 해결책이 나열되어 있다."

총서는 무수히 다양한 상황에 대해 무엇을 해야 하고 왜 해야 하는지, 대처법과 이유를 아주 상세히 설명한다. 냉각 시스템이 고장 났는가? 『비행 규칙』은 단계별 수리법을 알려주는 동시에 각 단계에 관한 근거도 제시한다. 연료 전지에 문제가 발생했는가? 발사를 연기해야 할지 『비행 규칙』이 알려준다. 『비행 규칙』에는 지금까지의 비행으로부터 배우고 추출한 모든 교훈의 정수인 '매우 상세한 시나리오별 표준 작동 절차'가 담겨 있다. 우주 비행 관제 센터는 예기치 못한 문제와 마주칠 때마다 『비행 규칙』을 참고하고, 새로운 문제를 해결할 때마다 『비행 규칙』에 추가한다. 우주선을 발사할 때마다 4억 5,000만 달러가 든다는 것을 생각해보면[13] 나사가 발사 준비와 우주 비행 후 디브리핑에 왜 그토록 오랜 시간을 들이는지 쉽게 이해할 수 있다.

나사가 집단 지성을 구축하기 위해 프로젝트 사후 분석을 수행하는 방법은 우리에게도, 즉 우주선 발사나 달 탐사 조직과는 거리가 먼 일을 하는 우리의 업무에도 매우 귀중한 가치를 지닌다. 우리도 나사의 『비행 규칙』처럼 여러 절차에 관한 단계별 운영 가이드를 만들 수 있다. MySQL 데이터베이스가 고장 났는가? 『비행 규칙』은 마스터에서 슬레이브로 전환하는 장애 조치 방법을 알려준다. 트래픽 과부하로 인해 서버 과부하가 왔는가? 『비행 규칙』은 여유 용량을 추가하기 위해 작동해야 할 스크립트를 알려준다.

이런 교훈과 규칙은 프로젝트 수준에도 적용된다. 프로젝트가 일정보다 지연되고 있는가? 『비행 규칙』은 여러 프로젝트 팀이 초과 근무를 했을 때 과거에 어떤 일이 일어났는지, 그런 팀이 최종 성공이나 실패의 주요 요인으로 무엇을 지목했는지, 팀원들이 번아웃을 경험했는지 알려준다. 새로운 랭킹 알고리즘을 위한 아이디이기 떠올랐는가? 『비행 규칙』에는 지금까지 나온 모든 A/B 테스트와 테스트 가설은 무엇이었고, 그러한 가설이 실험을 통해 증명됐는지 여부가 담겨 있다.

아마존, 아사나 같은 회사는 자체 『비행 규칙』을 만들기 위해 도요타의 '왜라고 5번 묻기' 같은 방법론을 활용해서 작동상 문제의 근본 원인을 이해한다.[14, 15] 예를 들어 사이트가 다운되면 "왜 사이트가 고장 났을까?"라고 묻는다. 일부 서버의 과부하가 원인이었다. "왜 과부하가 일어났을까?" 높은 트래픽이 불균형하게 몇몇 서버에만 몰린 것이 원인이었다. "왜 트래픽이 조금 더 무작위로 분산되지 않았을까?" 요청이 한 고객에게서 왔으며 해당 고객의 데이터가 그 장비에만 호스팅된 것이 원인이었다. 처음에는 증상에서 시작했지만, 다섯 번째 왜라고 물을 때는 근본 원인에 도달해 있다. 프로젝트의 성패에 관한 생산적인 논의를 원활히 진행하고 싶을 때도 비슷한 방법론을 활용할 수 있다.

팀이 얻은 교훈을 기록하려면 솔직한 대화가 바탕이 되어야 하는데, 프로젝트에 관해 솔직하게 대화하는 것이 불편할 수 있다. 몇 개월간의 노력이 실패로 돌아갔을지 모른다는 것을 인정하고 실패를 성장의 기회로 보아야 한다. 책임 소재를 따지는 데 집중하지 말고 제품과 팀을 발전시키겠다는 공동의 목표에 대한 공감대가 형성되어야 한다. 무엇이 잘못됐고 무엇을 더 잘할 수 있었는지 집단 지성을 구축하겠다는 목표를 가지고 열린 자세로 피드백을 수용해야 한다. 한 시간 동안 나눈 힘겨운 대화가 다음 한 달간 진행할 팀 프로젝트의 성공 가능성을 높인다면 시간과 감정을 투자할 가치가 있는 레버리지가 높은 활동이라고 볼 수 있다.

집단적으로 학습하는 문화를 조직 전체에 주입하는 것은 어려운 일이다. 하지만 꾸준히 노력하면 큰 효과를 거둘 것이다. 자신이 속한 팀에서 작업 중인 소규모 프로젝트부터 시작해 점진적으로 더 큰 프로젝트에서도 사후 분석을 진행하는 관례를 확립하라. 각각의 경험에서 더 많이 배울수록 다음 프로젝트에 가져갈 지식이 더 늘어날 확률, 성공할 확률도 커진다. 집단 학습을 위해 최적화하라.

훌륭한 엔지니어링 문화를 구축하라

나는 개발자로 일하는 동안 이력서 수천 개를 검토하고 500명이 넘는 지원자 면접을 주관했다. 그중 다수가 페이스북, 구글, 아마존, 드롭박스, 팔란티어, 애플 같은 최고의 IT 기업 출신 개발자였다. 면접관은 보통 지원자에 따라 바꿔서 던질 수 있는 질문을 만들어두곤 한다. 예를 들면 난 항상 이 질문을 던졌다. "＿＿＿의 엔지니어링 문화에서 좋았던 점과 싫었던 점은 각각 무엇이었나요?" 빈칸에는 지원자가 퇴사한 회사의 이름이 들어간다. 막 대학을 졸업한 지원자의 경우 인턴으로 근무했던 회사의 이름을 넣었다.

처음에는 그저 엔지니어링 모범 사례에 관한 건전한 기준을 공유하고 있는 지원자인지 확인하고 싶어서 던진 질문이었다. 그런데 꾸준히 대답을 기록하다 보니 다양한 엔지니어링 문화를 환기하는 그림이 그려졌다. 어떤 대답에서는 유해한 문화가 엿보였다. 최고의 개발자가 떠날 수밖에 없는 요소를 가진 문화였다. 어떤 대답에서는 훌륭한 문화가 드러났다. 조직에 합류할지 고민할 때 갖추고 있기를 기대하는 특성이었다. 나는 위 기록을 활용해서 우리의 문화가 어떤 모습을 띠어야 할지 시각화했다.

엔지니어링 문화는 팀원들이 공유하는 가치와 습관의 세트로 구성되며, 훌륭한 문화에는 여러 혜택이 따른다. 개발자가 업무를 완수할 수 있다는 자신감을 느끼기 때문에 만족도와 생산성이 높아진다. 개발자의 만족도와 생산성이 높으면 직원 유지율이 높아진다. 이런 문화에서는 의사 결정에 관한 맥락과 프레임워크가 공유되므로 팀과 조직이 직면한 문제에 더 빠르게 적응할 수 있다. 최고의 개발자는 탄탄한 엔지니어링 문화를 갖춘 조직을 찾으므로 뛰어난 인재를 채용하는 데 도움이 되는 유용한 도구이기도 하다. 뛰어난 개발자가 입사하면 문화가 더욱 강화되는 선순환 구조가 만들어진다.

그렇다면 최고의 개발자가 장래의 회사에 기대하는 점은 무엇일까? 내가 수백 번의 면접과 대화를 통해 찾은 훌륭한 엔지니어링 문화의 특징은 다음과 같다.

1. 개발 주기 반복 속도를 최적화한다.
2. 끊임없이 자동화를 추구한다.
3. 올바른 소프트웨어 추상화를 구축한다.
4. 코드 리뷰를 활용해서 높은 코드 품질을 유지하는 데 집중한다.
5. 서로 존중하는 근무 환경을 유지한다.
6. 코드 소유권을 공유한다.
7. 자동 테스트에 투자한다.
8. 20%의 시간이나 해커톤을 통해 실험할 시간을 준다.
9. 학습하고 꾸준히 발전하는 문화를 조성한다.
10. 최고의 개발자를 고용한다.

대부분이 이 책에서 이미 다룬 주제임을 눈치챘을 것이다. 놀랄 일이 아니다. 최고의 개발자는 임무를 완수하는 것을 즐기며, 임무를 더 빠르게 완료할 수 있게 해주는 레버리지가 높은 투자도 즐긴다. 이들은 테스트를 충분히 거친, 수준 높은 코드베이스에서 작업하고 싶어 한다. 개발과 검증 주기를 짧게 유지해서 노력의 낭비 없이 빠르게 학습하고 싶어 한다. 꾸준히 학습하고 새로운 것을 만들 수 있게 끊임없는 프로세스 자동화를 통해 운영 부담을 덜어내려 노력한다. 레버리지의 가치를 알고 의미 있는 영향력을 미칠 수 있는 곳에서 일하고 싶어 한다.

훌륭한 엔지니어링 문화는 하루아침에 만들어지지 않는다. 회사를 세우자마자 이미 자리 잡고 있을 리도 없다. 초기 직원들의 가치와 함께 시작되며 모든 개발자가 형성되도록 도와야 하는 지속적으로 진행 중인 작업이다. 시간이 지남에 따라 우리가 내리는 결정, 우리가 하는 이야기, 우리가 기른 습관과 함께 진화한다. 그리고 우리가 더 나은 결정을 내리고 더 빠르게 적응하고 더 강력한 인재를 끌어들일 수 있게 도와준다. 레버리지가 높은 활동에 집중하면 이펙티브 엔지니어가 될 뿐 아니라 더 효과적인 엔지니어링 문화의 기초도 마련된다.

핵심 요약

- **주변 사람들의 성공을 도와라.** 높은 엔지니어링 직위는 동료들이 더 효과적으로 일할 수 있게 도와주는 이들을 위한 자리다. 게다가 주변 사람이 성공하면 여러분도 함께 이끌려 간다.

- **채용을 우선시하라.** 높은 채용 기준을 유지하고 팀을 성장시키는 데 적극적인 역할을 하라.

- **온보딩과 멘토링에 투자하라.** 신입 개발자가 빨리 적응할수록 팀이 더 큰 효과를 낼 것이다. 여러분의 팀이 더 큰 효과를 낼수록 여러분은 다른 프로젝트에 더 자유롭게 도전할 수 있다.

- **코드 소유권을 공유하라.** 본인이 개발의 병목이 되지 않도록 버스 지수가 2 이상이 되게 하라. 그러면 레버리지가 높은 다른 활동에 집중할 유연성이 생긴다.

- **집단 지성을 디브리핑하고 기록하라.** 소중한 지혜를 놓치지 않도록 팀원들과 함께 프로젝트를 되돌아보고, 효과가 있었던 부분과 그렇지 않은 부분을 알아보고, 배운 교훈을 기록하고 공유하라.

- **훌륭한 엔지니어링 문화를 만들어라.** 이는 생산성을 높이고 의사 결정을 능률화하고 뛰어난 개발자를 채용하는 데 도움이 된다. 영향력을 효과적으로 발휘하는 데 필요한 습관을 기르다 보면 훌륭한 문화도 만들어진다.

에필로그

나는 이 책을 검색으로 시작했다. 내가 스타트업에 있던 초창기처럼 주당 70~80시간씩 근무하지 않고도 큰 영향력을 미치려면 어떻게 해야 할까? 고객이 사용하지 않을 제품이나 기능을 만드는 데 드는 시간, 소프트웨어로 자동화할 수 있는 인프라 유지 관리에 드는 시간, 내가 병목이 되어버린 작업에 갇혀 있는 시간을 줄이려면 어떻게 해야 할까? 어떻게 해야 더 적게 일해도 더 많이 성취할 수 있을까?

나는 이 책을 통해 이펙티브 엔지니어가 되기 위해 걸어온 여정에서 배운 교훈을 공유했다. 다양한 주제와 교훈을 다룬 대신 개발자들이 직면한 문제를 수박 겉핥기 식으로 살펴보는 데 그쳤다. 다른 기술이 아닌 특정 기술을 꼭 사용해야 할 때는 언제일까? 어떤 프로그래밍 언어나 패러다임을 배워야 할까? 사이드 프로젝트를 하는 게 좋을까, 아니면 업무에 직접적으로 관련 있는 기술에 집중하는 게 좋을까? 의사소통이나 발표 기술을 발전시키는 데 시간을 얼마나 투자해야 할까? 질문은 끝도 없이 이어질 수 있고 각 질문에 대한 최고의 조언을 해주려면 긴 글이 필요할 것이다. 게다가 최고의 답은 상황, 개인적인 선호, 목표에 따라 달라진다.

다행히 『이펙티브 엔지니어』 전반에 걸쳐 활용한 레버리지라는 작동 원리는 큰 바다를 항해하는 우리의 길잡이가 되어준다. 이 책에서 딱 한 가지만 기억한다면 다음 문장을 기억하라. **가장 제한적인 자산은 시간이며, 레버리지(단위 시간당 생산하는 가치)는 시간을 가장 중요한 곳에 쏟게 해준다.** 우리는 늘 자문해야 한다. 지금 하는 일이 현재 목표를 위해 가장 높은 레버리지를 내는가? 그렇지 않다면 그 일을 할 이유가 무엇인가? 개발자로 일하는 도중에 잘못된 선택을 하더라도(일을 하다 보면 일어날 수밖에 없는 일이다) 성장 마인드셋을 갖춘 사람이라면 실패를 학습의 기회로 보고 다음에 더 잘할 수 있을 거라고 생각한다.

레버리지는 이펙티브 엔지니어가 자신의 활동을 볼 때 사용하는 렌즈다. 이미 깨달았을지 모르지만, 이 책의 조언 대부분은 엔지니어링 이외의 세계에도 적용된다. 시간은 업무뿐 아니라 일상에서도 제한적이다. 레버리지 원칙을 활용하면 일상의 활동에서도 더 큰 효과를 낼 수 있다.

재정 계획을 세울 때는 커피 습관을 고민하여 수십 달러를 절약하기보다는 수만에서 수십만 달러가 달려 있는 연봉 협상이나 투자 자산 배분에 훨씬 더 많은 시간을 쏟아야 한다. 여행이나 행사를 계획할 때는 자잘한 세부 사항에 집착하기보다 장소, 음식, 활동, 초대할 사람 등 자신에게 가장 중요한 부분에 집중해야 한다. 가상 비서를 고용할지, 원격 팀에 업무를 아웃소싱할지, 대중교통을 기다리기보다 우버나 리프트를 이용할지 등의 문제를 논의할 때도 비슷한 계산을 하여 시간을 최대한 잘 활용할 수 있게 해야 한다. 심지어 나는 이 책을 쓸 때도 1인 팀의 위험을 극복하기 위해 1시간 내내 고립된 상태에서 글을 쓰고 편집하는 것보다 1시간 동안 피드백을 모으는 것이 레버리지가 더 높을 수 있다고 의식적으로 상기해야 했다.

이러한 관점이 레버리지가 높은 활동만 추구해야 한다는 뜻일까? 아니다. 그러면 너무 지칠 것이다. 우리는 여행, 하이킹, 살사댄스, 가족이나 친구와 함께하기 등 다양한 여가 활동을 즐긴다. 그럴 때는 그런 시간이 높은 영향력을 내는지 우리 시간을 최적으로 활용하는 것인지 전혀 신경 쓰지 않으며, 또 그렇게 해야 마땅하다. 단, 우리가 직업적 목표나 인생의 목표를 이루는 데 레버리지는 올바른 활동에 집중하게 도와주는 강력한 프레임워크다.

Part 4

부록

추천 도서 & 블로그

내 여정을 인도하고 영감을 베푼 다양한 자료가 있다. 여기에 열거한 책은 이펙티브 엔지니어가 된다는 것이 어떤 의미인지에 관한 내 사고에 지대한 영향을 미쳤다. 또한, 소개한 블로그를 팔로우하며 꾸준히 학습해 나가는 것도 추천한다.

이펙티브 엔지니어에게 권하는 필독서 10권

• 『피플웨어(Peopleware)』

소프트웨어 컨설턴트인 톰 드마르코와 티모시 리스터가 쓴 책이다. 1987년에 처음 출간된 이 책은 실제 연구를 기반으로 아이디어를 제시하며 프로젝트와 팀 내의 다양한 역학에 관해 논한다. 출간된 후 다소 시간이 흐르긴 했지만 이 책에는 초과 근무가 원활한 업무 흐름을 어떻게 파괴하는지, 음악 감상이 프로그래밍 시 집중력을 어떻게 방해하는지 등 주옥 같은 지혜가 담겨 있다. 『피플웨어』는 내가 어떻게 하면 효과적인 엔지니어링 팀과 훌륭한 엔지니어링 문화를 구축할 수 있을지에 관해 생각하게 한 시발점이었다.

- **『협업의 기술(Team Geek)』**

  저자인 브라이언 피츠패트릭, 벤 콜린스-서스먼은 구글의 시카고 엔지니어링 사무실을 설립한 구글의 직원이다. 이들은 이 책을 통해 동료 개발자와 협업하는 방법에 관한 에피소드와 통찰을 공유한다. 관리자나 문제가 많은 팀원을 어떻게 대할지 전략을 소개하고, 팀을 이끄는 패턴과 안티패턴에 대해 논하는 책으로 성장 중인 개발자라면 누구나 읽어볼 만한 가치가 있다.

- **『하이 아웃풋 매니지먼트(High Output Management)』**

  인텔의 전 CEO 앤드루 그로브가 쓴 책이다. 나는 이 책을 통해 레버리지라는 개념과 현재 내가 활용하는 시간 배분법을 배웠다. 제목에 '매니지먼트'라는 단어가 있다고 해서 관심을 거두지 마라. 생산량을 늘리는 방법에 관한 그의 조언은 인사 관리자뿐 아니라 그가 '노하우 관리자'라고 부르는 이들, 즉 조직에서 존중받는 지식을 많이 갖추고 있는 시니어 개발자에게도 도움이 된다.

- **『쏟아지는 일 완벽하게 해내는 법(Getting Things Done)』**

  데이비드 앨런이 쓴 이 책은 할 일 목록과 작업 목록을 관리하는 구체적인 방법을 자세히 설명한다. 앨런의 모든 아이디어를 지지하는 것은 아니지만, 이 책 덕분에 하나의 새로운 업무 처리 방식을 배우고 시야가 넓어지는 경험을 했다. 이 책은 우선순위를 정하고 업무를 완수하는 좋은 작업 흐름을 아직 마련하지 못한 이에게 기준을 제시할 것이다.

- 『나는 4시간만 일한다(The 4-Hour Workweek)』

팀 페리스의 책이다. 페리스가 주장하는 극단적인 생활 방식을 따를 생각이 없는 사람도 이 책에서 두 가지를 배울 수 있다. 첫째, 끊임없이 업무의 우선순위를 정하고 자신의 일을 수익의 대부분을 창출하는 10%의 노력에 집중할 때 어떤 성과를 낼 수 있는지 보여준다. 둘째, 적은 유지 비용으로 지속 가능한 시스템을 만드는 것이 중요하다는 사실을 설득력 있게 강조한다. 이는 매력적인 최신 기술로 새 기능을 만들고 싶은 마음에 향후 발생할 유지 보수 비용을 제대로 고민하지 않는 엔지니어링 분야에서 때로 간과되는 교훈이다.

- 『성공하는 사람들의 7가지 습관(The 7 Habits of Highly Effective People)』

스티븐 코비가 쓴 책이다. 사실 너무 추상적이고 두루뭉술한 코비의 문체를 그리 좋아하진 않는다. 하지만 이 책이 제시한 아이디어의 강렬한 여운이 이러한 약점을 상쇄한다. 코비가 말한 세 번째 습관은 '소중한 것을 먼저 하라.'인데 나는 이 부분에서 사람들이 중요하지만 급하지 않은 활동을 간과하고 이메일, 통화, 회의 등 급하지만 그다지 중요하지 않은 업무를 처리하는 데 많은 시간을 쏟는 경향이 있음을 배웠다. 이 습관이 말하는 핵심 교훈은 명시적으로 시간을 정해 새로운 기술을 습득하고 관계를 유지하고 책을 읽는 등 자신에게 투자하라는 것이다.

- 『비즈니스 의식혁명, 깨어 있는 리더들의 7가지 원칙(Conscious Business: How to Build Value Through Values)』

프레드 코프맨Fred Kofman의 저서다. 코프맨은 페이스북, 구글 같은 회사에서 리더십 세미나를 진행하는 인물로, 이 책 덕분에 내가 다른 사람과 어려운 대화를 나눌 때 접근하는 방법이 바뀌었다. 코프맨은 우리가 종종 상황에 관한 사실과 본인의 해석을 뒤섞어서 이야기하기 때문에 대화가 비생산적인 방향으로 흘러간다는 것을 단순한 언어와 잘 구성된 가설을 통해 보여준다. 이야기에서 사실을 분리해야만 어려운 대화를 제대로 나누고 목표를 달성할 수 있다.

- 『일하는 뇌(Your Brain at Work)』

데이비드 록이 집필한 이 책은 뇌 기능에 관한 연구를 바탕으로 뇌의 한계를 더 효과적으로 극복하는 방법에 관한 실행 가능한 조언을 알아듣기 쉽게 들려준다. 예컨대 우선순위 정하기가 상당한 인지 노력이 필요한, 어렵지만 레버리지가 높은 활동이므로 하루를 시작할 때 하는 게 가장 좋다는 것을 이 책을 통해 배웠다.

- 『몰입(Flow)』

헝가리 교수이자 긍정심리학의 세계적인 연구자인 미하이 칙센트미하이는 이 책에서 누군가에게 행복과 의욕을 느끼게 하려면 무엇이 필요한지에 관한 수년의 연구를 요약해서 들려준다. 즉, 빠른 피드백 과정, 적절한 수준의 도전 과제, 방해의 부재 등의 요소가 갖춰져야 한다. 우리가 업무에 소비하는 시간이 얼마나 많은지 고려하면 한 업무나 프로젝트가 끝나고 다음 업무나 프로젝트를 시작할 때 이런 요소를 인식하는 것은 매우 중요하다.

- 『기회가 온 바로 그 순간(Succeed)』

하이디 할버슨이 쓴 책으로 목표에 대해 생각하기 위한 여러 프레임워크와 성공 가능성을 높이기 위해 목표를 수립하는 최고의 방법에 관해 이야기한다. 목표를 대하는 낙관적인 태도와 비관적인 태도가 도움이 되는 때는 언제일까? 어떤 목표를 달성하려는 이유를 생각하는 것과 목표를 달성하는 데 어떤 단계가 필요한지 생각하는 것 중 어느 쪽이 더 나을까? 목표를 달성했을 때 무엇을 얻을지, 또는 달성하지 못했을 때 무엇을 잃을지 중 무엇을 상상해야 할까? 알고 보니 목표 유형에 따라 정신적으로 목표를 다르게 수립할 때 성공 가능성이 크게 달라진다고 한다.

팔로우할 추천 블로그

- http://www.theeffectiveengineer.com/
  'The Effective Engineer'는 내가 엔지니어링 습관, 생산성 팁, 리더십, 문화에 관한 글을 쓰는 내 개인 블로그다.

- http://www.kalzumeus.com/
  소프트웨어 사업가인 패트릭 매켄지Patrick McKenzie가 쓴 경력 조언, 컨설팅, SEO, 소프트웨어 영업에 관한 훌륭한 장문의 글을 볼 수 있다.

- http://katemats.com/
  마이크로소프트, 아마존처럼 큰 기업뿐 아니라 스타트업에서 일한 경험이 있는 케이트 마츠다이라Kate Matsudaira가 기술, 리더십, 인생에 관한 자신의 생각을 공유하는 블로그다.

- http://randsinrepose.com/
  넷스케이프, 애플, 팔란티어, 핀터레스트에서 수년간 중요한 직책을 맡은 경력이 있는 마이클 롭Michael Lopp이 기술 생활과 엔지니어링 관리에 관한 글을 공유하는 블로그다.

- http://softwareleadweekly.com/

오렌 엘렌보겐Oren Ellenbogen이 엔지니어링 리더십과 문화에 관한 수준 높은 주간 뉴스레터를 제공한다.

- http://calnewport.com/

조지타운대학의 컴퓨터 공학 조교수인 칼 뉴포트Cal Newport가 성공과 행복을 누리는 삶을 만들기 위한 조언을 증거에 입각하여 들려준다.

- http://www.joelonsoftware.com/

스톡 익스체인지의 공동 창업자인 조엘 스폴스키가 주옥 같은 온갖 유형의 프로그래밍 관련 지혜를 공유하는 블로그다.

- http://martinfowler.com/

『리팩터링』의 저자 마틴 파울러의 블로그로, 소프트웨어 팀의 생산성을 극대화하는 방법에 관한 글과 일반적인 프로그래밍 패턴에 관한 상세한 정보를 제공한다.

B

주석

1장 레버리지가 높은 활동에 집중하라

1. Kah Keng Tay(카 켕 테이), The Intern Experience at Quora(쿼라에서의 인턴 경험), 쿼라, 2013년 11월 5일, https://quorablog.quora.com/The-Intern-Experience-at-Quora(https://bit.ly/35PewXu).[*]

2. 피터 드러커, 『피터 드러커 자기경영노트』, 한국경제신문, 2003.[†]

3. 파레토 법칙, 위키피디아, https://ko.wikipedia.org/wiki/%ED%8C%8C%EB%A0%88%ED%86%A0_%EB%B2%95%EC%B9%99(https://bit.ly/3KdGMBS).[‡]

4. 아르키메데스, 위키피디아, https://ko.wikipedia.org/wiki/%EC%95%84%EB%A5%B4%ED%82%A4%EB%A9%94%EB%8D%B0%EC%8A%A4(https://bit.ly/3LGzgjm).

---

[*] 역주 긴 URL의 경우 단축 URL을 함께 제공. 번역 시점에서 열리지 않는 URL은 같은 내용의 다른 URL로 대체.
[†] 역주 번역서가 나온 경우 번역서 정보로 제공.
[‡] 역주 위키의 경우 한국어 페이지로 제공.

5. 주당 40~60시간 근무 시간, 공휴일 2주, 개인 휴가 3주로 가정한 수치다.

6. Andrew S. Grove, 『High Output Management』, Vintage, 1995, p53 – 54.[*]

7. 이샨 웡, 본인과 인터뷰, 2013년 3월 14일.

8. 이샨 웡, Engineering Management(엔지니어링 관리), 2009년, 10월 22일, http://algeri-wong.com/yishan/engineering-management.html(https://bit.ly/3KmqtTC).

9. 이샨 웡, Engineering Management – Hiring(엔지니어링 관리 – 채용), 2009년 10월 23일, http://algeri-wong.com/yishan/engineering-management-hiring.html(https://bit.ly/3KebF9u).

10. 페이스북 회사 정보, https://about.fb.com/ko/company-info/(https://bit.ly/37kJiHY).[†]

11. 빌 & 멀린다 게이츠 재단, 재단 자료표, https://www.gatesfoundation.org/about/foundation-fact-sheet(https://gates.ly/36Zyn6L).

12. 빌 게이츠, Bill Gates: Here's My Plan to Improve Our World—And How You Can Help(빌 게이츠: 우리가 사는 세상을 개선할 제 계획과 여러분이 도울 방법은 이렇습니다), 와이어드, 2013년 11월 12일, https://www.wired.com/2013/11/bill-gates-wired-essay/(https://bit.ly/3r5zuc6).

2장 학습을 위해 최적화하라

1. 프로토콜 버퍼: 개발자 가이드, https://developers.google.com/protocol-buffers/docs/overview(https://bit.ly/3r5ZYu1).

---

[*] 역주 원서 페이지를 소개한 경우 원서 정보로 제공.

[†] 역주 한국어 페이지로 대체. 그러나 해당 페이지(영문, 한글)에 회사 가치나 직원 수가 나오지는 않으니 참고.

2. Fay Chang(페이 창) 외, Bigtable: A Distributed Storage System for Structured Data(빅테이블: 구조화된 데이터용 분산 스토리지 시스템), Operating Systems Design and Implementation, 2006, http://research.google.com/archive/bigtable-osdi06.pdf.

3. Jeffrey Dean(제프리 딘), 산자이 게마왓, MapReduce: Simplified Data Processing on Large Clusters(맵리듀스: 대규모 클러스터에서 단순화된 데이터 처리), Operating Systems Design and Implementation, 2004, http://research.google.com/archive/mapreduce-osdi04.pdf.

4. Carol Dweck, 『Mindset: The New Psychology of Success』, Ballantine Books, 2007, p6.

5. Dweck, Mindset, p6-7.

6. Dweck, Mindset, p17-18.

7. Dweck, Mindset, p218-224.

8. Dweck, Mindset, p23.

9. Dweck, Mindset, p57.

10. 복리 이자를 계산하는 공식은 $V = P(1+r/n)^{nt}$이다. V = 투자의 미래 가치, P = 투자 원금, r = 연이율, n = 이자가 연간 복리로 계산되는 횟수, t = 자금을 투자한 햇수다.

11. Blake Masters(블레이크 마스터스), Peter Thiel's CS183: Startup - Class 5 Notes Essay(피터 틸의 CS183: 스타트업 - 클래스 5 노트 에세이), 2012년 4월 20일, https://blakemasters.tumblr.com/post/21437840885/peter-thiels-cs183-startup-class-5-notes-essay(https://bit.ly/3x8tsuL).

12. 리드 호프먼, 벤 카스노카, 『연결하는 인간』, 알에이치코리아, 2015.

13. Tony Hsieh, 『Delivering Happiness: A Path to Profits, Passion, and Purpose』, Business Plus, 2010, p173-175.

14. $1.01^{365} = 37.78$.

15. Hsieh, 『Delivering Happiness』, p163-165.

16. Sheryl Sandberg, 『Lean In: Women, Work, and the Will to Lead』, Knopf, 2013, p58.

17. Andrew Bosworth(앤드루 보즈워스), Facebook Engineering Bootcamp(페이스북 엔지니어링 부트캠프), Facebook Notes, 2009년 11월 19일, https://www.facebook.com/notes/facebook-engineering/facebook-engineering-bootcamp/177577963919(https://bit.ly/3NNEFaa).

18. Ryan Tate(라이언 테이트), Google Couldn't Kill 20 Percent Time Even if It Wanted To(구글은 원한다 해도 20% 시간을 없앨 수 없었다), 와이어드, 2013년 8월 21일, http://www.wired.com/2013/08/20-percent-time-will-never-die/(https://bit.ly/3x5mKWD).

19. 라이언 테이트, LinkedIn Gone Wild: '20 Percent Time' to Tinker Spreads Beyond Google(링크드인 혁신하다: '20% 시간' 구글 밖으로 퍼져나가다), 와이어드, 2012년 12월 6일, http://www.wired.com/2012/12/llinkedin-20-percent-time/(https://bit.ly/3j8j2n1).

20. John Rotenstein(존 로텐슈타인), Atlassian's 20% Time now out of Beta(아틀라시안의 20% 시간이 이제 베타를 벗어나다), Atlassian Blogs, 2009년 3월 23일, https://www.atlassian.com/blog/archives/atlassians_20_time_now_out_of_beta-2(https://bit.ly/3MmT3ER).

21. Steven Sinofsky(스티븐 시노프스키), The path to GM – some thoughts on becoming a general manager(총괄 관리자로 가는 경로 – 총괄 관리자 되기에 관한 몇 가지 생각), 스티븐 시노프스키의 마이크로소프트 기술 강연, 2005년 9월 19일, https://web.eecs.umich.edu/~weimerw/2019-481W/readings/PM%20at%20Microsoft%20%E2%80%93%20Steven%20Sinofsky's%20Microsoft%20TechTalk.html(https://bit.ly/3vxlklq).*

22. Peter Brown et al., 『Make It Stick: The Science of Successful Learning』, The Belknap Press of Harvard University Press, 2014, p19.

---

* **역주** 원래 URL이 더 이상 제공되지 않을 경우 해당 내용을 제공하는 다른 URL로 대체.

23. Peter Brown et al., 『Make It Stick: The Science of Successful Learning』, The Belknap Press of Harvard University Press, 2014, p46-66.

24. 보비 존슨, 본인과 인터뷰, 2013년 12월 17일.

25. Philip Moeller(필립 뮐러), Why Learning Leads To Happiness(학습이 행복으로 이어지는 이유), 허핑턴 포스트, 2012년 4월 10일, http://www.huffingtonpost.com/2012/04/10/learning-happiness_n_1415568.html(https://bit.ly/3ubth06).

26. Aden Hepburn(아덴 햅번), Infographic: 2013 Mobile Growth Statistics(인포그래픽: 2013 모바일 성장 통계), Digital Buzz, 2013년 10월, http://www.digitalbuzzblog.com/infographic-2013-mobile-growth-statistics/(https://bit.ly/3DN6qLf).

27. Benedict Evans(베네딕트 에번스), Mobile is Eating the World(모바일이 세계를 집어삼키고 있다), Slideshare, 2013년 11월, http://www.slideshare.net/bge20/2013-11-mobile-eating-the-world(https://bit.ly/3JfAdxx).

28. Bill Gates(빌 게이츠), The Best Books I Read in 2013(2013년에 내가 읽은 최고의 책), gatesnotes, 2013년 12월 12일, https://www.gatesnotes.com/About-Bill-Gates/Holiday-Books-2013(https://gatesnot.es/3JrrUil).

29. Junto (club), 위키피디아, http://en.wikipedia.org/wiki/Junto_(club)(https://bit.ly/3ufDdps).

30. Google Tech Talks, 유튜브, http://www.youtube.com/user/GoogleTechTalks/videos(https://bit.ly/3KhVwQd).

31. Talks at Google, 유튜브, http://www.youtube.com/user/AtGoogleTalks/featured(https://bit.ly/37kLXkO).

32. TED: Ideas Worth Spreading, https://www.ted.com/.

33. Richard Wiseman, 『The Luck Factor: The Four Essential Principles』, Miramax, 2004, p38.

34. Scott H. Young(스콧 H. 영), Learn Faster with the Feynman Technique(파인먼 기법으로 빠르게 배워라), Scott H Young Blog, http://www.scotthyoung.com/blog/2011/09/01/learn-faster/(https://bit.ly/3jab2lj).

35. Karlyn Adams(칼린 아담스), The Sources of Innovation and Creativity, National Center on Education and the Economy (NCEE) Research Summary and Final Report(혁신과 창의성의 원천, NCEE 연구 요약 및 최종 보고서), 2005년 7월, p4, http://www.ncee.org/wp-content/uploads/2010/04/Sources-of-Innovation-Creativity.pdf(https://bit.ly/3DKMg4K).

36. State of the Media Trends in TV Viewing(TV 시청에 나타나는 미디어 트렌드 현황)—2011 TV Upfronts, Nielsen, 2001, https://www.nielsen.com/wp-content/uploads/sites/3/2019/04/State-of-the-Media-2011-TV-Upfronts.pdf(https://bit.ly/3KeN2t3).

37. Martin E. P. Seligman, 『Authentic Happiness: Using the New Positive Psychology to Realize Your Potential for Lasting Fulfillment』, Free Press, 2002, p176.

3장 우선순위를 정기적으로 점검하라

1. Alexia Tsotsis(알렉시아 소치), Quora Grew More Than 3X Across All Metrics In The Past Year(쿼라는 작년에 비해 모든 지표에서 3배 이상 성장했다), TechCrunch, 2013년 5월 28일, http://techcrunch.com/2013/05/28/quora-grows-more-than-3x-across-all-metrics-in-the-past-year/(https://tcrn.ch/3x8m2rG).

2. 아툴 가완디, 『체크! 체크리스트』, 21세기북스, 2010.

3. 데이비드 앨런, 『쏟아지는 일 완벽하게 해내는 법』, 김영사, 2016.

4. George Miller, 『The Magical Number Seven, Plus or Minus Two: Some Limits on Our Capacity for Processing Information』, The Psychological Review, 1956, vol. 63, .81-97, http://www.musanim.com/miller1956/(https://bit.ly/3r7CtjY).

5. Pi World Ranking List(파이 세계 랭킹 목록), https://www.pi-world-ranking-list.com/(https://bit.ly/3v87oxL).

6. 조슈아 포어, 『1년 만에 기억력 천재가 된 남자』, 갤리온, 2016.

7. 대니얼 카너먼, 『생각에 관한 생각』, 김영사, 2018.

8. Baba Shiv and Alexander Fedorikh, Heart and Mind in Conflict: The Interplay of Affect and Cognition in Consumer Decision Making, Journal of Consumer Research, 1999년 12월, Vol. 26, https://5aeed477-a-62cb3a1a-s-sites.googlegroups.com/site/xiaoliangtushuguanfenguan3/gm934xing-wei-jue-ce-zhi-ding/Shiv%26Fedorikhin1999.pdf(https://bit.ly/3x8XOxw).

9. Samuele M. Marcora, Walter Staiano, and Victoria Manning, Mental fatigue impairs physical performance, Journal of Applied Physiology, 2009, 106: 857–864, https://pubmed.ncbi.nlm.nih.gov/19131473/(https://bit.ly/3uoeRK7).

10. 이샨 웡, What are some ways to 'work smart' rather than just working hard(그냥 열심히 일하는 것보다 '똑똑하게 일할' 방법은 무엇일까)?, 쿼라, 2010년 6월 30일, https://www.quora.com/What-are-some-ways-to-work-smart-rather-than-just-working-hard/answer/Yishan-Wong(https://bit.ly/3jadet3).

11. 스티븐 코비, 『성공하는 사람들의 7가지 습관』, 김영사, 2017.

12. 미하이 칙센트미하이, 『몰입』, 한울림, 2004.

13. 폴 그레이엄, Maker's Schedule, Manager's Schedule(제작자의 일정, 관리자의 일정), 2009년 7월, http://www.paulgraham.com/makersschedule.html(https://bit.ly/3u9uo09).

14. Shamsi T. Iqbal(샴시 T. 이크발), Eric Horvitz(에릭 호비츠), Disruption and Recovery of Computing Tasks: Field Study, Analysis, and Directions(컴퓨팅 작업의 중단과 회복: 현장 연구, 분석, 방향), ACM CHI Conference, 2007, http://research.microsoft.com/en-us/um/people/horvitz/chi_2007_iqbal_horvitz.pdf(https://bit.ly/37kNWWq).

15. Jennifer Robison(제니퍼 로빈슨), Too Many Interruptions at Work(직장에 방해 요소가 너무 많은가)?, Gallup Business Journal, 2006년 6월 8일, http://

businessjournal.gallup.com/content/23146/too-many-interruptions-work. aspx#1(https://bit.ly/3Jrujtn).

16. 데이비드 록, 『일하는 뇌』, 랜덤하우스코리아, 2010.

17. 토니안 드마리아 배리, 짐 벤슨, 『퍼스널 애자일 퍼스널 칸반』, 쿠퍼북스, 2020.

18. Frank Wieber and Peter Gollwitzer, Overcoming Procrastination through Planning in C. Andreou, M. D. White (Eds.), The Thief of Time. Philosophical Essays on Procrastination (New York: Oxford University Press 2010), p 185-205.

19. Elizabeth J. Parks-Stamm, Peter M. Gollwitzer, and Gabriele Oettingen, Action Control by Implementation Intentions: Effective Cue Detection and Efficient Response Initiation, Social Cognition, 2007, Vol. 25, No. 2, . 248-266, https://www.researchgate.net/publication/37367717_Action_Control_by_Implementation_Intentions_Effective_Cue_Detection_and_Efficient_Response_Initiation(https://bit.ly/3JpdW0b).

20. Heidi Grant Halvorson, 『Succeed: How we can reach our goals』, p177-180.

21. Halvorson, 『Succeed』, p14-20.

22. Halvorson, 『Succeed』, p175-177.

23. 데이비드 앨런, 『쏟아지는 일 완벽하게 해내는 법』, 김영사, 2016.

24. 토니안 드마리아 배리, 짐 벤슨, 『퍼스널 애자일 퍼스널 칸반』, 쿠퍼북스, 2020.

25. Francesco Cirillo, 『The Pomodoro Technique』, 2007, https://francescocirillo. com/pages/pomodoro-technique (https://bit.ly/3v3j84R).

26. Nick Cernis, 『todoodlist』.

27. 맥 같은 리눅스 기반의 모든 시스템에서는 127.0.0.1 www.facebook.com 같은 행을 추가해서 해당 도메인에 대한 네트워크 요청을 로컬 호스트로 라우팅하여 사이트를 효과적으로 차단할 수 있다.

28. Focus Booster, http://www.focusboosterapp.com/(https://bit.ly/38lsUr8).

4장 반복 속도에 투자하라

1. Martin Michelsen(마틴 미첼센), Continuous Deployment at Quora(쿼라의 지속적 배포), 쿼라, https://quoraengineering.quora.com/Continuous-Deployment-at-Quora(https://bit.ly/3rKH3oJ).

2. 알렉시아 소치, Quora Grew More Than 3X Across All Metrics In The Past Year(쿼라는 작년에 비해 모든 지표에서 3배 이상 성장했다), TechCrunch, 2013년 5월 28일, http://techcrunch.com/2013/05/28/quora-grows-more-than-3x-across-all-metrics-in-the-past-year/(https://tcrn.ch/3x8m2rG).

3. George Neville-Neil(조지 네빌-닐), Merge Early, Merge Often(일찍 병합하고 자주 병합하라), ACM Queue, 2009년 10월 29일, vol. 7, no. 9, http://queue.acm.org/detail.cfm?id=1643030(https://bit.ly/3NNHS9I).

4. Erik Kastner(에릭 캐스트너), Quantum of Deployment(배포의 양), Code as Craft, 2010년 5월 20일, http://codeascraft.com/2010/05/20/quantum-of-deployment/(https://etsy.me/3LIJdN3).

5. Timothy Fitz(티머시 피츠), Continuous Deployment at IMVU: Doing the impossible fifty times a day(IMVU의 지속적 배포: 하루에 50번 배포라는 불가능한 수치 달성하기), 2009년 2월 10일, http://timothyfitz.com/2009/02/10/continuous-deployment-at-imvu-doing-the-impossible-fifty-times-a-day/(https://bit.ly/35KItYH).

6. David Fortunato(데이비드 포르투나토), Deployment Infrastructure for Continuous Deployment(지속적 배포를 위한 배포 인프라), Wealthfront Engineering Blog, 2010년 5월 2일, https://eng.wealthfront.com/2010/05/02/deployment-infrastructure-for-continuous-deployment/(https://bit.ly/3JkWR7G).

7. Jake Douglas(제이크 더글러스), Deploying at GitHub(깃허브의 배포), https://github.com/blog/1241-deploying-at-github(https://bit.ly/3KhZybj).

8. Brett G. Durrett(브렛 G. 더렛) 외, What are best examples of companies using continuous deployment(지속적 배포를 활용하는 회사의 가장 좋은 사례는 무엇일까)?, 쿼라, https://www.quora.com/What-are-best-examples-of-companies-using-continuous-deployment(https://bit.ly/3JdhhQ2).

9. Haydn Shaughnessy(하이든 쇼네시), Facebook's 1 Billion Users: Why The Sky Is Still The Limit(페이스북의 10억 사용자: 여전히 더 성장할 수 있는 이유), 포브스, 2012년 10월 4일, https://www.forbes.com/sites/haydnshaughnessy/2012/10/04/facebooks-1-billion-users-why-the-sky-is-still-the-limit/ (https://bit.ly/3DlcGUM).

10. 앤드루 보즈워스, How does Facebook Engineering's 'Bootcamp' program work(페이스북 엔지니어링 '부트캠프' 프로그램은 어떻게 작동하는가)?, 쿼라, 2011년 10월 11일, https://www.quora.com/How-does-Facebook-Engineerings-Bootcamp-program-work/answer/Andrew-Boz-Bosworth(https://bit.ly/3jb1ZR2).

11. Chuck Rossi(척 로시), Ship early and ship twice as often(빨리 배포하고 2배 자주 배포하라), Facebook Notes, 2012년 8월 3일, https://www.facebook.com/notes/facebook-engineering/ship-early-and-ship-twice-as-often/10150985860363920(https://bit.ly/3J8Lr6J).

12. Facebook Beacon(페이스북 비콘), 위키피디아, http://en.wikipedia.org/wiki/Face-book_Beacon(https://bit.ly/35KJ0tF).

13. Josh Constine(조시 콘스틴), Facebook's S-1 Letter From Zuckerberg Urges Understanding Before Investment(투자 전 이해를 촉구하는 저커버그의 페이스북 상장신고서), TechCrunch, 2012년 2월, http://techcrunch.com/2012/02/01/facebook-ipo-letter/(https://tcrn.ch/37nP1g0).

14. Robert Johnson(로버트 존슨), More Details on Today's Outage(오늘날 서비스 중단에 관한 세부사항), Facebook Notes, 2010년 9월 23일, https://www.facebook.com/notes/facebook-engineering/more-details-on-todays-outage/431441338919(https://bit.ly/35Jd2hd).

15. $1 Billion. Two and a Half Years.(10억 달러 2년 반.), Wealthfront, https://blog.wealthfront.com/one-billion-assets-under-management/(https://bit.ly/3K444cK).

16. 데이비드 포르투나토, Deployment Infrastructure for Continuous Deployment(지속적 배포를 위한 배포 인프라), Wealthfront Engineering Blog, 2010년 5월 2일, https://eng.wealthfront.com/2010/05/02/deployment-infrastructure-for-continuous-deployment/(https://bit.ly/3yOXxNF).

17. Pascal-Louis Perez(파스칼-루이스 퍼레즈), Continuous Deployment in an SEC-Regulated Environment(SEC 규제 환경에서의 지속적 배포), Wealthfront Engineering Blog, 2011년 5월 25일, https://www.slideshare.net/pascallouis/sll-conf-continuous-deployment(https://bit.ly/3vDwrt1).

18. 보비 존슨, 본인과 인터뷰.

19. 라피 크리코리안, 본인과 대화.

20. Nils Klarlund(닐스 클라룬), distcc's pump mode: A New Design for Distributed C/ C++ Compilation(분산 C/C++ 컴파일 시스템 펌프 모드: 분산 C/C++ 컴파일을 위한 새 디자인), Google Open Source Blog, http://google-opensource.blogspot.com/2008/08/distccs-pump-mode-new-design-for.html(https://bit.ly/3udFiCf).

21. Ian Lance Taylor(이안 랜스 테일러), gold: Google Releases New and Improved GCC Linker(gold: 구글의 향상된 새 GCC 링커 출시), Google Open Source Blog, https://opensource.googleblog.com/2008/04/gold-google-releases-new-and-improved.html(https://bit.ly/3DSDiTa).

22. 동일한 요구 사항에 대해 7개의 언어로 작성된 80개의 구현을 비교한 프레셸트(Prechelt)의 연구는 C로 작성한 솔루션을 보여준다.

23. Joshua Levy(조슈아 레비) 외, What are the most useful 'Swiss army knife' oneliners on Unix(유닉스에서 가장 유용한 스위스 군용칼 같은 명령어 한 줄은 무엇일까?), 쿼라, https://www.quora.com/What-are-the-most-useful-Swiss-army-knife-one-liners-on-Unix(https://bit.ly/37ilhQH).

24. Phil Crosby(필 크로즈비), Live CSS - Making the browser dance to your CSS(Live CSS - 브라우저가 CSS에 맞춰 춤추게 만들기), 깃허브, https://github.com/ooyala/livecss(https://bit.ly/3uczmsY).

25. LiveReload(라이브리로드), http://livereload.com/.

26. Nicholas Carlson(니컬러스 칼슨), The Truth About Marissa Mayer: An Unauthorized Biography(마리사 메이어에 관한 진실: 승인받지 않은 전기), Business Insider, 2013년 8월 24일, http://www.businessinsider.com/marissa-mayer-biography-2013-8(https://bit.ly/3KhDEVw).

5장 개선하려는 사항을 측정하라

1. 스티븐 레비, Exclusive: How Google's Algorithm Rules the Web(독점 기사: 구글 알고리즘이 웹을 지배하는 법), 와이어드, 2010년 2월 22일, https://www.wired.com/2010/02/ff-google-algorithm/(https://bit.ly/3J8etn6).

2. 구글 - 검색. https://www.google.com/search/howsearchworks/

3. 대니얼 러셀, Daniel Russell's Home Page, https://sites.google.com/site/dmrussell/(https://bit.ly/3Jf7PeE).

4. Eric Savitz(에릭 사비츠), Google's User Happiness Problem(구글의 사용자 만족도 문제), 포브스, 2011년 4월 12일, http://www.forbes.com/sites/ciocentral/2011/04/12/googles-user-happiness-problem/(https://bit.ly/3jcRe0w).

5. Emil Protalinski(에밀 프로탈린스키), comScore: Google is once again the most-trafficked US desktop site, ends Yahoo's seven-month streak(컴스코어: 야후의 7개월간 연승을 꺾고 구글이 다시 한번 미국의 데스크톱 사이트 트래픽 1위를 차지하다), TheNextWeb, 2014년 3월 25일, http://thenextweb.com/google/2014/03/25/comscore-google-breaks-yahoos-seven-month-streak-trafficked-us-desktop-site/(https://bit.ly/3uWrLOs).

6. 스티븐 레비, Exclusive: How Google's Algorithm Rules the Web(독점 기사: 구글 알고리즘이 웹을 지배하는 법), 와이어드, 2010년 2월 22일, https://www.wired.com/2010/02/ff-google-algorithm/(https://bit.ly/3J8etn6).

7. Peter Fleischer(피터 플라이셔), Why does Google remember information about searches(구글은 검색에 대한 정보를 왜 기억할까)?, Google Official Blog, 2007년 5월 11일, http://googleblog.blogspot.com/2007/05/why-does-google-remember-information.html(https://bit.ly/38wsq1D).

8. Steven Levy, 『In The Plex: How Google Thinks, Works, and Shapes Our Lives』, Simon & Schuster, 2011, p47.

9. Levy, 『In the Plex』, p49.

10. Levy, 『In the Plex』, p57-59.

11. 구글 - 검색. https://www.google.com/search/howsearchworks/

12. 피터 드러커, 『피터 드러커 자기경영노트』, 한국경제신문, 2003.

13. 톰 드마르코, 티모시 리스터 『피플웨어』, 인사이트, 2014.

14. 스티븐 레비, 『In the Plex 0과 1로 세상을 바꾸는 구글, 그 모든 이야기』, 에이콘출판사, 2012.

15. Jake Brutlag(제이크 브루트랙), Speed Matters(속도는 중요하다), Google Research Blog, 2009년 6월 23일, http://googleresearch.blogspot.com/2009/06/speed-matters.html(https://bit.ly/3LJU1KT).

16. Stoyan Stefanov(스토얀 스테파노프), YSlow 2.0, CSDN Software Development 2.0 Conference, 2008년 12월 6일, http://www.slideshare.net/stoyan/yslow-20-presentation(https://bit.ly/3x6oNJQ).

17. Zizhuang Yang(지즈왕 양), Every Millisecond Counts(매 밀리초가 중요하다), Facebook Notes, 2009년 8월 28일, https://engineering.fb.com/2009/08/28/core-data/every-millisecond-counts/(https://bit.ly/3v400DD)

18. Kit Eaton(키트 이턴), How One Second Could Cost Amazon $1.6 Billion in Sales(어떻게 1초가 아마존 매출에 16억 달러 손실을 입히는가), Fast Company, 2012년 3월 15일, http://www.fastcompany.com/1825005/how-one-second-could-cost-amazon-16-billion-sales(https://bit.ly/37fSRrH).

19. Tony Hsieh, 『Delivering Happiness』, p145-146.

20. Jim Collins, 『Good to Great: Why Some Companies Make the Leap... And Others Don't』, HarperBusiness, 2001, p104-105.

21. Eric Ries, 『The Lean Startup: How Today's Entrepreneurs Use Continuous Innovation to Create Radically Successful Businesses』, Crown Business, 2011, p128-143.

22. 비행계기, 위키피디아, https://ko.wikipedia.org/wiki/%EB%B9%84%ED%96%89%EA%B3%84%EA%B8%B0(https://bit.ly/3JasPDr).

23. Paul Mulwitz(폴 멀리츠), What do all the controls in an airplane cockpit do(비행기 조종석의 모든 계기는 어떤 역할을 할까)?, 쿼라, 2012년 3월 6일, https://www.quora.com/What-do-all-the-controls-in-an-airplane-cockpit-do/answer/Paul-Mulwitz(https://bit.ly/3uchhLE).

24. Sharon Begley(샤론 베글리), Insight - As Obamacare tech woes mounted, contractor payments soared(인사이트 - 오바마케어 기술 문제가 증가하면서 계약업체 지급액이 급증했다), 로이터, 2013년 10월 17일, https://www.reuters.com/article/uk-usa-healthcare-technology-insight/insight-as-obamacare-tech-woes-mounted-contractor-payments-soared-idUKBRE99G06120131017?edition-redirect=uk(https://reut.rs/35JfgNB).

25. Paul Ford(폴 포드), The Obamacare Website Didn't Have to Fail. How to Do Better Next Time(오바마케어 웹사이트가 꼭 실패해야 하는 것은 아니었다. 다음에 더 잘할 방법은 이러하다), Businessweek, 2013년 10월 16일, http://www.businessweek.com/articles/2013-10-16/open-source-everything-the-moral-of-the-healthcare-dot-gov-debacle(https://bloom.bg/3jdFQSh).

26. Adrianne Jeffries(에이드리언 제프리스), Obama defends Healthcare.gov despite massive tech problems: 'there's no sugarcoating it'(오바마가 막대한 기술적 문제에도 불구하고 Healthcare.gov를 변호하다: '듣기 좋은 말로 꾸미지 않겠습니다'), The Verge, 2013년 10월 21일, http://www.theverge.com/2013/10/21/4862090/obama-defends-healthcare-gov-despite-massive-tech-problems-theres-no(https://bit.ly/3v0EHCS).

27. Steven Brill(스티븐 브릴), Obama's Trauma Team(오바마의 중증외상 팀, Time, 2014년 2월 27일, http://time.com/10228/obamas-trauma-team/(https://bit.ly/36RlrA1).

28. Jeffrey Young(제프리 영), Obamacare Sign-Ups Hit 8 Million In Remarkable Turnaround(오바마케어, 800만 명 가입이라는 쾌거를 이루다), 허핑턴 포스트, 2014년 4월 17일, http://www.huffingtonpost.com/2014/04/17/obamacare-sign-ups_n_5167080.html(https://bit.ly/3uXWLxz).

29. Ian Malpass(이언 맬패스), Measure Anything, Measure Everything (무엇이든 측정하고 모든 것을 측정하라), Code as Craft, 2011년 2월 15일, http://codeascraft.com/2011/02/15/measure-anything-measure-everything/(https://etsy.me/3r5DRDZ).

30. Graphite Documentation, http://graphite.readthedocs.org/en/latest/(https://bit.ly/3uWtfs0).

31. StatsD, 깃허브, https://github.com/etsy/statsd/.

32. Mike Brittain(마이크 브리튼), Tracking Every Release(모든 배포 추적하기), Code as Craft, 2010년 12월 8일, http://codeascraft.com/2010/12/08/track-every-release/(https://etsy.me/ 36ZS26r).

33. We are the Google Site Reliability team. We make Google's websites work. Ask us Anything!(우리는 구글 사이트 안정성 팀입니다. 우리가 구글 웹사이트를 작동시킵니다. 무엇이든 물어보세요!), 레딧, 2013년 1월 24일, http://www.reddit.com/r/IAmA/comments/177267/we_are_the_google_site_reliability_team_we_make/c82y43e(https://bit.ly/3x2Ndnl).

34. Cory G. Watson(코리 G. 왓슨), Observability at Twitter(트위터의 'Observability'), Twitter Engineering Blog, 2013년 9월 9일, https://blog.twitter.com/2013/observability-at-twitter(https://bit.ly/3r5GFRA).

35. Greg Leffler(그레그 레플러), A crash course in LinkedIn's global site operations(링크드인 글로벌 사이트 운영 집중 과정), LinkedIn Engineering Blog, 2013년 9월 18일, http://engineering.linkedin.com/day-life/crash-course-linkedins-global-site-operations(https://bit.ly/3x8CFDl).

36. Percona, http://www.percona.com/.

37. MySQL Performance Audits(MySQL 성능 감사), http://www.percona.com/products/mysql-consulting/performance-audit(https://bit.ly/3uWRAxN).

38. 배런 슈워츠, How Percona does a MySQL Performance Audit(페르코나가 MySQL 성능을 감사하는 방법), MySQL Performance Blog, 2008년 12월 24일, http://www.mysqlperformanceblog.com/2008/11/24/how-percona-does-a-mysql-performance-audit/(https://bit.ly/3x6yqby).

39. 제프리 딘, Google Research Scientists and Engineers: Jeffrey Dean(구글 연구 과학자 겸 엔지니어: 제프리 딘), http://research.google.com/people/jeff/(https://bit.ly/3LHDtmX).

40. 제프리 딘, Building Software Systems At Google and Lessons Learned(구글에서 소프트웨어 시스템을 제작하며 얻은 교훈), Stanford EE380: Computer Systems Colloquium, 2010년 11월 10일, https://www.youtube.com/watch?v=modXC5IWTJI(https://bit.ly/3x7l7q5).

41. 제프리 딘, Software Engineering Advice from Building Large-Scale Distributed Systems(대규모 분산 시스템을 구축하며 깨달은 소프트웨어 엔지니어링 조언), http://static.googleusercontent.com/media/research.google.com/en/us/people/jeff/stanford-295-talk.pdf(https://bit.ly/3x4CyJa).

42. Snappy(스내피), a fast compressor/decompressor., Google Project Hosting, http://google.github.io/snappy/(https://bit.ly/3uQN4Ry).

43. Average Email Campaign Stats of MailChimp Customers by Industry(산업별 메일침프 고객 평균 이메일 캠페인 통계), MailChimp, https://mailchimp.com/resources/email-marketing-benchmarks/(https://bit.ly/3LHDFmb).

44. 에드먼드 라우, What A/B testing platform does Quora use(쿼라가 사용하는 A/B 테스트 플랫폼은 무엇일까)?, 쿼라, 2012년 11월 10일, https://www.quora.com/What-A-B-testing-platform-does-Quora-use/answer/Edmond-Lau(https://bit.ly/3JauOrn).

6장 아이디어는 일찍 그리고 자주 검증하라

1. Anthony Ha(앤서니 하), Cuil might just be cool enough to become the Google-killer in search(쿨은 검색에 있어 구글의 대항마가 될 정도로 멋질지 모른다), VentureBeat, 2008년 7월 27일, http://venturebeat.com/2008/07/27/cuil-might-just-be-cool-enough-to-become-the-google-killer-in-search/ (https://bit.ly/3KePhwL).

2. Michael Arrington(마이클 애링턴), Cuill: Super Stealth Search Engine; Google Has Definitely Noticed(Cuill: 수퍼 스텔스 검색 엔진, 구글이 알아챈 게 분명하다), TechCrunch, 2007년 9월 4일, http://techcrunch.com/2007/09/04/cuill-super-stealth-search-engine-google-has-definitely-noticed/(https://tcrn.ch/3DHLO2l).

3. 앤서니 하, Cuil might just be cool enough to become the Google-killer in search(쿨은 검색에 있어 구글의 대항마가 될 정도로 멋질지 모른다), VentureBeat, 2008년 7월 27일, http://venturebeat.com/2008/07/27/cuil-might-just-be-cool-enough-to-become-the-google-killer-in-search/(https://bit.ly/3KePhwL).

4. Joseph Tartakoff(조지프 타르타코프), 'Google Killer' Cuil Looks To Make Money—Perhaps Via Google('구글 대항마' 쿨은 아마도 구글을 통해 수익을 낼 것으로 보인다), GigaOm, 2009년 6월 24일, http://gigaom.com/2009/06/24/419-google-killer-cuil-looks-to-make-money-perhaps-via-google/(https://bit.ly/3jc5iaB).

5. Danny Sullivan(대니 설리번), Cuil Launches—Can This Search Start-Up Really Best Google(쿨 출시—이 검색 스타트업이 진짜 구글을 앞설 수 있을까)?, Search Engine Land, 2008년 6월 28일, http://searchengineland.com/cuil-launches-can-this-search-start-up-really-best-google-14459(https://bit.ly/3jdHGCF).

6. Saul Hansell(솔 핸셀), No Bull, Cuil Had Problems(쿨에는 진짜 문제가 있었다), The New York Times Bits, 2008년 6월 29일, http://bits.blogs.nytimes.com/2008/07/29/no-bull-cuil-had-problems/(https://nyti.ms/3Ke2UvW).

7. John C. Dvorak(존 C. 드보르자크), The New Cuil Search Engine Sucks(새로운 쿨 검색 엔진은 엉망이다), PC Magazine, 2008년 7월 28일, http://www.pcmag.com/article2/0,2817,2326643,00.asp(https://bit.ly/3jgV9tb).

8. Rafe Needleman(레이프 니들먼), Cuil shows us how not to launch a search engine(쿨은 검색 엔진을 어떻게 출시하지 말아야 할지 보여준다), CNET, 2008년 7월 28일, http://www.cnet.com/news/cuil-shows-us-how-not-to-launch-a-search-engine/(https://cnet.co/37nSlCl).

9. Anita Hamilton(애니타 해밀턴), Why Cuil Is No Threat to Google(쿨이 구글을 위협하지 못하는 이유), 타임, 2008년 7월 28일, http://content.time.com/time/business/article/0,8599,1827331,00.html(https://bit.ly/3j85GHc).

10. Dave Burdick(데이브 버딕), Cuil Review: Really? No Dave Burdicks? This Search Engine Is Stupid(쿨 리뷰: 정말? 데이브 버딕이 없다고? 이 검색 엔진은 멍청하다), 허핑턴 포스트, 2008년 8월 5일, http://www.huffingtonpost.com/dave-burdick/cuil-review-really-no-dav_b_115413.html(https://bit.ly/3DOpjxt).

11. 블룸리치 고객사, https://www.bloomreach.com/en/customers(https://bit.ly/35KSBR3).

12. John Constine(존 콘스틴), BloomReach Crunches Big Data To Deliver The Future Of SEO and SEM(블룸리치는 빅데이터를 처리해서 SEO와 SEM의 미래를 제공한다), TechCrunch, 2012년 2월 22일, http://techcrunch.com/2012/02/22/bloomreach/(https://tcrn.ch/3Jeg5fb).

13. 'MASLab'은 'Mobile Autonomous Systems Laboratory(모바일 자율 시스템 연구실)'의 약자다.

14. 잭 브록, 본인과의 대화.

15. 에릭 리스, Minimum Viable Product: a guide(MVP 가이드), Startup Lessons Learned, 2009년 8월 3일, http://www.startuplessonslearned.com/2009/08/minimum-viable-product-guide.html(https://bit.ly/3JhM7qu).

16. Eric Ries, 『The Lean Startup』, p98.

17. 드류 휴스턴, 드롭박스 데모, 유튜브, 2008년 9월 15일, https://www.youtube.com/watch?v=7QmCUDHpNzE

18. Alex Wilhelm(알렉스 빌헬름), Dropbox Could Be A Bargain At An $8 Billion Valuation(80억 평가액조차 드롭박스를 저평가한 것일 수 있다), TechCrunch, 2013년 11월 18일, http://techcrunch.com/2013/11/18/dropbox-could-be-a-bargain-at-an-8-billion-valuation/(https://tcrn.ch/37nTQWE).

19. Jackie Bavaro(재키 바바로), Have you tried a fake buy button test, as mentioned in Lean UX, on your website(『린 UX$_{Lean UX}$』에 언급된 것처럼 여러분의 웹사이트에서 가짜 구매 버튼 테스트를 해본 적 있나요)?, 쿼라, 2013년 8월 30일, https://www.quora.com/Product-Management/Have-you-tried-a-fake-buy-button-test-as-mentioned-in-Lean-UX-on-your-website-How-did-it-turn-out-Were-your-customers-unhappy?share=1(https://bit.ly/3xcvKZZ).

20. Joshua Green(조슈아 그린), The Science Behind Those Obama Campaign E-Mails(오바마 홍보 이메일 뒤에 숨어 있는 과학), Businessweek, 2012년 11월 29일, http://www.businessweek.com/articles/2012-11-29/the-science-behind-those-obama-campaign-e-mails(https://bit.ly/3v95tsO).

21. 애덤 서턴$_{Adam Sutton}$, Email Testing: How the Obama campaign generated approximately $500 million in donations from email marketing(이메일 테스트: 오바마 선거 운동 본부가 이메일 마케팅을 통해 약 5억 달러의 기부금을 거둔 방법), MarketingSherpa, 2013년 5월 7일, http://www.marketingsherpa.com/article/case-study/obama-email-campaign-testing(https://bit.ly/3uWSXMX).

22. Inside the Cave: An In-Depth Look at the Digital, Technology, and Analytics Operations of Obama for America(오바마의 미국을 위한 디지털, 기술, 분석 운영에 관한 심층 분석), engage Research, https://cupdf.com/document/inside-the-cave-5584a54f432fb.html(https://bit.ly/3EQ91F7).

23. Alexis C. Madrigal(알렉시스 C. 마드리갈), When the Nerds Go Marching In (너드들이 행진할 때), The Atlantic, 2012년 11월 16일, http://www.theatlantic. com/technology/archive/2012/11/when-the-nerds-go-marching-in/265325/?single_page=true(https://bit.ly/3DlicH3).

24. Jeremy Ashkenas(제러미 애시케너스) 외, The 2012 Money Race: Compare the Candidates(2012년 기부금 경쟁: 후보별 비교), 뉴욕타임즈, 2012년, http:// elections.nytimes.com/2012/campaign-finance(https://nyti.ms/35N42YC).

25. 알렉시스 C. 마드리갈, Hey, I Need to Talk to You About This Brilliant Obama Email Scheme(오바마의 영리한 이메일 전략에 관해 말씀드리고 싶습니다), The Atlantic, 2012년 11월 9일, http://www.theatlantic.com/technology/ archive/2012/11/hey-i-need-to-talk-to-you-about-this-brilliant-obama-email-scheme/265725/(https://bit.ly/3KaFl1E).

26. Frank Harris(프랭크 해리스), Nellwyn Thomas(넬윈 토머스), Etsy's Product Development with Continuous Experimentation(지속적인 실험을 통한 엣시의 제품 개발), QCon, 2012년 11월 8일, http://www.infoq.com/presentations/Etsy-Deployment(https://bit.ly/3DSlmHa).

27. Sarah Frier(세라 프라이어), Etsy Tops $1 Billion in 2013 Product Sales on Mobile Lift(엣시의 2013년 모바일 기기에서의 제품 매출 10억 달러 돌파), 블룸버그, 2013년 11월 12일, http://www.bloomberg.com/news/2013-11-12/etsy-tops-1-billion-in-2013-product-sales-on-mobile-lift.html(https://bloom. bg/3DKgSmK).

28. 에드먼드 라우, What A/B testing platform does Quora use(쿼라가 사용하는 A/B 테스트 플랫폼은 무엇일까)?, 쿼라, 2012년 11월 10일, https://www.quora. com/What-A-B-testing-platform-does-Quora-use/answer/Edmond-Lau(https://bit.ly/3JauOrn).

29. Feature API, 깃허브, https://github.com/etsy/feature.

30. Vanity: Experiment Driven Development, http://vanity.labnotes.org/metrics. html(https://bit.ly/3Jc8a1R).

31. Welcome to the home of genetify, 깃허브, https://github.com/gregdingle/ genetify/wiki.

32. Benefits of Experiments – Analytics Help, https://support.google.com/ analytics/answer/1745147?hl=en.[*]

33. Optimizely, https://www.optimizely.com/.

34. Apptimize, http://apptimize.com/.

35. Unbounce, http://unbounce.com/.

36. Visual Website Optimizer, http://visualwebsiteoptimizer.com/.

37. Alex Hern(알렉스 헌), Why Google has 200m reasons to put engineers over designers(구글이 디자이너보다 엔지니어를 우선시할 이유가 2억 가지인 이유), The Guardian, 2014년 2월 5일, http://www.theguardian.com/technology/2014/ feb/05/why-google-engineers-designers(https://bit.ly/3ucsrQA).

38. Laura M. Holson(로라 M. 헐슨), Putting a Bolder Face on Google(구글 에 대해 태연한 척하기), 뉴욕타임즈, 2009년 2월 28일, http://www.nytimes. com/2009/03/01/business/ 01marissa.html?_r=0(https://nyti.ms/3r8dHAh).

39. 스티브 워즈니악, 위키피디아, http://en.wikipedia.org/wiki/Steve_Wozniak (https://bit.ly/3udD19X).

40. 학습을 위한 교육에 관한 연구.

41. 브라이언 피츠패트릭, 벤 콜린스-서스먼, 『협업의 기술』, 제이펍, 2013.

---

[*] 역주 현재는 Contents Experiments 지원 중단 안내 영문 페이지로 연결됩니다. 국문 페이지는 다음과 같습니다. https://support.google.com/analytics/answer/9366791?hl=ko

7장 프로젝트 추정 기술을 향상시켜라

1. 윈도우 비스타, 위키피디아, https://ko.wikipedia.org/wiki/%EC%9C%88%EB% 8F%84%EC%9A%B0_%EB%B9%84%EC%8A%A4%ED%83%80(https://bit. ly/35PEJFm).

2. 조엘 스폴스키, Painless Software Schedules(고통스럽지 않은 소프트웨어 일정), Joel on Software, 2000년 3월 29일, http://www.joelonsoftware.com/articles/ fog0000000245.html(https://bit.ly/3DKkWU8).

3. Jamie Zawinski(제이미 자윈스키), resignation and postmortem(사임과 사후 분석), 2009년 3월 31일, http://www.jwz.org/gruntle/nomo.html(https://bit. ly/35IXdXQ).

4. CHAOS Summary 2009, The Standish Group, 2009, http://edocs.nps.edu/ licensed/CHAOSSummary2009.pdf(https://bit.ly/3v1Etvo).

5. 스티브 맥코넬, 『소프트웨어 추정』, 정보문화사, 2007.

6. Cyril Northcote Parkinson(시릴 노스코트 파킨슨), Parkinson's Law(파킨슨의 법칙), The Economist, 1955년 11월 19일.

7. Tom DeMarco, 『Controlling Software Projects: Management, Measurement, and Estimates』, Prentice Hall, 1986.

8. 앵커링, 위키피디아, https://ko.wikipedia.org/wiki/%EC%95%B5%EC%BB%A4%E B%A7%81(https://bit.ly/35Jkadw).

9. Frederick Brooks, 『The Mythical Man-Month: Essays on Software Engineering』, p20.

10. 2차 성장은 입력의 제곱에 비례한다. N명이 의사소통에 참여할 때 상호 의사소통의 개별 채널의 수는 N choose 2 = N (N + 1) / 2 = O(N^2)으로 표현된다.

11. 조엘 스폴스키, Evidence Based Scheduling(증거를 기반으로 일정 세우기), Joel on Software, 2007년 10월 26일, http://www.joelonsoftware.com/ items/2007/10/26.html(https://bit.ly/3KhKtq6).

12. Frederick Brooks, 『The Mythical Man-Month』, p154.

13. 잭 하트, 본인과 인터뷰, 2014년 3월 21일.

14. 알렉스 알랭, 본인과 대화, 2014년 10월 15일.

15. 타마르 베르코비치, Florian Jourda(플로리언 주르다), One to Many: The Story of Sharding at Box(하나에서 여럿으로: 박스의 샤딩 스토리), Percona Live MySQL Conference & Expo, 2012, https://www.infoq.com/presentations/box-mysql-sharding/(https://bit.ly/3vOIFwG).

16. '공유지의 비극(tragedy of the commons)'은 개인이 자신의 이익에 따라 독립적이고 이성적으로 행동하면 고갈이 공동체의 장기적 이익에 반한다는 것을 아는데도 공유 자원이 고갈된다는 의미를 지닌 경제학 용어다.

17. 타마르 베르코비치, Scaling MySQL for the Web(웹을 위해 MySQL 확장하기), MySQL Conference & Expo, 2013, https://www.yumpu.com/en/document/view/14861097/scaling20mysql(https://bit.ly/3EB9wT6).

18. 마틴 파울러, 『리팩터링』, 한빛미디어, 2020.

19. 샘 쉴리스, 본인과 인터뷰, 2014년 4월 8일.

20. Sara Robinson(세라 로빈슨), Bring back the 40-hour week(주당 40시간 근무를 다시 도입하자), Salon, 2012년 3월 14일, http://www.salon.com/2012/03/14/bring_back_the_40_hour_work_week/(https://bit.ly/3JcMyTa).

21. Evan Robinson(에번 로빈슨), Why Crunch Modes Doesn't Work: Six Lessons(고속 모드가 작동하지 않는 이유: 6가지 교훈), International Game Developers Association, 2005, https://igda.org/resources-archive/why-crunch-mode-doesnt-work-six-lessons-2005/(https://bit.ly/3KeZyZz).

22. Sidney Chapman, 위키피디아, http://en.wikipedia.org/wiki/Sydney_Chapman_(economist)(https://bit.ly/3DLBgUz).

23. Samuel Crowther(새뮤얼 크라우더), Henry Ford: Why I Favor Five Days' Work With Six Days' Pay, World's Work(헨리 포드: 내가 6일 치 급여를 받고 5일 근무하는 것을 선호하는 이유), 1926년 10월, p613-616, http://web.archive.org/web/20040826063314/http://www.worklessparty.org/timework/ford.htm(https://bit.ly/3ub8ud1).

24. Ford factory workers get 40-hour week(포드 공장 노동자는 주당 40시간 근무한다), History, http://www.history.com/this-day-in-history/ford-factory-workers-get-40-hour-week(https://bit.ly/3DlkPlQ).

25. Roundtable Report(라운드테이블 리포트), Scheduled Overtime Effect on Construction Projects(건설 프로젝트에 예정된 초과 근무가 미치는 효과), Business Roundtable, 1980, http://trid.trb.org/view.aspx?id=206774(https://bit.ly/3DMRlJC).

26. Tom DeMarco and Timothy Lister, 『Peopleware』, p15.

27. Tom DeMarco and Timothy Lister, 『Peopleware』, p179.

8장 품질과 실용주의 사이에서 균형을 유지하라

1. Style guides for Google-originated open-source projects(구글 기반 오픈 소스 프로젝트를 위한 스타일 가이드), https://code.google.com/p/google-styleguide/(https://bit.ly/3NTGC4K).

2. Ben Maurer(벤 마우러), Kevin X. Chang(케빈 X. 창), What is Google's internal code review policy/process(구글의 내부 코드 리뷰 정책/프로세스는 어떤가요)?, 쿼라, 2010년 6월 7일, https://www.quora.com/What-is-Googles-internal-code-review-policy-process(https://bit.ly/3x8V6l3).

3. 2014 Financial Tables(2014년 재무제표), Google Financial Tables, https://www.sec.gov/Archives/edgar/data/1288776/000128877615000008/goog2014123110-k.htm(https://bit.ly/3MnFEwd) (구글의 2014년 재무제표)[*]

4. Ten things we know to be true(구글이 발견한 10가지 진실), 구글, https://www.google.com/about/philosophy.html(https://bit.ly/3x98g8f).

5. List of public corporations by market capitalization(주식 공개 기업 시가총액별 목록), 위키피디아, http://en.wikipedia.org/wiki/List_of_public_corporations_by_market_capitalization(https://bit.ly/3x6Sv1k).

---

[*] 역주 원래 URL이 더 이상 열리지 않아 구글의 2014년 재무재표를 제시. 구글의 2015-2021년까지의 재무제표는 다음과 같다. (https://abc.xyz/investor/#numbers)

6. 로버트 존슨, Right and Wrong(옳고 그름), Facebook Notes, 2009년 10월 9일, https://www.facebook.com/notes/robert-johnson/right-and-wrong/148275708485(https://bit.ly/3x3fJpg).

7. Evan Priestley(에번 프리스틀리), How did Evan Priestley learn to program(에번 프리스틀리는 어떻게 프로그래밍을 배웠는가)?, 쿼라, 2013년 11월 20일, https://www.quora.com/How-did-Evan-Priestley-learn-to-program/answer/Evan-Priestley(https://bit.ly/36ZMAAG).

8. Capers Jones(케이퍼스 존스), Software Quality in 2008: A Survey of the State of the Art(2008년 소프트웨어 품질: 최신 설문조사), Software Productivity Research LLC, 2008년 1월 30일, p52, http://www.jasst.jp/archives/jasst08e/pdf/A1.pdf(https://bit.ly/3uXIOzM).

9. 앨버트 니, 본인과 인터뷰, 2013년 10월 9일.

10. Josh Zelman(조시 젤먼), (Founder Stories) How Dropbox Got Its First 10 Million Users((창업자 스토리) 드롭박스가 처음에 사용자 1,000만 명을 확보한 방법), TechCrunch, 2011년 1월, http://techcrunch.com/2011/11/01/founder-storie-how-dropbox-got-its-first-10-million-users/(https://tcrn.ch/38IZ0mC).

11. Victoria Barret(빅토리아 바렛), Dropbox: The Inside Story Of Tech's Hottest Startup(드롭박스: 가장 인기 있는 기술 스타트업의 인사이드 스토리), 포브스, 2011년 10월 18일, http://www.forbes.com/sites/victoriabarret/2011/10/18/dropbox-the-inside-story-of-techs-hottest-startup/(https://bit.ly/3v29Rd0).

12. 특정 디렉터리에 체크인한 실험적인 코드는 리뷰하지 않아도 된다는 작은 예외가 존재한다.

13. 마이크 크리거, 본인과 인터뷰, 2013년 10월 2일.

14. Allen Cheung(앨런 청), Why We Pair Interview(페어 인터뷰를 하는 이유), The Corner - Square Engineering Blog, 2011년 10월 5일, https://developer.squareup.com/blog/why-we-pair-interview/(https://squ.re/3rtzXoH).

15. 라피 크리코리안, 본인과 대화.

16. Pylint – code analysis for Python(파이썬을 위한 코드 분석), https://pylint.pycqa. org/

17. cpplint.py, https://code.google.com/p/google-styleguide/source/browse/ trunk/cpplint/cpplint.py(https://bit.ly/3NTGC4K).

18. Barkeep – the friendly code review system(친근한 코드 리뷰 시스템), http:// getbarkeep.org/.

19. 제프리 딘, 산자이 게마왓, MapReduce: Simplified Data Processing on Large Clusters(맵리듀스: 대규모 클러스터에서 단순화된 데이터 처리), Operating Systems Design and Implementation, 2004, http://static.googleusercontent.com/ external_content/untrusted_dlcp/research.google.com/en/us/archive/ mapreduce-osdi04.pdf(https://bit.ly/3JelEcg).

20. 에드먼드 라우, HARBOR : an integrated approach to recovery and high availability in an updatable, distributed data warehouse(업데이트 가능한, 분산 데이터 웨어하우스에서 복구 및 고가용성에 관한 통합적인 접근법), Massachusetts Institute of Technology, 2006, https://dspace.mit.edu/ handle/1721.1/36800(https://bit.ly/3jg2rNO).

21. 제프리 딘, 산자이 게마왓, MapReduce: Simplified Data Processing on Large Clusters(맵리듀스: 대규모 클러스터에서 단순화된 데이터 처리), Communications of the ACM, 2008년 1월, Vol. 51, No. 1, 107–113, https://files.ifi.uzh.ch/dbtg/ sdbs13/T10.0.pdf(https://bit.ly/3Je6Njo).

22. Rob Pike(롭 파이크) 외, Interpreting the Data: Parallel Analysis with Sawzall(데 이터 해석: 쏘잘을 활용한 병렬 분석), Scientific Programming Journal, 13:4, 227–298, http://research.google.com/archive/sawzall.html(https://bit. ly/3Knmk1K).

23. Daniel Jackson, 『Software Abstractions: Logic, Language, and Analysis』, The MIT Press, 2012.

24. Don't repeat yourself, 위키피디아, http://en.wikipedia.org/wiki/Don't_repeat_ yourself(https://bit.ly/3DNAV3G).*

25. Protocol Buffers – Google's data interchange format(프로토콜 버퍼 – 구글의 데이터 교환 형식), 깃허브, https://github.com/google/protobuf/(https://bit.ly/3DL2dHY).

26. 페이 창 외, Bigtable: A Distributed Storage System for Structured Data(빅테이블: 구조화된 데이터용 분산 스토리지 시스템), OSDI, 2006, http://research.google.com/archive/bigtable.html(https://bit.ly/37glQdP).

27. Apache Thrift, http://thrift.apache.org/.

28. Apache Hive, http://hive.apache.org/.

29. Mark Marchukov(마크 마르추코브), TAO: The power of the graph(그래프의 힘), Facebook Notes, 2013년 6월 25일, http://www.facebook.com/notes/facebook-engineering/tao-the-power-of-the-graph/10151525983993920(https://bit.ly/3DL4wLe).

30. Shreyes Shesasai(슈레야스 셰서세), Tech Talk – webnode2 and LiveNode (기술 강연 – 웹노드2와 라이브노드), 쿼라, 2011년 5월 25일, https://shreyesseshasaisposts.quora.com/Tech-Talk-webnode2-and-LiveNode(https://bit.ly/35LoGbz).

31. Justin Rosenstein(저스틴 로즌스타인), Asana Demo & Vision Talk(아사나 데모 & 비전 강연), 유튜브, 2011년 2월 15일, 34:38, https://blog.asana.com/2011/02/asana-demo-vision-talk/(https://bit.ly/3uA7wr7).

32. 잭 하트, Why is Asana developing their own programming language (Lunascript)(아사나가 자체 프로그래밍 언어인 루나스크립트를 개발하는 이유는 무엇일까)?, 쿼라, 2010년 12월 9일, https://www.quora.com/Why-is-Asana-developing-their-own-programming-language-Lunascript/answer/Jack-Lion-Heart?share=1(https://bit.ly/3v0NHbm).

---

* 역주 한국어 페이지도 '중복배제'라는 표제어로 존재. https://ko.wikipedia.org/wiki/%EC%A4%91%EB%B3%B5%EB%B0%B0%EC%A0%9C(https://bit.ly/3v47Oq9)

33. 조슈아 블로크, How To Design A Good API and Why it Matters(훌륭한 API 설계 방법과 그것이 중요한 이유), 유튜브, 2007년 1월 24일, http://www.youtube.com/watch?v= aAb7hSCtvGw(https://bit.ly/36RWHaR).

34. 조슈아 블로크, How To Design A Good API and Why it Matters(훌륭한 API 설계 방법과 그것이 중요한 이유), Library-Centric Software Design, 2005, https://static.googleusercontent.com/media/research.google.com/ko//pubs/archive/32713.pdf.

35. 리치 히키, Simple Made Easy(단순한 것이 쉽다), InfoQ, 2011년 10월 20일, http://www.infoq.com/presentations/Simple-Made-Easy(https://bit.ly/38y8knG).

36. Jiantao Pan(지안타오 팬), Software Reliability(소프트웨어 신뢰도), Carnegie Mellon University 18-849b Dependable Embedded Systems, 1999, http://www.ece.cmu.edu/~koopman/des_s99/sw_reliability/(https://bit.ly/3Jf24xP).

37. 카르틱 아이어, 본인과 인터뷰, 2013년 10월 28일.

38. Cityville, 위키피디아, http://en.wikipedia.org/wiki/CityVille(https://bit.ly/3JiAtM2).

39. 워드 커닝햄, The WyCash Portfolio Management System(WyCash 포트폴리오 관리 시스템), OOPSLA, 1992, http://c2.com/doc/oopsla92.html(https://bit.ly/3KbrOwe).

40. 마틴 파울러, Technical Debt(기술 부채), 2003년 10월, http://martinfowler.com/bliki/TechnicalDebt.html(https://bit.ly/3jbwrKX).*

41. Matt Cutts(맷 컷츠), Engineering grouplets at Google(구글의 엔지니어링 소그룹), Matt Cutts: Gadgets, Google, and SEO, 2007년 10월 22일, http://www.mattcutts.com/blog/engineering-grouplets-at-google/(https://bit.ly/35K3Vgi).

---

* 역주 이 링크로 들어가면 2019년에 재작성한 글이 나오는데, 이 글에는 본문에 인용된 문장이 나오지 않음. 2003년에 작성했던 글에 있던 문장이 재작성하면서 없어졌으니 참고 요망.

42. 라이언 테이트, The Software Revolution Behind LinkedIn's Gushing Profits(링크드인의 급증하는 수익을 뒷받침하는 소프트웨어 혁명), 와이어드, 2013년 4월 10일, http://www.wired.com/business/2013/04/linkedin-software-revolution/ (https://bit.ly/3uao48F).

9장 운영 부담을 최소화하라

1. 인스타그램, http://www.instagram.com/.

2. MG Siegler(MG 시글러), Instagram Launches With the Hope of Igniting Communication Through Images(이미지를 통한 소통에 불이 붙길 희망하며 인스타그램 출범하다), TechCrunch, 2010년 10월 6일, http://techcrunch.com/2010/10/06/instagram-launch/(https://tcrn.ch/3ue8MzJ).

3. Christine Lagorio-Chafkin(크리스틴 라고리오-채프킨), Kevin Systrom and Mike Krieger, Founders of Instagram(케빈 시스트롬과 마이크 크리거, 인스타그램 창업자들), Inc., 2012년 4월 9일, http://www.inc.com/30under30/2011/profile-kevin-systrom-mike-krieger-founders-instagram.html(https://bit.ly/3KfCl4j).

4. Kim-Mai Cutler(킴-마이 커틀러), From 0 To $1 Billion In Two Years: Instagram's Rose-Tinted Ride To Glory(2년 만에 0달러에서 10억 달러까지: 영광을 향한 인스타그램의 장밋빛 질주), TechCrunch, 2012년 4월 9일, http://techcrunch.com/2012/04/09/instagram-story-facebook-acquisition/(https://tcrn.ch/3Dlylfz).

5. Pinterest beats Facebook in number of users per employee (핀터레스트가 직원당 사용자 수로 페이스북을 능가하다), Pingdom, 2013년 2월 26일, https://www.pingdom.com/blog/pinterest-users-per-employee/(https://bit.ly/3DL3HC5).

6. What Powers Instagram: Hundreds of Instances, Dozens of Technologies(인스타그램을 이끄는 힘: 수백 개의 인스턴스, 수십 개의 기술), Instagram Engineering Blog, 2012년, http://instagram-engineering.tumblr.com/post/13649370142/

what-powers-instagram-hundreds-of-instances-dozens-of(https://bit.ly/3JgVPcC).

7. 인스타그램은 카산드라 내부 작업에 실제 참여했던 사람을 고용한 후 카산드라로 전환했다.

8. 스티븐 레비, Good for the Soul(영혼에 좋다), Alt+Tabs of an Open Mind, 2006년 10월 16일, https://ashim.wordpress.com/2006/10/16/49/(https://bit.ly/3jb763L).

9. 케빈 시스트롬, What is the genesis of Instagram(인스타그램의 기원은 무엇일까)?, 쿼라, 2011년 1월 11일, https://www.quora.com/Instagram/What-is-the-genesis-of-Instagram/answer/Kevin-Systrom?share=1(https://bit.ly/3jdRdcK).

10. Todd Hoff(토드 호프), Scaling Pinterest - From 0 To 10s Of Billions Of Page Views A Month In Two Years(핀터레스트 확장하기 - 2년 만에 월간 페이지 조회 수가 제로에서 수백억으로 증가하다), High Scalability, 2013년 4월 15일, http://highscalability.com/blog/2013/4/15/scaling-pinterest-from-0-to-10s-of-billions-of-page-views-a.html(https://bit.ly/3Jdmt6b).

11. 야슈완트 넬라파티, 마티 워너, Scaling Pinterest(핀터레스트 확장하기), QCon, 2012, http://www.infoq.com/presentations/Pinterest.

12. 야슈완트 넬라파티, 마티 워너, Scaling Pinterest(핀터레스트 확장하기), QCon, 2012, 5:56, http://www.infoq.com/presentations/Pinterest.

13. Jim Shore(짐 쇼어), 『Fail Fast(빨리 실패하라)』, IEEE Computer Society, 2004, p21-25, http://martinfowler.com/ieeeSoftware/failFast.pdf(https://bit.ly/3r69jSw).

14. 멤캐시드, https://code.google.com/p/memcached/wiki/NewProgramming#Expiration(https://bit.ly/3uXrQRV).

15. 공유지의 비극, 위키피디아, https://ko.wikipedia.org/wiki/%EA%B3%B5%EC%9C%A0%EC%A7%80%EC%9D%98_%EB%B9%84%EA%B7%B9(https://bit.ly/3NQUay4).

16. Shlomo Priymak(슐로모 프리막), Under the hood: MySQL Pool Scanner(내부 원리: MySQL 풀 스캐너), Facebook Notes, 2013년 10월 22일, https://www.facebook.com/notes/facebook-engineering/under-the-hood-mysql-pool-scanner-mps/10151750529723920(https://bit.ly/3x8f1ad).

17. 라지브 에란키, Scaling lessons learned at Dropbox, part 1(드롭박스에서 얻은 확장 관련 교훈 1부), Rajiv's blog, 2012년 7월 12일, http://eranki.tumblr.com/post/27076431887/scaling-lessons-learned-at-dropbox-part-1(https://bit.ly/3xdaTpo).

18. John Ciancutti(존 시안커티), 5 Lessons We've Learned Using AWS (AWS를 사용하며 얻은 5가지 교훈), The Netflix Tech Blog, 2010년 12월 16일, http://techblog.netflix.com/2010/12/5-lessons-weve-learned-using-aws.html(https://bit.ly/3uVpLWR).

19. Cory Bennett(코리 베넷), Ariel Tseitlin(아리엘 사이틀린), Chaos Monkey Released into the Wild(카오스 몽키 야생으로 풀려나다), The Netflix Tech Blog, 2012년 7월 30일, http://techblog.netflix.com/2012/07/chaos-monkey-released-into-wild.html(https://bit.ly/3NLxQWJ).

20. Adrian Cockroft(에이드리언 코크로프트), Cory Hicks(코리 힉스), Greg Orzell(그레그 오르젤), Lessons Netflix Learned from the AWS Outage(넷플릭스가 AWS 장애를 통해 배운 교훈), The Netflix Tech Blog, 2011년 4월 29일, http://techblog.netflix.com/2011/04/lessons-netflix-learned-from-aws-outage.html(https://bit.ly/3NQUvAQ).

21. Bill Walsh, 『The Score Takes Care of Itself: My Philosophy of Leadership』, Portfolio Trade, 2010, p51.

22. Bill Walsh (American football coach), 위키피디아, http://en.wikipedia.org/wiki/Bill_Walsh_(American_football_coach)(https://bit.ly/3uYyeZf).

23. Kripa Krishan(크리파 크리샨), Weathering the Unexpected(예상치 못한 상황 극복하기), ACM Queue, 2012년 9월 16일, http://queue.acm.org/detail.cfm?id=2371516(https://bit.ly/3r9catX).

24. 라지브 에란키, Scaling lessons learned at Dropbox, part 1(드롭박스에서 얻은 확장 관련 교훈 1부), http://eranki.tumblr.com/post/27076431887/scaling-lessons-learned-at-dropbox-part-1(https://bit.ly/3xdaTpo).

10장 팀의 성장에 투자하라

1. Mark R. Robertson(마크 R. 로버트슨), Ooyala Video Scheduling – New Flight Time Feature(우얄라 비디오 일정 예약 – 새로운 비행 시간 기능), ReelSEO, 2008년 6월 29일, http://www.reelseo.com/ooyala-video-scheduling/.

2. 마크 헤드런드, 본인과 인터뷰, 2013년 10월 9일.

3. 이샨 윙, The Secret to Career Success(직업적 성공의 비결), 2009년 4월 23일, http://algeri-wong.com/yishan/the-secret-to-career-success.html(https://bit.ly/36SMo6l).

4. Benchmark (벤처 캐피털 회사), 위키피디아, https://en.wikipedia.org/wiki/Benchmark_(venture_capital_firm)

5. 앤디 래클레프, 48 Hot Tech Companies To Build A Career(경력을 쌓을 수 있는 뛰어난 기술 기업 48), Wealthfront Knowledge Center, 2012년 10월 25일, https://blog.wealthfront.com/hot-mid-size-silicon-valley-companies/(https://bit.ly/3LMxJls).

6. 앨버트 니, 본인과 인터뷰, 2013년 10월 9일.

7. Greg Brockman(그레그 브로크만), What is the engineering interview process like at Stripe(스트라이프의 엔지니어링 면접은 어떻게 진행될까)?, 쿼라, 2013년 8월 27일, https://www.quora.com/What-is-the-engineering-interview-process-like-at-Stripe/answer/Greg-Brockman?share=1(https://bit.ly/3LC4kki).

8. Parth Upadhyay(파르트 우파디야), Pair Programming Interviews(페어 프로그래밍 면접), The Corner: Square Engineering Blog, 2013년 9월 11일, https://developer.squareup.com/blog/pair-programming-interviews/(https://squ.re/3xaqFRY).

9. 게일 라크만 맥도웰, 『코딩인터뷰 완전분석』, 인사이트, 2017.

10. Tommy MacWilliam(토미 맥윌리엄), What is the on-boarding process for new engineers at Quora(쿼라의 신입 엔지니어 온보딩 절차는 어떻게 진행되나요)?, 쿼라, 2013년 11월 5일, https://www.quora.com/What-is-the-on-boarding-process-for-new-engineers-at-Quora/answer/Tommy-MacWilliam?share=1(https://bit.ly/3v0P3Tu).

11. Bus Factor, 위키피디아, http://en.wikipedia.org/wiki/Bus_factor(https://bit.ly/36U0R1V).

12. 님로드 후피엔, 본인과 인터뷰, 2013년 10월 29일.

13. 케네디 우주 센터 자주 묻는 질문, NASA, http://www.nasa.gov/centers/kennedy/about/information/shuttle_faq.html#10(https://go.nasa.gov/3uYyyHr).

14. Pete Abilla(피트 아빌라), Jeff Bezos and Root Cause Analysis(제프 베조스와 근본 원인 분석), Shmula.com, 2009년 1월 23일, http://www.shmula.com/jeff-bezos-5-why-exercise-root-cause-analysis-cause-and-effect-ishikawa-lean-thinking-six-sigma/987/(https://bit.ly/3x78AUQ).

15. Sara Himeles(세라 히멜레스), Joey Dello Russo(조이 델로 루소), 5 powerful tactics we use to achieve great teamwork(훌륭한 팀워크를 만들기 위해 사용한 5가지 강력한 전술), Asana Blog, 2013년 12월 16일, http://blog.asana.com/2013/12/culture-practices/(https://bit.ly/3LM3Vvw).